불의한 시대를 사는 의인들

불의한 시대를 사는 의인들

창세기 강해 설교 ④

지은이 김서택
펴낸곳 주식회사 홍성사
펴낸이 정애주
국효숙 김기민 김서현 김의연 김준표 김진원 송승호 오민택 오형탁
윤진숙 임승철 임진아 임영주 정성혜 차길환 최선경 허은

1999. 3. 18 초판 발행 2018. 12. 17. 12쇄 발행

등록번호 제1-499호 1977. 8. 1
주소 (04084) 서울시 마포구 양화진4길 3 전화 02) 333-5161 팩스 02) 333-5165
홈페이지 hongsungsa.com 이메일 hsbooks@hsbooks.com 페이스북 facebook.com/hongsungsa
양화진책방 02) 333-5161

ISBN 978-89-365-0465-6 (03230)
ISBN 978-89-365-0521-9 (세트)

창세기 강해설교 ④ (18~21장)

불의한 시대를 사는 의인들

김 서 택

홍 성 사

머리말

가루 서 말 속의 누룩

오늘 이 세상을 대하는 그리스도인의 자세는 크게 세 종류로 나누어지는 것 같습니다. 하나는 '세속형' 입니다. 다시 말해서 마음속으로는 '이렇게 살아서는 안 되는데' 하면서 어쩔 수 없이 세상을 따르는 사람들입니다. 술을 마시게 되면 마시고 뇌물을 주고받게 되면 주고받으면서, 속으로는 끊임없이 고민하고 갈등하는 사람들입니다.

두 번째는 '고립형' 입니다. 이들은 세례 요한처럼 이 세상과 완전히 동떨어진 생활을 하면서 이 세상을 정죄하고 도전하는 사람들입니다. 그러나 그들을 포용하거나 변화시키지는 못합니다.

세 번째는 '누룩형' 입니다. 이들은 이 세상에 살면서도 세상의 죄에 물들지 않을 뿐 아니라 오히려 세상에 선한 영향을 끼치는 사람들입니다. 예수님은 제자들에게 '너희는 세상의 소금과 빛' 이라고 하셨으며, 적은 양으로 전체를 바꾸는 '가루 서 말 속의 누룩' 이라고 말씀하셨습니다.

창세기 강해설교집 4권 〈불의한 시대를 사는 의인들〉은 바로 이 문제를 다루고 있습니다. 우리가 여기에서 볼 수 있는 롯은 바로 세속형 교인이라고 말할 수 있습니다. 그는 소돔에 살면서 어떻게 하든지 소돔 사람들과 잘 지내려고 애를 썼습니다. 그러면서도 그의 마음속에는 끊임없는 고민과 갈등이 있었습니다. 결국 소돔을 변화시키지 못한 롯은 그 자신만 겨우 구원받게 됩니다.

또한 그랄 땅에서 보게 되는 아브라함은 어떻게 보면 고립형이라고 볼 수 있습니다. 그는 그랄 땅에 들어가면서 아예 마음 문을 닫아 놓고 그랄 사람들과 교제하려고 하지 않았습니다. 그런데 놀랍게도 아브라함은 그랄 땅에서 시민권도 얻고 상당히 안정된 생활을 하게 되며, 그랄 사람들은 아브라함을 하나님의 방백으로 인정하고 존경하게 됩니다. 이것은 그가 불의한 세상에 깊은 영향을 미치고 있었다는 사실을 보여 줍니다. 이처럼 고립형은 누룩이 될 수 있었지만, 세속형은 누룩이 되지 못하고 자기만 겨우 목숨을 건지는 처지가 되고 말았습니다.

그 차이가 어디에 있습니까? 가장 중요한 차이는 말씀과 공동체에 있습니다. 이 두 가지가 없으면 이 세상에서 하나님의 백성들이 제 역할을 감당할 수가 없습니다. 오늘 우리 시대에 왜 교회가 생각보다 무기력합니까? 바로 말씀과 공동체가 살아 있지 못하기 때문입니다.

이 부족한 말씀이 불의한 시대를 고민하면서 살아가고 있는 모든 그리스도인들에게 롯과 같은 시행착오를 반복하지 않고 아브라함처럼 승리하는 믿음의 지혜를 제공하는 데 도움이 되기를 바랍니다.

그리고 이 말씀을 온 세상의 환한 빛 가운데로 드러내어 많은 사람들과 함께 나누는 귀한 일에 헌신하고 있는 홍성사 모든 식구들에게 깊은 감사의 말씀을 드립니다.

1999년 2월

둔촌동 목회실에서

김서택

차 례

머리말 가루 서 말 속의 누룩

1. 하나님의 갑작스러운 방문 (18:1-15) / 11

특별하게 찾아오신 하나님 / 부지불식간에 하나님을 영접하다 / 사라를 만나신 하나님

2. 아브라함 리스트 (18:16-33) / 39

하나님과 아브라함의 대화 / 하나님의 계획 / 아브라함의 중보기도

3. 소돔의 롯 (19:1-14) / 63

소돔을 방문한 천사 / 소돔 사람들의 도덕성 / 천사가 한 일

4. 소돔의 멸망 (19:15-29) / 91

주저하는 롯 / 롯을 향한 하나님의 긍휼 / 소돔에 내린 심판

5. 멸망 그 이후 (19:30-38) / 119

소알을 떠난 롯의 식구들 / 롯의 딸들이 떨치지 못한 것 / 구원 이후의 삶

6. 아브라함의 콤플렉스 (20:1-7) / 139

아브라함의 약점 / 하나님의 개입 / 이방인의 눈에 비친 아브라함의 모습

불의한 시대를 사는 의인들

7. 심문받는 아브라함 (20:8-18) / 163

아브라함의 거짓말 / 아비멜렉의 오해 / 심문받는 아브라함 / 아비멜렉을 축복하다

8. 이삭의 출생 (21:1-7) / 189

말씀으로 낳은 아들 / 정해진 기한에 태어난 아들 / 그 이름을 '이삭' 이라고 하다 / 무엇을 믿을 것인가?

9. 이삭이 젖을 떼던 날 (21:8-14) / 211

이삭이 당한 고통 / 사라의 반응 / 하나님의 말씀이 임하다

10. 쫓겨나는 이스마엘 (21:15-21) / 237

신앙의 공동체 / 나타나신 하나님 / 하갈의 눈을 밝히시다

11. 브엘세바의 맹세 (21:22-34) / 265

아브라함을 찾아온 아비멜렉 / 아브라함의 겸손과 책망 / 안정을 찾다

1 하나님의 갑작스러운 방문

여호와께서 마므레 상수리 수풀 근처에서
아브라함에게 나타나시니라.
오정 즈음에 그가 장막 문에 앉았다가 눈을 들어
본즉 사람 셋이 맞은편에 섰는지라.
그가 그들을 보자 곧 장막 문에서 달려나가
영접하며 몸을 땅에 굽혀 가로되
"내 주여, 내가 주께 은혜를 입었사오면 원컨대
종을 떠나 지나가지 마옵시고 물을 조금 가져오게
하사 당신들의 발을 씻으시고 나무 아래서 쉬소서.
내가 떡을 조금 가져오리니 당신들의 마음을
쾌활케 하신 후에 지나가소서.
당신들이 종에게 오셨음이니이다.
그들이 가로되 "네 말대로 그리하라."
아브라함이 급히 장막에 들어가 사라에게 이르러
이르되 "속히 고운 가루 세 스아를 가져다가
반죽하여 떡을 만들라" 하고,
아브라함이 또 짐승 떼에 달려가서 기름지고
좋은 송아지를 취하여 하인에게 주니
그가 급히 요리한지라.
아브라함이 버터와 우유와 하인이 요리한 송아지를
가져다가 그들의 앞에 진설하고 나무 아래 모셔
서매 그들이 먹으니라.

그들이 아브라함에게 이르되
“네 아내 사라가 어디 있느냐?”
대답하되 “장막에 있나이다.”
그가 가라사대 “기한이 이를 때에 내가 정녕 네게로
돌아오리니 네 아내 사라에게 아들이 있으리라”
하시니, 사라가 그 뒤 장막 문에서 들었더라.
아브라함과 사라가 나이 많아 늙었고 사라의
경수는 끊어졌는지라. 사라가 속으로 웃고 이르되
‘내가 노쇠하였고 내 주인도 늙었으니
내게 어찌 낙이 있으리요?’
여호와께서 아브라함에게 이르시되
“사라가 왜 웃으며 이르기를
‘내가 늙었거늘 어떻게 아들을 낳으리요’ 하느냐?
여호와께 능치 못한 일이 있겠느냐?
기한이 이를 때에 내가 네게로 돌아오리니
사라에게 아들이 있으리라.”
사라가 두려워서 승인치 아니하여 가로되
“내가 웃지 아니하였나이다.”
가라사대 “아니라, 네가 웃었느니라.”

창 18:1-15

누군가를 만나려면 사전에 약속을 해야 합니다. 아무 약속도 하지 않고 불쑥 찾아갈 경우, 그 사람을 만나지 못할 수 있을 뿐 아니라 만나더라도 실례가 되기 쉽습니다. 그럼에도 불구하고 우리는 때때로 상대방을 불쑥 찾아가야 하는 경우가 있습니다. 예를 들어 상대방과 아주 친한 사이일 때, 불쑥 찾아가도 전혀 허물이 되지 않는 사이일 때 사전 통고 없이 찾아갑니다. 때로는 그 사람의 진실한 모습을 보기 위해 사전 통고 없이 찾아갈 때도 있습니다. 또 어떤 사람을 꼭 만나서 할 이야기가 있는데 이 핑계 저 핑계 대면서 만나 주지 않을 때 어떻게 합니까? 그냥 불쑥 찾아가 버리는 것이지요. 그러면 그 사람도 할 수 없이 만나 주게 되고 서로 속에 있는 것을 이야기하게 됩니다.

오늘 본문은 하나님께서 아무 예고 없이 아브라함을 방문하신 일을 기록하고 있습니다. 하나님께서 얼마나 불시에 방문하셨던지 아브라함은 자신의 집을 방문한 이들이 누구인지 전혀 알지 못했습니다. 그뿐 아니라 이들이 자기 집에 온 것인지, 아니면 다른 곳에 가려고 하다가 우연히 지나치게 된 것인지도 알지 못했습니다. 그러나 아브라함은 이 알지 못하는 사람들을 사랑으로 대접했고, 그 결과 하나님을 자기 집으로 영접하게 되었습니다.

오늘 우리에게 중요한 것은 이 방문이 너무나도 특별한 것이라는 사실입니다. 하나님께서는 이미 여러 번 아브라함에게 나타나셨는데, 그 때마다 환상으로 나타나서 말씀하셨습니다. 그런데 이번에는 환상이 아니었습니다. 거의 사람의 형체로 찾아오셨습니다. 이 말은 진짜 사람은 아니지만 사람과 거의 똑같은 모습으로 찾아오셨다는 뜻입니다.

왜 하필이면 사람의 형체로 오셨을까?

이 본문을 읽으면서 '오늘 성경 참 이상하다'는 생각이 들지 않으면 이 말씀을 제대로 파악하지 못한 것입니다. 오늘 본문을 읽을 때에는 아주 이상하다는 생각이 들어야 합니다. 왜냐하면 하나님께서 정말 이상하게 찾아오셨기 때문입니다. 이번에 하나님은 환상으로 오신 것이 아닙니다. 그렇다고 해서 사람으로 오신 것도 아닙니다. 거의 사람에 가깝게 찾아오셨습니다. 발도 씻고 음식을 잡수실 정도로 거의 완벽한 사람의 모습으로 오셨습니다. 그렇게 하신 이유가 어디에 있을까요?

1. 특별하게 찾아오신 하나님

시골에서 자란 분들은 시골의 여름이 어떤지 잘 알 것입니다. 시골 사람들은 새벽같이 일어나서 밭에 나가 일을 합니다. 새벽 네다섯 시에는 다 밭에 나가 일을 하고, 태양이 가장 뜨거운 정오쯤 되면 집에 들어와서 낮잠을 잡니다. 더울 때는 일을 전혀 못 하기 때문이지요. 팔레스타인의 정오가 바로 그랬습니다. 이 곳의 대낮은 너무나 더웠기 때문에 아무도 일할 수 없었습니다. 그래서 전부 이른 새벽에 일어나서 양이나 낙타를 끌고 부지런히 일했고, 정오가 되면 아무도 움직이지 않았습니다. 이 시간에 잠을 자야 해가 지면 또 움직일 수 있었기 때문입니다.

아브라함은 바로 이렇게 자야 하는 시간인 정오에 몇 명의 예기치 않은 손님을 맞게 되었습니다. 18장 1절부터 5절까지 보십시오.

> 여호와께서 마므레 상수리 수풀 근처에서 아브라함에게
> 나타나시니라. 오정 즈음에 그가 장막문에 앉았다가
> 눈을 들어 본즉 사람 셋이 맞은편에 섰는지라.
> 그가 그들을 보자 곧 장막 문에 달려나가 영접하며
> 몸을 땅에 굽혀 가로되
> "내 주여, 내가 주께 은혜를 입었사오면 원컨대 종을 떠나
> 지나가지 마옵시고 물을 조금 가져오게 하사 당신들의
> 발을 씻으시고 나무 아래 쉬소서. 내가 떡을 조금
> 가져오리니 당신들의 마음을 쾌활케 하신 후에
> 지나가소서. 당신들이 종에게 오셨음이니이다."
> 그들이 가로되 "네 말대로 그리하라."

나그네에 대한 아브라함의 태도

하나님께서 아브라함을 찾아오셨지만 아브라함은 그가 하나님이신 줄 몰랐습니다. 단지 지나가는 여행객 정도로만 생각했습니다. 아브라함은 이 뜨거운 시간에 여행객이 지친 채로 여행을 계속 해야 한다는

것을 참을 수 없었습니다. 그래서 우리가 생각하기에 지나치다 싶을 정도의 저자세로 손님들에게 달려가 그들을 극진히 영접했습니다. 서양 사람들은 절까지 해 가면서 손님을 영접하는 아브라함의 태도를 전혀 이해하지 못합니다. 그래서 아브라함이 절한 것은 동양의 풍속이라고 설명하는 주석서도 있습니다. 서양 사람들은 서서 악수하며 인사하지만 동양 사람들은 엎드려서 인사를 하니까요.

아마도 아브라함은 자신이 복의 근원이라는 것을 의식하고 있었던 것 같습니다. 자기가 몰라서 돕지 못하는 것은 어쩔 수 없더라도 일단 알고 있는 이상은 어려움에 처한 사람을 절대로 모르는 체 할 수 없다는 것이 아브라함의 생각이었습니다. 혹시 그 때 자신이 자고 있었다면 어쩔 수 없는 일입니다. 그러나 지친 세 명의 여행객이 이 더위를 무릅쓰고 어딘가로 가고 있는 것을 눈 뜨고 보게 된 이상, 그들을 그냥 지나가게 둘 수는 없었습니다. 그래서 아브라함은 달려가 그들을 극진하게 영접했습니다.

손님 대접, 그리스도인의 미덕

초대교회에서는 손님 대접을 최고의 미덕으로 생각했습니다. 손님을 영접해서 음식을 대접하고 재워 주는 것이 그리스도인의 가장 아름다운 미덕이었어요. 그래서 서신서를 읽어 보면 여러 군데에서 손님 대접하기를 게을리 하지 말라는 말씀이 나오는 것을 볼 수 있습니다. 특히 복음을 전하기 위해서 여행하는 사람은 가진 돈이 없었기 때문에 그리스도인들이 영접해서 재워 주고 먹여 주지 않으면 도무지 여행할 수가 없었습니다. 그래서 히브리서에서는 이렇게 말씀하고 있습니다.

> 손님 대접하기를 잊지 말라. 이로써 부지중에 천사를

대접한 이가 있었느니라(히 13:2).

"부지중에 천사를 대접한 이"가 누구입니까? 바로 아브라함과 롯입니다. 그들이 누구인지 모르면서 대접한 이들은 바로 그들을 찾아온 하나님의 천사였습니다. 그런데 더 놀라운 것은 아브라함을 찾아온 세 손님 가운데 한 사람이 특별한 분이었다는 사실입니다. 모세는 그가 여호와였다고 말하고 있습니다. 물론 외모가 얼마나 달랐는지는 알 수 없습니다. 특별히 창세기는 그런 외모의 차이를 기록하고 있지 않습니다. 그러나 그의 칭호만큼은 분명히 달랐습니다. 성경은 다른 두 사람은 '천사'라고 말하고 있지만, 이 특별한 한 분은 '여호와'라고 기록하고 있습니다.

방문의 목적

하나님께서 이번에 아브라함을 방문한 데는 목적이 있습니다. 그 목적은 두 가지입니다. 하나는 아브라함의 아내 사라를 만나서 1년 안에 아들을 낳으리라는 믿음을 주시려는 것입니다. 사라는 자신이 너무 늙었다는 이유로 아들을 낳을 가능성을 전혀 인정하지 않고 있습니다. 그래서 사라를 직접 만나 '여호와께는 능치 못함이 없다'는 것을 말씀하고자 하시는 것입니다. 만약 하나님께서 언제 방문할 것인지 미리 통보하셨다면 아마 아브라함과 사라는 감당하지 못하고 도망치고 말았을 것입니다. 또 혹시 도망치지 못하고 하나님을 만났다 하더라도 하나님의 말씀이 한 마디도 귀에 들어오지 않았을 것입니다. 하나님께서 중요하게 생각하신 것은 말씀이었습니다. 메시지를 전달하는 것이 중요했기 때문에 평범한 사람의 모습으로 찾아오신 것입니다.

또 한 가지 방문 목적은 소돔과 고모라의 멸망에 대해 아브라함과 이야기하시려는 것입니다. 더욱이 소돔에는 아브라함의 조카 롯이 살고 있습니다. 하나님께서는 사라가 임신하는 것이나 소돔과 고모라가 망하는 것이 우연한 일이 아니라 바로 하나님의 능력으로 되는 일이라는 것을 미리 알려 주기 위해 아브라함을 방문하셨습니다. 이처럼 하나님은 아주 중요한 일이 일어나기 전에 꼭 자기 종과 의논을 하십니다. 물론 예외적으로 우리가 모르는 일이 일어날 수도 있습니다. 그러나 그것은 우리가 모를 필요가 있기 때문에 감추시는 것입니다. 우리 신상에 필요한 중요한 일이 일어날 때에는 꼭 우리와 의논하십니다.

방문의 방식

그러나 더 놀라운 것은 하나님께서 아브라함을 찾아오신 방식입니다. 지금까지 하나님은 수없이 아브라함을 찾아오셨고 그와 대화를 나누셨습니다. 그리고 그 때마다 환상의 방법으로 찾아오셨습니다. 그런데 이번에는 거의 사람에 가까운 형체로 오신 것입니다. 이것이 오늘 본문을 더 이상해 보이게 합니다. 아마 처음 예수를 믿는 사람이 오늘 이 본문을 들었다면 "이것은 신화이고 사실이 아니다"고 이야기할 것입니다. 지금까지와는 너무 다른, 아주 특이한 방식으로 나타나셨기 때문입니다.

하나님께서는 발을 씻으시고 아브라함이 준비한 음식을 잡수십니다. 환상적인 형체는 발을 씻지 않습니다. 환상의 인물이 음식 먹는 것 봤습니까? 물론 먹는 시늉은 할 수 있어도 음식이 없어지지는 않습니다. 천사는 음식을 먹지 않습니다. 하나님도 육신이 아니시기 때문에 음식을 잡수실 필요도 없고 발을 씻으실 필요도 없습니다. 하나님은 냄새가 나지 않습니다. 땀도 안 납니다. 그런데 오늘 이 본문에서는 발을 씻고 음식을 잡수시는 것입니다. 어떤 사람은 '혹시 발을 씻는 것처럼 보였던 것이 아닐까, 음식을 먹는 것처럼 보였던 것이 아닐까' 라고 생각합니다. 그러나 성경은 그렇게 말씀하고 있지 않습니다. 이 손님들이 분명히 발을 씻었고 음식을 먹었다고 말씀합니다.

이 방문이 특별한 이유

성경의 다른 곳과 비교해 보면 오늘 이 방문이 얼마나 특별한지 알 수 있습니다. 사사기에는 하나님의 사자가 기드온을 방문하는 장면이 나옵니다. 기드온은 이분이 하나님의 사자인 줄 모르고 자꾸 음식을 대접하려고 했습니다. 그런데 하나님의 사자는 사양을 하면서 굳이 무엇을 바치고 싶으면 하나님께 번제로 바치라고 했습니다. 그래도 기드온이 꾸역꾸역 음식을 대접하겠다고 하니까 음식을 가져오라고 해서 음식 위에 국을 엎고 지팡이를 갖다 댔습니다. 그러자 거기에 불이 붙고, 하나님의 사자는 사라졌습니다. 그 때 기드온은 이분이 하나님의 사자라는 것을 알았습니다. 이처럼 하나님의 사자는 음식을 먹지 않습니다.

삼손의 아버지 마노아에게도 하나님의 사자가 방문했습니다. 그 때도 이들은 하나님의 사자를 사람인 줄 알고 자꾸 음식을 대접하려고 했습니다. 하나님의 사자가 가져온 음식을 먹지 않고 지팡이를 갖다 대니까, 이번에도 불이 붙었습니다. 하나님의 사자는 그 불을 타고 하늘 위로 올라가 버렸습니다.

이처럼 구약 시대 때 하나님의 사자는 의사소통을 위해 사람의 모습으로 많이 나타났습니다. 이것은 환상보다는 좀더 구체적인 모습이라고 하겠지만, 그렇다고 발을 씻거나 음식을 먹는 사람의 모습은 아니었습니다. 그런데 아브라함을 찾아온 이분은 거의 사람에 가까운 것입니다. 완전한 사람이라고는 말할 수 없지만 거의 사람이었어요. 굳이 완전한 사람이라고 할 수 없는 것은 출산의 과정을 거치지 않았기 때문입니다. 그러나 구약성경 어디에서도 찾아 볼 수 없을 정도로 사람에 가까운 모습으로 찾아오셨습니다.

몸으로 오신 하나님

특별히 아브라함의 아들 이삭의 출생을 예고하시면서 이렇게 거의 사람의 몸에 가까운 모습으로 오셔서 음식을 먹고 발을 씻으며 교제하신 이유가 무엇입니까? 하나님이 궁극적으로 원하시는 것은 환상으로 찾아와서 말씀하시는 것이 아니라, 직접 사람이 되셔서 그 입으로 진리를 이야기하시고 발을 씻겨 주시며 우리와 함께 교제하시는 것입니다. 물론 여기에서 사람의 모습에 가깝게 나타나신 것이 곧 성육신은 아닙니다. 그러나 성육신에 거의 가깝습니다.

하나님은 사라를 찾아오셔서 "여호와께 능치 못한 일이 있겠느냐?"고 말씀하셨습니다. 사라는 자신이 늙었기 때문에 아기를 가질 수 없다고 생각하고 있지만, 하나님이 역사하시면 늙은 여자도 얼마든지 아기를 낳을 수 있다는 뜻입니다. 그러나 한 걸음 더 나아가면 '왜 하나님이 사람으로 오실 수 없다고 생각하느냐? 왜 하나님이 사람의 몸을 입고 오셔서 너희와 만나고, 너희를 대신해서 죽고, 너희를 구원할 수 없다고 생각하느냐?' 하는 의미가 이 말 속에 들어 있습니다.

우리 인간에게 가장 큰 장애가 무엇입니까? 몸을 가지고 있다는 것입니다. 몸만 없다면 직장생활도 하지 않고 하기 싫은 일도 하지 않고 밥도 짓지 않아도 됩니다. 밥 한 끼만 안 해도, 애들 도시락 하나만 안 싸도 여자들은 해방감을 느낍니다. 그러나 몸을 가지고 있으니까 영화 구경 하다가도 밥할 때가 되면 들어와야 하고 친구를 만나도 밥할 때가 되면 들어와야 합니다. 또 남자들은 밥 때문에 직장생활을 해야 합니다. 몸을 가지고 있기 때문에 먹어야 하고, 몸을 가지고 있기 때문에 화가 나고, 몸을 가지고 있기 때문에 지칩니다.

몸으로도 순종할 수 있다

그런데 하나님께서 말씀하시는 것이 무엇입니까? 이 몸을 가지고도 얼마든지 하나님의 뜻대로 살 수 있다는 것입니다. 이 몸을 가지고도 얼마든지 아름답게 살 수 있다는 것입니다. 욕하지 않고 남 해치지 않고 이 몸으로 아름답게 봉사할 수 있다는 것입니다. 하나님께서 원하시는 것은 천사의 순종이 아닙니다. 천사들은 늘 하나님의 뜻에 순종하게 되어 있습니다. 천사인데도 하나님의 뜻에 순종하지 않는다면 그는 마귀입니다. 그러나 하나님께서 우리에게 원하시는 것은 우리가 자신의 생각과 고집을 쳐 복종시켜서 이 몸을 하나님의 뜻대로 쓰는 것입니다. 이것이 하나님이 원하시는 온전한 제사입니다.

그러나 우리는 먹고 살아야 하기 때문에 절대로 그렇게 못 한다고 합니다. 생각으로는 못 할 일이 없지만 몸이 말을 듣지 않는다는 것입니다. 그렇다면 몸을 가진 우리가 어떻게 하나님의 뜻대로 살 수 있습니까? 하나님의 아들이 몸으로 순종하시고 몸으로 자기 자신을 십자가 위에서 제물로 바치시며 아버지로부터 성령을 받아서 우리에게 주실 때, 우리는 녹슬어 움직이지 않는 몸을 움직여서 하나님의 뜻대로 쓸 수 있습니다.

여기서 아브라함을 찾아오신 하나님은 성부 하나님이 아닙니다. 성부는 아무도 본 사람이 없습니다. 이분은 성자 하나님이십니다. 성자 하나님은 거의 몸에 가까운 모습으로 찾아오셔서, 지금 태어날 아들이 단순한 아들이 아니라 앞으로 온전한 성육신을 이룰 그리스도의 모형임을 보여 주고 계십니다. 그래서 저는 이 창세기 18장의 방문을 '예비 성육신' 이라고 부를 수 있다고 생각합니다. 하나님께서 육신으로 아브라함을 찾아오신 것은 앞으로 그가 참으로 사람이 되어 오실 것을 예고하시는 것입니다.

하나님이 너무나도 사람의 모습에 가깝게 찾아오셨기 때문에 아브라함은 그분을 알아보지 못했습니다. 그렇게 자주 말씀을 나누고 대화를 나누고 기도를 했으면서도 알아보지 못했어요. 이분은 그 더위에 찾아와서 발을 씻고 음식을 잡수셨으며, 아브라함과 얼굴을 마주 보면서 이야기를 나누셨습니다. 얼마나 놀라운 일입니까? 우리는 신약성경을 통해 바로 이 하나님께서 완전한 육신으로 여자의 몸에서 태어나신 것과, 육신을 가지고 말씀하신 것과, 그 육신이 십자가에 못박혀 죽으신 기록을 보고 있습니다. 그러나 유대인들은 그를 알아보지 못했습니다. 그가 너무나도 사람과 똑같은 모습으로 오셨기 때문입니다.

하나님은 번제를 받으셔야 할 분이십니다. 죄인들이 그 앞에 서면 즉시 죽을 수밖에 없는 거룩한 신이십니다. 그런데 예수님의 육신을 휘장으로 삼으셔서 우리의 모든 죄를 그냥 넘어가시고 우리의 모든 불의를 참으시며 우리와 교제하셨습니다.

성령으로 오시는 하나님

이 하나님은 오늘도 성령으로 우리를 찾아오십니다. 만일 이 예배에 우리 사람들만 모여 있다고 생각하는 사람이 있다면, 그는 기독교의 가장 본질적인 부분을 전혀 알지 못하는 사람입니다. 우리 가운데 하나님이 계십니다. 어떻게 계십니까? 눈에 보이지 않는 영으로 계십니다. 하나님께서는 내가 보기에 상종할 가치조차 없어 보이는 부족한 형제와 자매 속에 계시는 성령으로 우리를 찾아오셔서 우리를 만나십니다. 그러므로 주위의 형제 자매들을 주의 깊게 보아야 합니다. 내 눈에 가난하고 보잘것없어 보이는 형제와 자매 속에 영의 모습으로 임재해 계신 하나님을 보지 못하는 예배는 완전히 헛된 예배입니다. 혼자서 북치고 장구치는 것밖에 되지 않습니다. 주위를 살펴봐야 합니다. 어떤 사람은 형제와 자매들을 볼 때마다 '이 중에 한 사람이 하나님일지도 모른다'는 마음으로 만나라고 했습니다. 교회가 중요한 이유가 바로 여기 있습니다.

우리 예배에 찾아와 주소서

하나님은 믿음으로 하나님께 나아가는 자들 속에 눈에 보이지 않는 영으로 충만히 임하셔서 우리를 변화시키십니다. 지금까지는 이 몸으로 나의 정욕을 위해 살았지만 이제는 하나님의 거룩하신 뜻을 위해 살게 됩니다. 모든 것이 새로워집니다. 육신의 욕구를 이길 수 있는 힘과 믿음이 생깁니다. 아무리 지쳐 있어도 하나님의 성령이 우리 마음 속에 임하시면 우리는 새 사람이 됩니다. 육신으로 오셨던 주님께서 이제는 육신을 입고 있는 우리에게 성령을 부어 주십니다. 우리는 성령으로 예배를 드립니다. 여기에 우리를 제물로 바쳐야 합니다. 내 상한 마음, 닫힌 마음, 욕심과 부패한 마음을 있는 그대로 내어놓고 하나님의 긍휼을 간구하는 이것이 바로 우리들의 예배입니다.

2. 부지불식간에 하나님을 영접하다

아브라함은 하나님을 만났을 때 그가 하나님이신 줄 몰랐습니다. 단지 이 더위에 지친 몸을 이끌고 어디론가 가야 하는 그들이 불쌍했을 뿐입니다. 그래서 극진한 사랑으로 그들을 영접했다가 결국은 자신을 찾아오신 하나님을 영접하게 되었습니다. 만일 아브라함이 그들을 보고서도 귀찮아서 못 본 체했더라면 어떻게 되었을까요? 하나님이 그냥 지나가셨을까요? 아니면 문을 열고 들어오셨을까요? 혹시 그냥 지나쳐 가셨을지도 모릅니다.

영광의 만남 전에

하나님께서 사람의 몸으로 아브라함을 찾아오신 것은 영광 중의 영광입니다. 하나님과 만나는 것은 단순히 그냥 만나는 것이 아닙니다. 하나님과 만날 때에는 나의 모든 것이 변합니다. 내가 완전히 새 사람이 되어 버립니다. 하나님은 영광의 하나님이십니다. 처음에 다가오실 때에는 나와 아무 상관 없는 것처럼 평범하게 찾아오시지만, 일단 만나서 이야기를 하면 내가 영광스러워지고 존귀해지며 완전히 새로워진 것을 발견하게 됩니다.

참으로 존귀하면서도 겸손한 사람과 대화를 나누고 난 후에 느끼는 것이 무엇입니까? 내가 그 사람처럼 존귀한 사람이 되어 있다는 것입니다. 그는 굉장히 세심하게 주의하면서 나의 아픔과 어려움에 대해 듣습니다. 한 마디도 그냥 넘어가는 법이 없습니다. 자상하면서도 친절하게 나의 문제를 듣습니다. 그렇게 그 사람과 이야기를 나누고 나면 내가 그 사람이 되어 버립니다. 내가 그 사람처럼 존귀해지고, 그 사람처럼 품위 있게 행동하며, 그 사람이 쓰는 용어를 쓰고 있는 것을 발견하게 됩니다.

그러므로 하나님께서 아브라함에게 주신 가장 큰 상급은 몸으로 그를 방문해서 교제를 나누신 것입니다. 만약 나중에 아브라함을 만나서 당신의 생애에서 가장 복되고 좋았던 시간이 언제였느냐고 묻는다면 바로 이 때라고 대답할 것입니다.

하나님의 시험

그런데 하나님께서는 아브라함과 이런 복된 만남을 가지기 전에 그를 시험하셨습니다. 그것은 아브라함이 가장 힘들고 짜증날 시간에 그를 찾아오신 것입니다. 부인들의 생리를 좀 아는 사람은 아침에 전화를 해서는 안 됩니다. 부인들이 아침에 전화를 받으면 거의 반쯤 잠에 취해서 비몽사몽간에 받기 쉽습니다. 또 젊은 사람들한테는 축구 경기가 있다든지 할 때 전화하면 안 됩니다. 빨리 끊고 텔레비전 보려고 무조건 "예, 예" 하고 끊어 놓고, 나중에는 무슨 말을 했는지 전혀 기억을 못 합니다.

하나님께서 아브라함을 찾아오신 시간은 가장 지치고 짜증나고 피곤한 때였습니다. 지하철에서 학생들이 실눈을 뜨고 있다가 할아버지가 오시면 그냥 감아 버리듯이, 아브라함도 실눈 뜨고 보다가 그냥 끙 하면서 돌아누워 버렸더라면 손님 대접할 필요도 없고 귀찮게 움직일 필요도 없었을 것입니다. 그런데 그는 어떻게 했습니까? 마치 하루 중 가장 상쾌한 시간에 손님을 만난 것처럼 벌떡 일어나 영접하고 있습니다. 이처럼 하나님은 이 귀한 만남을 아브라함의 손님 대접하는 태도와 연결시키고 계십니다.

무슨 말입니까? 아브라함의 가정은 숙제를 가진 가정이었습니다. 그것은 바로 아들 문제였습니다. 숙제가 있는 사람은 다른 사람에게 신경 쓸 여유가 없습니다. 우리 집에 아픈 아이가 있거나 수험생이 있으면 옆 사람한테 눈이 돌아가질 않아요. 자식 문제는 아브라함에게 너무나도 오래된 아픔이고 상처였습니다. 그 상처가 잘 아물려는 참에 하나님은 "이스마엘은 그 문제의 해답이 아니다"라고 하시면서 새로운 아들을 낳아야 한다고 말씀하셨습니다. 지금 아브라함은 속이 상할

대로 상해 있습니다. 이런 문제를 가지고 있을 때는 다른 사람이 어려운 줄 알면서도 일부러 외면해 버릴 때가 많습니다. 내 문제가 급하기 때문입니다.

내 문제가 아무리 심각해도

그러나 아브라함은 그렇게 하지 않았습니다. 그는 놀라울 정도로 건강한 모습으로 다른 사람의 어려움을 돌아보고 그들을 영접했습니다. 바로 이것이 그리스도인들의 바른 자세입니다. 오늘 우리들의 모습과는 너무나 다르지 않습니까? 아브라함은 숙제를 가지고 있었고 아픔을 가지고 있었습니다. 더구나 이 아픔이 다시 터졌습니다. 그런데도 그는 이 더위에 어딘가를 향해 가고 있는 이 지친 여행객들을 대접하는 일을 소홀히 하지 않았습니다.

'내 문제가 완전히 해결되고 난 후에 여유가 생기면 다른 사람을 돕겠다' 고 하는 사람은 죽을 때까지 한 사람도 돕지 못합니다. 한 문제가 끝나면 또 한 문제가 생깁니다. 큰애의 병이 나으면 남을 도우려고 했더니 이번에는 둘째 애가 아프고, 다음에는 셋째 애가 아픕니다. 마침내 셋째가 다 나아서 남을 도우려고 했더니, 이번에는 덜컥 넷째가 생겨 버립니다. 아무것도 못해요. 문제는 끝이 없습니다.

언제 우리가 하나님을 만날 수 있습니까? 내 문제가 심각한데도 남을 도울 때입니다. 내 문제가 아직도 전혀 해결되지 않았어요. 그것을 생각할 때마다 마음이 무겁습니다. 그러나 그것마저도 하나님께서 해주시리라고 믿고 우선 내가 할 일을 열심히 하는 것이 그리스도인들이 하나님을 만나는 비결입니다. 아브라함의 가정을 보십시오. 이 귀찮은 시간에 모든 사람이 움직이고 있습니다. 낮잠 자는 사람들을 깨워서 일을 시키고 있는데도 불평하는 사람이 아무도 없습니다. 종들이나 사라나 아무 불평 없이 기쁨으로 요리해서 손님을 대접하고 있습니다.

바로 이것입니다. 바로 이 때 우리는 하나님을 만날 수 있습니다. 하나님을 만나고 싶습니까? 내 문제가 어려울수록 남을 더 도우십시오. 더 적극적으로 남을 위해 사십시오. 현명한 그리스도인들은 자기 문제가 어려울수록 더 남의 문제에 뛰어들고 더 남의 어려움부터 돕습니다. 그리고 나서 보면 자기 문제는 이미 해결되어 있어요. 제가 하는 방식이 그것입니다. 우리 교회에 무슨 어려움이 있으면 무조건 다른 교회의 어려움부터 도와 줍니다. 그러면 다 해결되게 되어 있습니다. 그것이 우리도 살고 남도 사는 방법입니다. 내 문제에 매이기 시작하면 끝이 없습니다. 끝없는 미궁에 빠지게 되어 있습니다. 나에게 어떤 어려움이 있습니까? 남의 문제를 도와 주십시오. 그러면 거기서 하나님을 만날 수 있습니다.

남의 문제를
먼저 생각한다

그렇다고 해서 아브라함처럼 하나님을 대접하기 위해 길에 있는 모든 거지들을 불러서 그 앞에 절하고 송아지를 잡아 대접해야 한다고 말하는 것이 아닙니다. 그 사람들을 다 집에 데려와서 재울 수는 없습니다. 또 그렇게 하는 것이 반드시 옳다고도 말할 수 없습니다. 중요한 것은 내 마음속에 순간적으로 떠오르는 선한 욕구입니다. 자기 몸이 아깝지 않은 사람은 아무도 없습니다. 귀찮은 것을 모르는 사람은 아무도 없어요. 다 자기 몸을 아끼고 싶고 편하게 에어콘 밑에서 갈비 먹고 싶습니다. 우리 몸은 다 똑같습니다. 아브라함이라고 해서 귀찮지 않을 리가 없습니다. 100살이나 먹은 사람이 왜 귀찮지 않겠습니까? 그러나 이 무더운 날씨에 어디론가 가야 하는 지친 사람들이 앞에 나타났을 때 '내가 그래도 하나님의 사람인데 이 사람들을 지친 채로 가게 해서는 안 된다'는 선한 욕구가 마음속에 생겼고, 그는 이것을 소멸시키지 않았습니다. 이 생각이 드는 즉시 자리에서 일어나서 달려갔습니다. 천천히 걸어가면서, 혹시 그 사이에라도 그 사람들이 가면 그만 두려 한 것이 아닙니다. 막 달려가서 잡았습니다. 그리고 절을 했어요. 절을 받았는데 어디로 도망을 갑니까? 절 받은 사람은 도망 못 갑니다.

우리의 율법

믿음은 정해진 계율을 잘 지키는 것이 아닙니다. 수입의 십일조를 계산기 두들겨 가며 정확하게 바치고, 예배시간 5분 전에 정확하게 와서 끝나기 5분 전에 정확하게 가고, 아침 4시에 정확하게 일어나서 세수하고 기도하고 큐티하고 찬송가 4절까지 다 부른 후에 통성으로 기도하는 것이 믿음의 전부가 아닙니다. 믿음의 계율은 마음에 새겨져 있는 것입니다. 책상 앞에 붙여 놓은 것이 아니라 마음에 새겨 놓은 것입니다.

선을 행하느냐, 악을 행하느냐는 한 순간에 달려 있습니다. 물론 평소에는 누군가 어려운 일을 당하면 도와야겠다고 생각합니다. 그러나 막상 눈앞에서 어려운 사람을 만나면 그 사람을 돕지 말아야 할 이유가 수십 가지씩 생각납니다. 거기에 덧붙여서 절대로 도와 주면 안 되는 이유까지 몇 가지 더 생각납니다. 그렇기 때문에 평소에 이러쿵저러쿵 하는 것은 전혀 믿을 바가 못 됩니다. 사람의 속에는 이기적인 본능이 있어서 머리로는 아무리 동의하는 일이라도 몸이 따라 주질 않습니다. 중요한 것은 한 순간입니다. 그 순간에 악을 누르고 선한 행동을 하느냐 하는 것입니다. 이것이 계율을 지키는 것입니다.

모든 것을 철저히 따지는 사람은 결국 아무것도 하지 못합니다. 실수를 두려워하는 사람은 아무것도 못 해요. '이 더운 날, 누구인지는 모르지만 이 피곤한 여행객의 발을 씻겨 주고 음식을 주는 것이 하나님의 뜻이다' 는 생각이 들면 곧바로 행동하는 것입니다. '기왕 주려면 좋은 것을 주자. 송아지 잡자' 는 생각이 들면 송아지를 잡는 것입니다. 아브라함이라고 해서 송아지가 아깝지 않은 것이 아닙니다. 가축은 현금과 똑같습니다. 한 마리 주면 아까워요. 그만큼 내 돈을 손해 보는 것입니다. 그런데도 선한 생각이 드니까 곧장 행동으로 옮겼습니다.

하나님이 기뻐하시는 일이라면

우리는 하나님이 아닙니다. 그래서 내가 하고 있는 일의 완전한 결말을 알 수 없습니다. 그러나 '이것이 하나님이 기뻐하시는 일' 이라고 생각되면 한번 무조건 해 보십시오. 그러면 거기에서 하나님을 만날 수 있습니다. 완전하려고 하는 사람은 미리 모든 것을 따져 보지 않고서는 아무것도 하지 않습니다. 의미가 없어 보이는 일은 아무것도 하려 들지 않습니다. 그런데 그렇게 따지는 동안에 사람들은 다 떠나고 무대의 막은 내리고 성문은 닫혀 버립니다. 그 때 가서 '이것이 선한 뜻이었는데……' 하고 생각해 봐야 아무 소용이 없습니다. 이런 사람은 다음에 기회가 와도 또 따지기 시작합니다. 그리고 마침내 결심을 했을 때는 또 성문이 닫혀 버립니다. 그리고 그 다음에는 아예 기회조차도 오지 않습니다.

이 세상에서 완전한 의미를 가지는 일이 어디 있습니까? 그런 것은 이 세상에 없습니다. 하나님이 기뻐하시는 일이라는 생각이 들면 그냥 하는 겁니다. 모든 것이 완벽해야 움직이는 사람은 머리로는 하나님을 알지만 가까이 만나지는 못합니다. 한평생 못 만나요. 오히려 초신자들이 하나님을 만납니다. 초신자들은 좋다고 생각하면 그냥 해 버리거든요. 그러다가 실수하면 "미안합니다" 하면서 넘어가는 겁니다. 그런 사람들이 하나님을 만납니다.

3. 사라를 만나신 하나님

하나님께서 이렇게 아브라함을 특별히 찾아오신 것은 성육신의 모양을 미리 보여 주시고 아브라함과 영광의 교제를 나누시기 위해서였습니다. 오늘 예배드리는 우리의 만남 가운데도 그 영광이 있기를 바랍니다. 보잘것없는 만남이지만 이렇게 만나는 가운데 '참으로 하나님이 우리 사이에 계셨구나' 하는 것을 체험한다면, 이 세상의 어떤 좋은 차나 집이나 돈으로 보상할 수 없는 가장 큰 상급을 받은 것입니다. 그런데 하나님께서 아브라함을 찾아오신 목적은 이것만이 아니었습니다.

사라가 어디 있느냐?

하나님은 사라를 만나서 허물어져 가는 믿음을 붙들어 주려는 목적을 가지고 계셨습니다. 하나님은 아브라함에게 사라가 어디 있느냐고 물으셨습니다.

그들이 아브라함에게 이르되
"네 아내 사라가 어디 있느냐?"
대답하되 "장막에 있나이다"(18:9).

사라가 어디 있는지 몰라서 물으시는 것이 아닙니다. 사람은 대화 중에 자기 이름이 나오면 갑자기 정신이 들고 주의를 기울이게 마련입니다. 이 당시의 문화에서는 외간 남자와 여자가 정면으로 만나서 이야기하지 못했던 것 같습니다. 그래서 하나님은 사라가 어디 있느냐고 물으심으로써 주의를 기울이게 하셨습니다. 10절을 보십시오.

> 그가 가라사대 "기한이 이를 때에 내가 정녕 네게로
> 돌아오리니 네 아내 사라에게 아들이 있으리라" 하시니
> 사라가 그 뒤 장막 문에서 들었더라.

여기 나오는 '기한'은 1년으로 보는 것이 정설입니다. 그러니까 이 말씀은 1년 뒤에 사라가 아들을 품에 안고 있으리라는 것입니다. 이 말씀에 사라가 어떤 반응을 보였습니까?

> 아브라함과 사라가 나이 많아 늙었고 사라의 경수는
> 끊어졌는지라. 사라가 속으로 웃고 이르되
> '내가 노쇠하였고 내 주인도 늙었으니
> 내게 어찌 낙이 있으리요?' (18:11, 12)

사라의 반응

사라는 하나님의 말씀을 듣고 웃었습니다. 중요한 것은 이 웃음의 의미입니다. 왜냐하면 하나님이 이 웃음을 본격적으로 문제 삼으셨기 때문입니다. 하나님은 사라에게 웃었다고 하시고 사라는 웃지 않았다고 발뺌합니다. 우리는 사라 본인이 아니기 때문에 왜 웃었는지 이유

를 알 수 없습니다. 그러나 그 이유를 생각해 볼 필요는 있습니다. 사라가 왜 웃었을까요?

사라가 웃은 이유

가장 그럴 듯한 설명은 하나님의 말씀이 현실적으로 도저히 불가능한 일이기 때문에 웃었으리라는 것입니다. 오늘 본문을 보면 아브라함은 늙었고 사라도 생리가 끊어졌습니다. 그러면 아기를 낳을 수 없지요. 생리가 끊어졌는데 어떻게 아이를 낳을 수가 있습니까? 그런데도 이 손님은 사라가 아이를 낳을 것이라고 하니까 너무 기가 막혀서 웃었다고 생각할 수 있습니다.

그러나 저는 그래서 웃은 것이 아니라고 생각합니다. 사람은 너무나도 중요한 이야기를 들을 때 부정적인 면을 한번 생각해 보게 마련입니다. 그 이유가 무엇일까요? 역시 우리는 사람이기 때문입니다. 어떤 학생이 시험을 아주 잘보고 나왔습니다. 그런데 다른 학생이 "아마 네가 1등일 거야"라고 말합니다. 그 때 그 학생이 어떻게 반응합니까? '영어도 못봤고 수학도 적어도 세 개는 틀렸을 테니까 절대로 1등일 리가 없어' 하면서 웃습니다. 무슨 뜻입니까? 인간이기 때문에 장담할 수는 없다는 것입니다. 그러나 속으로는 정말 그렇게 되었으면 좋겠다는 뜻이 그 웃음 속에 들어 있습니다.

신앙생활을 해 보면 역시 무식한 사람이 용감하다는 말이 생각날 때가 많습니다. 무식한 사람은 모든 것이 하나님의 뜻이고, 모든 것이 '아멘 할렐루야' 입니다. 그러나 신앙생활을 좀더 깊이 한 사람은 모든 것을 하나님의 뜻으로 믿지 않습니다. "미스 박, 나와 결혼해 주세요. 그것이 하나님의 뜻입니다." 이런 말 안 해요. 결혼을 어떻게 그런 식으로 합니까? 무식할 때는 모든 것을 하나님의 뜻으로 밀어붙이지만,

많은 실패를 거듭하고 나면 '하나님의 뜻'이라는 말을 잘 하지 못합니다. 기껏 할 수 있는 말은 "이건 제 희망사항입니다. 제 생각에는 그렇게 되었으면 좋겠어요" 하는 정도입니다.

믿고 싶지만…

사라가 손님들의 이야기를 듣고 생각한 것이 무엇입니까? 자신은 그 말을 너무나도 믿고 싶다는 것입니다. 정말 그 말대로 되었으면 좋겠어요. 사라는 예전에 하나님께서 아브라함에게 사라를 통해 아들을 주신다고 말씀하셨다는 것을 전해 들었을 것입니다. 하지만 사라도 사람 아닙니까? 지금까지 기대했다가 실망했던 적이 어디 한두 번입니까? 이상하게 입맛이 없어서 '임신했나 보다' 기대했다가 알고 보니 배탈이었던 경우가 90세가 된 지금까지 한두 번 있었습니까? 그래서 이 말을 못 받아들입니다. 받아들일 자신이 없습니다.

여자의 신앙은 논리적이지 않습니다. 여자들은 무조건 믿습니다. 여자를 무시해서 하는 말이 아니라, 오늘 본문에서 사라가 '아브라함도 늙었고 내 경수도 끊어졌다. 그러므로 나는 믿지 않는다'라는 논리적인 생각을 하고 있다고 생각한다면 사라를 전혀 이해하지 못하는 것이라는 말입니다. 사라는 그런 사람이 아닙니다. 여자는 그냥 육감으로 믿어 버려요.

지금 사라는 부정적인 핑계를 먼저 생각해 보는 것입니다. 부정적인 가능성을 먼저 한번 생각해 봄으로써 자기 자신의 중심을 잡으려고 하는 것입니다. 자신은 정말 이 말대로 되었으면 좋겠어요. 생각만 해도 가슴이 뛰어서 숨을 못 쉴 정도입니다. 그러나 사람인 이상 꼭 그렇게 된다고 어떻게 장담할 수 있습니까? 어떻게 기한을 정해서, 그것도 1년 안에 이루어진다고 믿을 수 있습니까? 물론 그렇게 되면 좋지요.

하지만 안 되면 어떻게 합니까? 만약 그렇게 안 된다면 이제는 더 견디지 못할 것입니다. 사라는 오랜 연단을 받는 가운데 인간의 한계를 잘 알고 있었습니다. 사라는 하나님의 뜻과 인간의 희망사항을 구분할 수 있는 지혜를 가진 여성이었습니다.

하나님께는 모든 것이 가능하다

그런데 하나님께서 사라에게 말씀하시는 것이 무엇입니까? 이것은 사람의 말이 아니라 전능하신 하나님의 말씀이라는 것입니다. "여호와께 능치 못한 일이 있겠느냐?" 결국 하나님께서 방문하신 것은 이 말씀을 사라에게 하시기 위해서였습니다. 사람에게는 모든 것이 다 희망사항이지만 하나님은 그렇지 않다는 것입니다. 이것은 하나님의 천사가 마리아를 찾아갔을 때 한 말씀이기도 합니다. 처녀가 아이를 낳을 것이며 그 아이가 지극히 높으신 하나님의 아들이라 일컬음을 받으리라는 말씀을 마리아는 받아들일 수 없었습니다. 그 때 천사가 무엇이라고 했습니까? "대저 하나님의 모든 말씀은 능치 못하심이 없느니라"(눅 1:37).

하나님께서는 지금 사라와 말씀하시는 분이 사람이 아니라는 것을 표적으로 보여 주셨습니다. 그것은 바로 사라가 웃었다는 것을 아시는 것입니다. 사라는 웃지 않았다고 거짓말을 하고 있습니다. 혹시 귀한 손님의 말에 방정맞게 웃은 것이 결례라고 생각했는지도 모르겠습니다. 그러나 하나님은 사라가 웃었다고 계속 말씀하셨습니다. 사라가 장막 뒤에서 웃는 것을 누가 보았겠습니까? 그러나 하나님은 보셨습니다. 하나님은 이 나이 든 여자의 마음속에 흐르고 있는 아주 미묘한 감정의 변화를 읽고 계셨습니다. 사라는 이것을 보고 이분이 하나님이시며, 그분의 말씀대로 자기가 1년 안에 아들을 낳을 것이라는 확신을 가지게 됩니다.

신앙을 가진 사람은 하나님과의 사이에 밀어가 있습니다. 무슨 큰 기적이 있어야 믿는 것이 아닙니다. 아주 작은 것을 보여 주십니다. 내 속에 일어난 아주 미묘한 변화를 하나님이 알고 계신다는 것을 무언가를 통해서 보여 주십니다. 우리의 믿음은 왔다갔다하는 믿음입니다. 기분이 좋을 때에는 모든 것을 다 믿을 것 같지만, 마음이 침체되고 좋지 않을 때에는 아무것도 믿어지지 않습니다. 하나님께서는 그런 우리의 변화를 읽고 계십니다. 그리고 내 상한 마음을 알고 계신다는 증거를 보여 주십니다.

네 마음을 내가 안다

어떤 여자분이 결혼을 했는데 그 가정에는 전 부인이 낳은 아이가 있었습니다. 그런데 그 아이가 굉장히 미운 거예요. 이유도 없이 미웠습니다. 그래서 자기 애만 밥을 먹이고 그 아이는 굶기려고 생각했습니다. 그런데 옥상에 빨래를 널려고 올라가다가 갑자기 계단에 무릎이 딱 부딪친 거예요. 이 부인은 "알았습니다, 하나님" 하면서 내려와 그 아이에게 밥을 주었습니다. 무릎이 부딪친 것은 남이 보기에는 우연인 것 같습니다. 하지만 이 부인에게 그것은 '네가 그렇게 못된 생각을 하면 안 된다'는 하나님의 사인이었습니다. 그래서 아이를 잘 키워서 학교에 보냈다고 이야기하는 것을 들으면서 '저 부인은 하나님과 의사소통을 할 수 있구나' 하고 생각했습니다.

우리는 하나님께서 너무 멀리 계신다고 생각할 때가 많습니다. 나의 깊은 사정을 아무도 몰라 준다는 불평에 차 있을 때가 많아요. 그러나 하나님은 다 알고 계십니다. 그리고 알고 계시다는 것을 나타내십니다. 누군가와의 대화를 통해서든지 다른 어떤 우연한 일을 통해서든지 그것을 깨닫게 하십니다. 나의 이런 답답함과 논리적으로 설명할 수 없는 미묘한 감정을 알고 계시다는 표시를 주십니다. 이것이 하나님의 사인입니다.

하나님의 표시를 읽어라

하나님께서 보내시는 그 사인을 읽지 못하는 사람은 너무나도 미련한 사람입니다. "나는 벼락이 떨어지거나 지진이 일어나기 전까지는 절대로 믿지 않습니다." 이런 사람은 벼락을 맞아도 못 깨닫는 사람이에요. 세례 요한의 아버지 사가랴에게는 벙어리가 되는 것이 표적이었습니다. 하나님께서는 한평생 아들 낳기를 원했으면서도 이 말씀을 믿을 수도 없고 안 믿을 수도 없었던 이 늙은 제사장의 미묘한 심정을 벙어리가 되는 일을 통해서 인쳐 주셨습니다. 그의 입에 도장을 치신 것입니다. 이것은 아들을 낳는 것이 단순히 인간의 희망사항이 아니라 하나님의 말씀이라는 표시였습니다.

오늘 말씀이 이야기하는 것이 무엇입니까? 하나님께서는 아브라함에게 최고의 상급을 주셨습니다. 그것은 사람의 몸으로 찾아와서 그와 음식을 나누면서 대화를 나누심으로써 환상으로는 경험할 수 없었던 변화의 경험을 하게 하신 것입니다. 오늘도 주님은 보잘것없는 형제와 자매 속에서 우리를 방문하실 것입니다. 내 문제에 빠져 있으면 이 놀라운 감격을 알 수 없습니다. 머리로는 믿을 수 있지만, 내가 변해서 새 사람이 되는 체험은 하지 못합니다.

우리의 율법이 무엇입니까? 거지를 다 불러다가 밥 먹이는 것이 아닙니다. 내 속에 떠오르는 선한 충동이 바로 하나님이 주시는 마음이요 내 율법입니다. 여러분, 무언가 봉사하고 싶은 마음이 들 때 그대로 해 버리세요. 떠넘기면 안 됩니다. 하고 싶을 때 해 버리세요. 찬송 부르고 싶습니까? 불러 버리세요. 누구에게 아름다운 이야기를 하고 싶습니까? 이야기해 버리세요. 이것이 우리의 율법입니다. 우리의 몸을 가지고 예배만 딱 드리고 보릿자루처럼 가만히 있는 것은 최고의 기만입니다. 예배만 드리고 아무것도 하지 않는다면 기독교보다 더 놀라운 사기가 없습니다. 기독교는 그냥 해 버리는 것입니다. 교회 오고 싶으면 그냥 와 버려야 합니다. 오후예배까지 드리고 싶으면 그냥 드려 버려야 합니다.

자신에게 문제가 있을 때 그 문제를 풀려고 하면 안 됩니다. 문제를 풀려고 들면 한평생 안 풀립니다. 그리고 혹시 그 문제가 풀려도 또 다른 문제가 생겨요. 여러분에게 문제가 있습니까? 그냥 내버려 두십시오. 썩든지 곪든지 내버려 두고 남의 문제에 뛰어드십시오. 그러면 내 문제는 다 해결되게 되어 있습니다. 오늘날 우리가 얼마나 주관적입니까? 얼마나 완벽을 추구합니까? 그러나 완벽은 복음이 아닙니다. 완벽을 추구하다 보면 아무것도 못 합니다. 막 해 버리세요. 그러다 욕 얻어 먹어도 할 수 없는 것이지 어떻게 하겠습니까? 사람이 욕도 얻어 먹으면서 사는 것이지요.

또한 하나님께서는 나에게 귀중한 축복을 주시기 전에 반드시 시험을 주십니다. 가장 귀찮고 피곤할 때 하나님이 찾아오십니다. 만나기 싫은 사람을 통해서 찾아오십니다.

여러분, 오늘도 하나님의 작은 사인을 느끼십시오. 나를 스쳐가는 그분의 손길, 나를 새롭게 하시는 그 사랑의 밀어를 회복해야 합니다. 번개가 치고 하늘이 두 쪽이 나는데도 깨닫지 못하고 잠만 씩씩 자고 있으면 절대로 안 됩니다. 우리는 아주 작은 하나님의 사인에 민감할 필요가 있습니다. 그러면 아무리 절망과 낙심에 빠져 있다 하더라도 하나님의 말씀으로 다시 일어설 수 있습니다.

2 아브라함 리스트

그 사람들이 거기서 일어나서 소돔으로 향하고
아브라함은 그들을 전송하러 함께 나가니라.
여호와께서 가라사대
"나의 하려는 것을 아브라함에게 숨기겠느냐?
아브라함은 강대한 나라가 되고 천하 만민은
그를 인하여 복을 받게 될 것이 아니냐? 내가 그로
그 자식과 권속에게 명하여 여호와의 도를 지켜
의와 공도를 행하게 하려고 그를 택하였나니
이는 나 여호와가 아브라함에게 대하여
말한 일을 이루려 함이니라."
여호와께서 또 가라사대
"소돔과 고모라에 대한 부르짖음이 크고 그 죄악이
심히 중하니 내가 이제 내려가서 그 모든 행한 것이
과연 내게 들린 부르짖음과 같은지 그렇지 않은지
내가 보고 알려 하노라."
그 사람들이 거기서 떠나 소돔으로 향하여 가고
아브라함은 여호와 앞에 그대로 섰더니
가까이 나아가 가로되
"주께서 의인을 악인과 함께 멸하시려나이까?
그 성 중에 의인 오십이 있을지라도 주께서 그 곳을
멸하시고 그 오십 의인을 위하여 용서치
아니하시리이까? 주께서 이같이 하사 의인을
악인과 함께 죽이심은 불가하오며 의인과 악인을
균등히 하심도 불가하니이다. 세상을 심판하시는
이가 공의를 행하실 것이 아니니이까?"
여호와께서 가라사대
"내가 만일 소돔 성 중에서 의인 오십을 찾으면

그들을 위하여 온 지경을 용서하리라."
아브라함이 말씀하여 가로되
"티끌과 같은 나라도 감히 주께 고하나이다.
오십 의인 중에 오 인이 부족할 것이면 그 오 인
부족함을 인하여 온 성을 멸하시리이까?"
가라사대
"내가 거기서 사십오 인을 찾으면 멸하지
아니하리라."
아브라함이 또 고하여 가로되
"거기서 사십 인을 찾으시면 어찌 하시려나이까?"
가라사대 "사십 인을 인하여 멸하지 아니하리라."
아브라함이 가로되
"내 주여, 노하지 마옵시고 말씀하게 하옵소서.
거기서 삼십 인을 찾으시면 어찌 하시려나이까?"
가라사대
"내가 거기서 삼십 인을 찾으면 멸하지
아니하리라."
아브라함이 또 가로되
"내가 감히 주께 고하나이다.
거기서 이십 인을 찾으시면 어찌 하시려나이까?"
가라사대
"내가 이십 인을 인하여 멸하지 아니하리라."
아브라함이 또 가로되
"주는 노하지 마옵소서.
내가 이번만 더 말씀하리이다.
거기서 십 인을 찾으시면 어찌 하시려나이까?"
가라사대
"내가 십 인을 인하여도 멸하지 아니하리라."
여호와께서 아브라함과 말씀을 마치시고 즉시
가시니 아브라함도 자기 곳으로 돌아갔더라.

창 18:16-33

사람들에게 큰 감동을 준 영화 중에 〈쉰들러 리스트〉라는 영화가 있습니다. 독일이 유대인들을 무참하게 학살하는 것을 본 독일인 쉰들러는 돈을 주고 유대인 노동자를 빼 냅니다. 그렇게 돈을 주고 산 유대인들의 명단이 바로 '쉰들러 리스트' 입니다. 그 명단에 드느냐 들지 않느냐는 그 유대인들이 가스실로 가느냐 살아남느냐를 결정하는 사활이 달린 문제였습니다. 다행스럽게 그 명단에 포함되어 생명을 건진 유대인들은 두고두고 쉰들러의 은혜에 감사를 표했습니다.

오늘 본문은 소돔과 고모라를 비롯한 다섯 개 도시의 운명을 놓고 아브라함과 하나님 사이에 협상이 벌어지는 내용을 소개하고 있습니다. 하나님께서는 아브라함을 찾아오셔서 소돔과 고모라와 주변 다섯 성의 죄가 너무나도 가득 차서 그들을 심판하지 않을 수 없다고 말씀하십니다. 아브라함은 소돔과 고모라에 있는 사람들의 생명이 경각에 달려 있음을 보고 하나님께 기도합니다. 아브라함은 그들을 알고 있었습니다. 소돔과 고모라 성은 아브라함이 살고 있는 헤브론과 아주 가까운 이웃 도성이었습니다. 그리고 그들이 그돌라오멜과의 전쟁에 져서 포로가 되었을 때 구해 준 적도 있었습니다.

보편적 심판의 예고

아브라함이 알게 된 것이 무엇입니까? 하나님께서 소돔과 고모라 성의 모든 사람들을 한꺼번에 다 멸망시키려 하신다는 것입니다. 이런 것을 보편적인 심판이라고 합니다. 아무리 모든 사람이 죄인이라 하더라도 '더 죄인'이 있고 '덜 죄인'이 있게 마련입니다. 그런데 하나님께서 그러한 죄의 경중을 따지지 않고 모든 사람을 한꺼번에 멸망시키려고 할 때, 그것을 우리는 보편적인 심판이라고 부릅니다. 성경은 인류 마지막 날에 이루어질 심판은 보편적인 심판이 될 것이라고 여러 곳에서 말씀하고 있습니다.

아브라함은 공의의 하나님이 죄의 경중을 따지지 않고 한꺼번에 그들을 멸망시키시는 것을 이해할 수 없었습니다. 그래서 하나님께서 그런 방식으로 소돔과 고모라를 멸망시키지 못하시도록 협상을 벌입니다. 그리하여 처음에는 오십 명부터 시작해서 나중에는 열 명까지 심판의 문턱을 낮추어 놓습니다. 만약 소돔과 고모라의 다섯 성에서 의인 열 명의 명단만 작성할 수 있으면 그 모든 사람들이 살 수 있을 것입니다. 그러나 그 열 명의 명단을 구하지 못해서 소돔과 고모라는 하루 사이에 유황불 바다가 되고 맙니다.

1. 하나님과 아브라함의 대화

우리는 하나님께서 친히 사람의 몸을 입으시고 아브라함을 찾아오신 것이 얼마나 큰 겸손이며 자비인지 알아야 합니다. 그러나 하나님의 인자는 거기서 그치지 않았습니다. 하나님께서는 자신이 하려고 하시는 중요한 계획을 아브라함에게 말씀해 주십니다.

> 그 사람들이 거기서 일어나서 소돔으로 향하고
> 아브라함은 그들을 전송하러 함께 나가니라.
> 여호와께서 가라사대
> "나의 하려는 것을 아브라함에게 숨기겠느냐?"
> (18:16,17).

아브라함과 의논하시다

사람들은 자기가 하려고 하는 아주 중요한 일이 있을 때 가까운 사람과 의논을 합니다. 아이들은 방학 전에 미리 세워 놓은 기가 막힌 계획에 대해서 미리 아버지와 한번 의논을 해 봅니다. 아내는 아내대로 자기가 세운 계획에 대해 남편과 미리 의논을 합니다. 또 정치인들은 아주 중요한 결정을 내릴 때 어렸을 때부터 아주 친했던 친구를 만나서 미리 의논을 해 봅니다. 이것은 허락을 받기 위해서라기보다는 자기의 심중을 누군가와 한번 나누고 싶다는 생각 때문입니다. 이 가까운 이들은 이해 관계를 떠나서 정말 사랑하는 마음으로 내게 충고해 줄 수 있는 사람들입니다. 부모는 이해 관계에 따라 이야기를 해 주는 사람이 아닙니다. 또한 옛 친구는 진심으로 나를 위해서 조언해 줄 수 있는 사람입니다.

하나님께서도 이런 일을 하십니다. 하나님께서는 자신이 하려고 하는 아주 중요한 일들을 사랑하는 자들에게 미리 알려 주시거나 의논하십니다. 그것은 우리들의 지지나 동의를 받고 싶어서가 아닙니다. 하나님께는 어느 누구의 지지나 동의도 필요하지 않습니다. 하나님은 절대적인 주권자이십니다. 그럼에도 불구하고 그분은 자신의 중요한 계획을 사랑하는 백성들에게 미리 꼭 알려 주십니다.

종의 자리에서 친구의 자리로

하나님께서는 지금 자신이 소돔과 고모라에 대해 가지고 있는 엄청난 멸망의 계획을 아브라함에게 미리 말씀하고 계십니다. 이것은 하나님께서 얼마나 아브라함을 존귀하게 대하시는지를 보여 줍니다. 하나님은 아브라함을 일개 피조물로 보는 것이 아니라 격의 없이 대화를 나눌 수 있는 존귀한 친구의 위치로 끌어올려서 만나고 계십니다. 예수님은 제자들에게 이렇게 말씀하셨습니다.

"이제부터는 너희를 종이라고 하지 아니하리니
종은 주인의 하는 것을 알지 못함이니라.
너희를 친구라 하였노니 내가 내 아버지께 들은 것을 다
너희에게 알게 하였음이니라"(요 15:15).

예수님께서는 제자들이 더 이상 종이나 노예가 아니라고 말씀하십니다. 왜냐하면 그들은 예수님을 통하여 하나님의 모든 말씀을 다 들었기 때문입니다. 예수님께서 제자들에게 알리신 것은 단순한 인간의 계획이나 생각이 아닙니다. 하나님의 보좌 앞에서 성부와 성자와 성령이 의논하고 결정한 바로 그 사실입니다. 그러므로 그들은 이제 노예나 종이 아니라 하나님의 귀한 친구요 동역자인 것입니다.

우리는 때로 천국에 가고 싶습니다. 이 세상에 혐오스러운 죄악이 너무나 많이 퍼져 있는 것을 볼 때, 천국에 가고 싶습니다. 또 천국에

있는 사람들이 얼마나 아름답게 생활하고 있는지 보기 위해서 가고 싶기도 합니다. 그러나 하나님의 뜻이 무엇인지를 알기 위해서 천국에 갈 필요는 없습니다. 하나님의 뜻은 이미 우리에게 다 알려졌습니다. 다른 것을 알아 보기 위해서, 예를 들어 천국 바닥이 진짜 황금인지 아닌지를 알아 보기 위해서라면 천국에 가 볼 필요가 있을지 모르지만, 적어도 나에 대한 하나님의 뜻이 무엇인지, 또 지금 일어나고 있는 일에 대한 하나님의 생각이 어떤 것인지를 알기 위해서라면 굳이 천국에 갈 필요가 없습니다. 예수님께서는 자신이 아버지께 들은 것을 다 우리에게 말씀하셨기 때문에 굳이 천국에 가지 않아도 여기에서 하나님의 모든 계획과 뜻을 알 수 있다고 말씀하셨습니다. 이 세상에서 가장 강한 자들이 누구입니까? 바로 이러한 하나님의 친구들입니다. 그들은 세상에서 예수님의 말씀을 다 들은 자들이고, 이 세상에 대한 하나님의 뜻이 무엇인지 알고 있는 자들입니다.

우연은 없다

하나님께서는 왜 이런 식으로 자신의 생각을 종들에게 알려 주십니까? 우연이라는 것은 없다는 것을 말씀하시기 위해서입니다. 이 세상이 하나님의 손에 완전히 잡혀 있다는 것을 보여 주시고 깨우쳐 주시기 위해서입니다. 만약 아브라함이 그 사실을 모르는 상태에서 옆에 있는 다섯 도성이 하루 아침에 유황불로 완전히 멸망하는 것을 보았다면 아마 두려워서 견디지 못했을 것입니다. 하나님께서는 이처럼 우리가 놀라지 않도록, 하나님의 지배와 통치에 전혀 이상이 없다는 것을 확인시켜 주기 위해서 어떤 중요한 일이 일어날 때 미리 알려 주시는 것입니다.

그리하여 우리는 우리의 옆에서 전혀 예상하지 못했던 위기와 재앙이 일어날 때에도 전혀 두려워하거나 불안해하지 않고 더욱 하나님을 신뢰하게 됩니다. 이 세상에 아무리 악이 날뛰어도 우리는 두려워하지 않습니다. 오히려 이런 악 가운데서 더욱 하나님을 신뢰하고 찬양합니다. 그 이유가 무엇입니까? 하나님의 통치에 이상이 없다는 것을 알기 때문입니다. 여러분, 하나님의 통치에는 전혀 이상이 없습니다. 인간이 아무리 악해도 그 악한 의도대로 절대로 되지 않습니다. 왜냐하면 하나님이 자신의 통치를 포기하신 적이 한 번도 없기 때문입니다.

2. 하나님의 계획

하나님께서 아브라함에게 말씀하신 것이 무엇입니까? 그것은 두 가지입니다. 하나는 아브라함의 장래가 어떻게 될 것인가 하는 것이고, 다른 하나는 옆에 있는 이 세상 나라가 어떻게 될 것인가 하는 것입니다. 결국 중요한 것은 최종적인 결과입니다. "최후에 웃는 자가 승리자"라는 말이 있듯이 지금 진행과정만으로는 아무것도 알 수 없습니다. 지금은 모든 것이 진행중입니다. 중요한 것은 이 모든 것의 결국이 어떻게 되느냐, 나의 삶의 결국은 어떻게 되며 이 세상 사람들의 결국은 어떻게 되느냐 하는 것입니다.

두 나라의 장래

인류는 결국 두 부류로 나누어지게 됩니다. 하나는 아브라함의 가족이요 다른 하나는 소돔과 고모라의 가족입니다. 그러므로 여기서 하나님께서 아브라함의 가족이나 소돔과 고모라의 운명에 대해서 그 미래를 보여 주시는 것은 결국 인류 전체의 미래를 보여 주는 것과 같습니다. 우리는 개인으로 존재하지 않습니다. 결국은 어느 나라에 속하게 되어 있습니다. 그런데 하나님께서 생각하시는 나라는 둘밖에 없습니다. 하나는 아브라함의 나라요 다른 하나는 소돔의 나라입니다.

하나님께서는 아브라함의 나라에 대하여 이렇게 말씀하십니다.

"아브라함은 강대한 나라가 되고
천하 만민은 그를 인하여 복을 받게 될 것이 아니냐?
내가 그로 그 자식과 권속에게 명하여 여호와의 도를 지켜
의와 공도를 행하게 하려고 그를 택하였나니
이는 나 여호와가 아브라함에게 대하여 말한 일을
이루려 함이니라"(18:18, 19).

지금은 뜨내기지만

지금 아브라함은 어떤 형편에 있습니까? 나라를 전혀 이루지 못하고 있을 뿐 아니라 정착할 땅조차 없습니다. 그는 이곳 저곳 방황하고 있는 유목민입니다. 뜨내기입니다. 그러나 주위에 있는 나라들은 완전한 나라를 이루고 있습니다. 비록 도시 국가의 형태이긴 하지만 소돔과 고모라는 나라의 형태를 갖추고 있고, 아브라함은 그 사이에 끼어들지 못하고 있습니다.

그런데 하나님께서는 놀랍게도 이 뜨내기 아브라함이 아주 강력한 나라를 이룰 것이라고 약속하며, 그 나라를 통하여 세계 모든 만민이 복을 받게 될 것이라고 말씀하십니다. 이 나라는 강력한 나라가 될 것입니다. 이 말은 이 나라가 세상을 이길 것이라는 뜻입니다. 인류의 역사는 아브라함의 나라와 소돔의 나라 사이의 전쟁입니다. 진리와 비진

리 사이의 싸움입니다. 세상은 어떻게 해서든지 이 진리를 없애려고 합니다. 그러나 진리의 나라는 어둠의 세력을 이기고 아주 강력한 나라를 이룰 것입니다. 지금 눈에 보이는 아브라함의 나라는 바람에 날아가는 겨와 같습니다. 누군가 한 사람만 공격해도 완전히 멸망할 것처럼 보입니다. 그러나 하나님께서는 이 나라야말로 아주 강력한 나라가 될 것이라고 약속하고 계십니다.

여기에서 중요한 것은 "내가 그로 그 자식과 권속에게 명하여"라는 말씀입니다. 이들은 끊임없이 하나님의 말씀을 배워야 합니다. 왜냐하면 그들 속에도 소돔 사람들과 똑같은 죄성이 있기 때문입니다. 아브라함에게 속한 사람들이라고 해서 근본적으로 다른 것이 아닙니다. 그들이 세상 나라들과 다를 수 있는 것은 계속적으로 말씀의 가르침을 받기 때문입니다. 만약 잠시라도 말씀 배우기를 중단한다면 그들도 결국 세상 나라 사람들과 다를 바가 없을 것입니다.

두 번째로 하나님은 이 세상 나라에 대한 심판을 말씀하십니다.

> 여호와께서 또 가라사대 "소돔과 고모라에 대한
> 부르짖음이 크고 그 죄악이 심히 중하니 내가 이제
> 내려가서 그 모든 행한 것이 과연 내게 들린 부르짖음과
> 같은지 그렇지 않은지 내가 보고 알려 하노라"(18:20, 21).

바로 심판하지 않는 이유

하나님께서 이 세상의 악을 허용하시는 이유가 무엇입니까? 결국 악은 심판받을 수밖에 없다는 것을 보여 주기 위해서입니다. 하나님께서는 이 세상의 악한 자나 교만한 자를 곧바로 심판하시지 않습니다.

그때 그때 바로 심판하면 사람들은 악이 얼마나 무서우며 죄가 얼마나 음흉한지 모를 것입니다. 그래서 하나님께서는 악한 자가 있으면 계속 악하게 부추기십니다. 교만한 자가 있으면 계속 교만하게 하십니다. "그래, 네 팔뚝 굉장히 굵다. 계속 교만해 봐라. 계속 악해 봐라." 그렇게 계속 내버려 두십니다. 언제까지 내버려 두십니까? 도저히 참을 수 없을 정도까지입니다. 눈 뜨고 볼 수 없을 정도까지입니다. 그러다가 어느 한순간에 돼지 잡듯이 잡아 버리십니다.

그래서 이 세상에서 악을 행하는 자나 교만한 자는 잔칫집 돼지와 같습니다. 잔칫집 돼지는 아무리 게을러도 책망받지 않습니다. 만약 개가 짖지 않으면 주인이 뭐라고 하겠지만 돼지가 짖지 않는다고 뭐라고 하는 사람은 없습니다. 오히려 게으르면 게으를수록 먹을 것을 더 많이 주지요. 어떤 집에서는 한약도 주고 음악까지 틀어 줘서 실컷 살을 찌워 놓습니다. 그리고 디데이가 오면 한순간에 잡아 버립니다.

심판은 한순간에 임한다

하나님께서 사람들의 죄를 바로 심판하지 않으니까 사람들은 마치 하나님이 안 계시거나 힘이 없는 것처럼 생각해서 마음껏 죄를 짓고 마음껏 악을 행합니다. 언제까지 그렇게 합니까? 원한이 하늘에 사무칠 때까지입니다. 하나님은 사람들의 부르짖음이 하늘까지 닿았다고 말씀하고 계십니다. 무슨 말입니까? 그들의 죄가 사람이 보기에도 지나치다는 것입니다. 사람이 보기에도 '이 정도는 도저히 안 되겠다. 만약 하나님이 계신다면 이런 죄는 심판해야 한다' 는 생각이 든다는 것입니다. 하나님은 그 때까지 그들을 내버려 두시다가 어느 한순간에 보편적으로 모조리 심판하십니다.

하나님은 왜 이처럼 소돔과 고모라의 모든 것을 한꺼번에 심판하시려는 걸까요? 죄의 뿌리가 작을 때에는 거기에 관계되는 사람이 그렇게 많지 않습니다. 그러나 악이 이 정도로 커지면 거기 사는 사람들 중에 가담하지 않은 사람이 아무도 없습니다. 마치 고구마 줄기와 같습니다. 캐고 또 캐면 이 사람 저 사람 얽혀들지 않는 사람이 없습니다. 다 그 죄에 찬성하고 가담하면서 손 들었던 사람들이고, 그 죄 덕에 이익을 얻은 사람들입니다.

악의 득세를 두려워하라

그래서 이 세상에서 가장 무서운 것이 악이 득세하는 것입니다. 이보다 더 무서운 유혹이 없습니다. 죄를 짓고 뇌물을 받아도 심판을 받지 않으니까 거의 대부분의 사람들이 그 죄악에 가담하게 되고, 결국 소돔과 고모라처럼 한꺼번에 모조리 멸망해 버리는 것입니다. 이것은 하나님께서 파 놓으신 무서운 함정입니다.

그러므로 죄가 세력을 잡고 아주 거침없이 활동하는 것을 볼 때 하나님의 멸망이 임박했다는 것을 깨달아야 합니다. 그리스도인들이 가장 두려워해야 할 것이 바로 이것입니다. 사람들이 자신의 욕망에 따라 하고 싶은 것을 전혀 제재받지 않고 할 때, 소돔의 천사들이 곧 그곳을 방문할 것입니다. 그래서 악이 아무 제재 없이 활동하는 것을 보거든 빨리 도망쳐야 합니다.

때로는 이 악이 종교단체일 경우가 있습니다. 예수님께서는 멸망의 가증한 것이 서지 못할 곳에 서 있는 것을 보거든 도망치라고 했습니다. 이 때 멸망의 가증한 것은 예루살렘이었습니다. 예루살렘의 종교지도자들이 무소불위의 권력을 휘두르는 것을 보거든 얼른 도망치라는 것입니다. 왜냐하면 예루살렘에 있는 사람은 몽땅 다 죽게 되어 있기 때문입니다. 종교단체가 하나님을 두려워하지 않고 무소불위의 권력을 막 휘두를 때 도망쳐야 합니다. 그 곳에는 하나님의 죽음의 천사가 곧바로 도착하게 되어 있습니다.

사람은 제약을 받아야 합니다. "절대 권력은 절대 부패한다"는 정치학의 명제처럼 사람은 절대적일 수가 없습니다. 그럼에도 불구하고 자기 마음먹은 대로 모든 것을 다 해 버린다면, 이미 하나님께서 그들을 버리시기로 작정하신 것이고 하나님의 함정에 걸려든 것입니다. 아이를 키우는 어머니들은 아이를 제재해야 합니다. 아이가 하고 싶은 대로 다 하게 하면 그 아이에게도 죽음의 천사가 올 수 있습니다.

함께 망하기 전에

종교단체이든 정치적인 세력이든 절대적으로 하고 싶은 것을 다 할 때 종말이 가까운 것입니다. 지금 북한을 탈출하는 사람들은 굉장히 잘하는 것입니다. 어떻게 해서든지 거기에서 빠져 나와야 해요. 무소불위의 권력을 휘두르는 곳에는 반드시 심판이 임하게 되어 있습니다. 거기에서 뭔가 얻어먹으려고 머뭇거리다가는 도매금으로 넘어가게 되어 있습니다.

어떤 사람이 나에게나 다른 사람들에게 절대적으로 군림하려고 하면 기도해야 합니다. "하나님, 이 사람과의 고리를 끊게 해 주십시오." 그리고 바늘 끝만큼의 기회가 생겼을 때 마치 새가 새장에서 도망치듯이, 짐승이 올무를 찢고 나오듯이 슬기롭게 도망쳐 나와야 합니다. 두 남녀가 연애하고 있는데 남자가 무소불위의 권력을 휘두르면 그 남자한테서 얼른 도망쳐야 합니다. 이 사람이 회개하게 해 주시든지 이 고리가 끊어지게 해 달라고 기도해야 합니다. 이것은 정말 무서운 것입니다.

소돔이 바로 그런 곳이었습니다. 그 곳 사람들은 눈에 보이는 것이 없었습니다. 두려운 것이 없었어요. 요즘 밤에 달리는 오토바이 폭주족들을 보십시오. 교통경찰도, 신호등도 소용이 없어요. 그냥 내달립니다. 그 폭주족 뒤에는 여학생이 타고 있고 그 뒤에는 죽음의 천사가 타고 있습니다. 무조건 달리는 곳 뒤에는 천사가 찾아오게 되어 있습니다. 내가 오토바이 폭주족과 친구라면 그들과 어울리게 되기 전에 빨리 오토바이를 팔아야 해요. 면허증을 반납해야 합니다.

이것은 우리 사회의 작은 한 단면에 불과할 뿐입니다. 사람이 무언가 권력을 가지거나 재산을 가지면 눈에 보이는 것이 없습니다. 그러니까 천사들도 안 보이는 것입니다. 바로 그런 곳을 피해야 합니다. 사람은 겸손해야 합니다. 내가 부족하다는 것을 인정하고 기꺼이 어떤 권위 밑에 있을 때, 영원히 행복과 기쁨을 누릴 수 있는 것입니다.

3. 아브라함의 중보기도

아브라함의 항의

아브라함은 소돔과 고모라 성이 멸망한다는 소식을 듣고 아주 괴로워했습니다. 그들은 자신과 같은 인간이었기 때문입니다. 아브라함이 원한 것이 무엇입니까? 할 수 있는 한 모든 인간이 멸망당하지 않는 것입니다. 구원은 받지 못한다 하더라도 멸망은 당하지 않기를 바랐습니다. 그는 하나님께서 세상 사람들을 그런 식으로 심판하시는 것을 받아들일 수가 없었습니다. 그래서 소돔 사람들의 영혼을 놓고 하나님 앞에서 따지고 협상을 벌였습니다.

이것은 오늘 우리들도 마찬가지입니다. 성경은 수없이 마지막 때에 있을 하나님의 보편적인 심판에 대하여 말씀하고 있습니다. 그러나 우리들은 '설마' 라고 생각할 때가 많습니다. '설마 하나님께서 세상을 그런 식으로 심판하실까? 하나님이 얼마나 인자하시고 자비하신데 세상을 그렇게 한꺼번에 심판하실까?' 아브라함도 그랬습니다. 아브라함도 하나님께서 그런 식으로 세상을 심판하려고 하시는 것을 받아들일 수 없었습니다. "도대체 이 세상을 공의로 심판하시는 분이 어떻게 악한 자와 의로운 자를 한꺼번에 심판하실 수 있습니까? 악한 자라도 좀 덜 악한 자가 있고 더 악한 자가 있는데 어떻게 전부 도매금으로 심판할 수 있습니까?" 이것이 아브라함의 항의였습니다.

우리가 하나님의 심판을 믿지 않고 '설마' 라는 식으로 대하는 이유가 무엇입니까? 이 세상의 죄가 도대체 어느 정도인지 모르고 있기 때문입니다. 얼마 전에 주부들이 자식들의 학원비를 마련하기 위하여 매춘 행위를 하다가 적발된 기사가 신문에 실렸습니다. 세상이 어디로 가려고 하는지 모르겠습니다. 겉으로 보면 '내 한 몸 버려서 우리 아이를 대학에 보내겠다' 는 살신성인처럼 보일지 모르겠습니다. 그러나 이것은 살신성인이 아니라 오히려 자녀를 망치는 것입니다. 우리는 이 세상이 하나님 앞에 도대체 어떤 상태인지 모르고 있기 때문에 설마 설마 하면서 공부도 하고 직장생활도 합니다.

그런데 아브라함이 소돔과 고모라를 두고 기도하면서 점점 느끼는 것이 무엇입니까? '이 정도라면 망하는 것이 당연하다' 는 확신이었습니다. 아브라함이 하나님께 기도할 수 있던 근거는 그가 공의의 하나님이시라는 데 있었습니다.

망하는 것이 당연하다

"주께서 이같이 하사 의인을 악인과 함께 죽이심은
불가하오며 의인과 악인을 균등히 하심도 불가하니이다.
세상을 심판하시는 이가 공의를 행하실 것이
아니니이까?"(18:25)

아브라함은 콧김을 뿜으며 분기탱천해서 항의합니다. "공의를 행하시는 분이 악인과 의인을 같이 심판하시면 어떻게 합니까? 하나님은 옳지 않습니다. 정당하지 않습니다." 아브라함이 항의하고 있는 것은 보편적인 심판입니다. 만일 하나님께서 죄인 한 사람 한 사람을 불러서 그들의 죄를 추궁하시고 거기에 대해 심문하고 심판하신다면 자기도 할 말이 없습니다. 그러나 분명히 그 중에는 의인도 있고 죄인도 있으며, 죄인 중에도 더 죄인이 있고 덜 죄인이 있을 텐데 이 모든 사람들을 한꺼번에 다 심판하시면 어떻게 합니까?

그러나 여러분, 죄가 보편화될 때는, 죄가 온 천지에 쫙 깔릴 때는 더 죄인 덜 죄인이 없습니다. 캐기만 하면 줄줄이 다 엮혀 나옵니다. 오히려 덜 죄인같이 보이는 사람 중에 진짜 못된 사람이 있어요. 탈을 쓰고 있어서 덜 죄인 같아 보이는 것이지 죄가 보편화되면 죄의 경중이 없습니다. 아브라함이 기도하면서 발견한 것이 바로 이 사실이었습니다. 소돔은 도저히 회생할 가능성이 없는 도시였습니다.

하나님의 함정

이 보편적인 심판보다 더 무서운 것이 없습니다. 조금 죄를 지었을 때 징계하고 벌을 주시는 것이 얼마나 행복한지 알아야 합니다. "하나님, 세상 사람들은 다 잘먹고 잘사는데 나는 조금만 잘못하면 심판하고 징계하고 되는 일이 없게 하시고 주야로 벌 주시고……." 여러분,

그것이 행복한 겁니다. 그것이 잘 되는 거예요. 학교에서 선생님이 컨닝 단속을 심하게 하는 것이 행복한 겁니다. 그렇지 않고 선생님이 앞에서 주간지나 보고 내버려 두면 학생들이 전부 컨닝을 해 버립니다. 그 결과가 무엇입니까? 시험이 무효가 되어 버립니다. 차라리 "너 왜 컨닝하냐?" 하면서 꿀밤 한 대 때리고 넘어가는 것이 다행스럽지요.

하나님께서는 모든 인간의 마음속에 죄를 거부할 수 있는 능력을 주셨습니다. 하나님께서는 어쩔 수 없어서 죄를 짓지 않는 것보다 자기 스스로 판단해서 죄 짓지 않기를 원하십니다. 죄를 지을 기회가 없어서 경건한 것은 경건하게 봐 주시지 않습니다. 음란한 것을 보고 싶은데 볼 게 없어서 어쩔 수 없이 거룩한 것은 거룩하게 봐 주시지 않습니다. 그런 것을 수없이 빌릴 수 있고 무료로 빌릴 수 있음에도 불구하고 스스로 참는 것이 경건이지요.

하나님께서는 인간이 죄를 지을 때는 마음껏 짓도록 허용하십니다. 그래서 사람이 자기의 건전한 판단 능력을 사용할 것인지 사용하지 않을 것인지 스스로 결정하게 하시고, 그에 대한 책임을 지게 하십니다. 무서운 것이 무엇입니까? 죄를 지어도 곧바로 심판하지 않는 것입니다. 그러다가 떼죽음을 당합니다. 이것은 하나님의 함정입니다. 여러분, 죄와 타협할 것인지, 아니면 손해를 보고서라도 여기서 도망칠 것인지 결정을 해야 합니다. 죄가 죄인 줄 알면서도 미련하게 머물러 있다가는 하나님께서 거기 있는 모든 사람들에게 죄에 대한 책임을 물으실 때 도매금으로 함께 심판당하게 되어 있습니다.

죄를 거부하라

선을 행하는 데 소극적이 되면 안 되는 이유가 여기 있습니다. 죄가 만연되어 가고 또 이 죄가 다른 사람들에게 당연하게 받아들여지고 있을 때, 무언가 분명하게 거부하는 표시를 해야 합니다. 그렇게 하지 않고 모르는 체하면서 입을 다물고 있으면 도매금으로 넘어가게 되어 있습니다. 하나님께서는 옆에 붙어 살면서 주차 문제가 생겼을 때 싸우라고 이웃을 주신 것이 아닙니다. 서로에 대해 견제하고 서로에 대해 책임을 짐으로써 죄가 퍼지지 못하게 하라고 이웃을 주신 것입니다. 성경은 죄를 전염병에 비유할 때가 많습니다. 전염병은 어느 한 사람의 책임이 아닙니다. 공동의 책임입니다. 따라서 제일 못된 사람은 자기가 하는 대로 내버려 두라는 사람입니다. 아들이 아버지한테 "나 좀 내버려 두세요" 할 때, 그 입을 쥐어박아 버려야 합니다. 이것은 같이 망하자는 소리와 같습니다. 내버려 두라는 말이 어디 있습니까?

아브라함은 하나님의 보편적인 심판에 대하여 항의를 합니다. 하나님은 공의의 하나님이신데 의인과 악인을 함께 멸하시면 안 된다는 것입니다.

"그래? 그러면 너한테는 무슨 생각이 있는데?"

"의인 오십 명이 있으면 어떻게 하시겠습니까?"

"그러면 벌주지 않지."

이 진노의 성격

이 대화는 죄에 대한 하나님의 진노의 성격이 어떤 것인지 알려 줍니다. 하나님의 진노는 감정적인 흥분이 아닙니다. 만약 흥분하셨다면 대화가 이루어질 수 없었을 것입니다. 말 한 마디 한 마디마다 화가 치밀어서 견딜 수 없으셨을 거예요. 그러나 하나님은 아브라함과 계속 대화를 나누십니다. 그뿐 아니라 아브라함이 소돔과 고모라를 위하여 기도하는 것을 기뻐하시며, 할 수만 있으면 그들을 용서할 수 있는 여지를 찾고 계신 것 같습니다. 하나님의 진노는 그의 성품이 도저히 죄와 함께할 수 없으며 죄가 어느 수준에 도달하면 반드시 심판해야 한다는 하나님의 거룩한 본성에서 나온 것이지, 감정적으로 흥분해서 닥치는 대로 사람들을 해치우는 것이 아님을 알 수 있습니다.

나도 그들을 살리고 싶다

아브라함이 대화를 나누면서 느끼는 것이 무엇입니까? 사실 하나님께서는 아브라함 이상으로 소돔과 고모라를 살릴 수 있는 방법을 찾고 계시다는 것입니다. "의견이 있으면 한번 다 내놔 봐라. 혹시라도 이 성을 살릴 수 있는 가망이 있다면 나도 살리겠다. 그러니까 네가 이야기해 봐라. 우리 한번 같이 염려하고 대책을 연구해 보자. 그래서 혹시라도 이 성을 살릴 수 있으면 살려 보자." 이것이 하나님의 본심입니다. 이 성이 회복될 수 있는 가능성이 1퍼센트라도 있다면 하나님은 절대로 멸망시키지 않으실 것입니다.

여기서 '의인' 이라는 것은 하나님이 보시기에 의인이라는 말이 아닙니다. 그런 의인은 찾을 수가 없습니다. 말씀이 없는 곳에서 하나님이 원하시는 의인을 찾는다는 것은 불가능한 일이에요. 우리가 완전히 죄로 달려가지 못하는 것은 말씀이 계속해서 우리를 책망하고 붙들어 주기 때문입니다. 여기에서 말하는 것은 그나마 인간적이며 그나마 악을 싫어하고 그나마 자기 양심을 지키는 사람 열 명의 명단만 내놓으라는 것입니다. 그러면 소돔과 고모라와 그 옆에 있는 다섯 성을 전부 살려 주시겠다는 것입니다.

그러나 소돔처럼 죄가 보편화될 때에는 그 안에 정상적인 사람이 한 명도 남을 수 없습니다. 모두 똑같은 사람이 되고 맙니다. 이런 곳에서 자기 양심을 지킬 경우 견딜 수 없는 고통과 상처를 입게 되기 때문입니다. 베드로 사도는 그나마 롯이 소돔에서 자기 양심을 지키기 위해 많이 고민하고 고통받았다고 말씀했습니다. 소돔 사람들의 실수가 무엇입니까? 너무 철저하게 악을 행했다는 것입니다. 의인을 깡그리 해치워 버렸다는 것입니다. 악한 자의 특징은 그렇지 않은 자를 가만 두지 못하는 것입니다. 실수로 몇 명만 남겨 놓았어도 망하지는 않았을 텐데, 깡그리 없애 버리고 깡그리 팔아먹어 버린 것이 결국 자기 스스로 무덤을 파는 결과로 나타났습니다.

아브라함은 하나님과 대화를 나누면서 점점 자기 자신이 작아지는 것을 느끼고 있습니다.

"티끌과 같은 나라도 감히 주께 고하나이다"(18:27).

처음에는 하나님께서 소돔을 멸하신다고 하니까 너무나도 화가 났습니다. 하나님이 너무하시는 것 같았습니다. 그러나 하나님과 대화를 나누는 가운데 점점 느끼게 된 것이 무엇입니까? 하나님이 엄청나게 크시다는 것입니다. 아브라함은 자기가 인간의 편에 서 있다고 생각했습니다. 그런데 알고 보니까 하나님이 더 소돔과 고모라를 사랑하셨고 그들이 멸망당하는 것을 더 원치 않으셨습니다. 하나님은 이들을 혹시라도 살릴 수 있는 대책이 있으면 이야기해 보라고 하십니다. 그러면 살려 주겠다고 하십니다. 아브라함은 점점 더 작아지고 있습니다.

가능성이 없는 사회

결국 아브라함의 간구는 열 명에서 그쳤습니다. 그는 왜 더 기도하지 않았을까요? 왜 다섯 명이나 두 명까지 더 내려가지 않았을까요? 그는 하나님께서 이 성들을 멸망시키기로 작정하셨다면 정말 멸망할 수밖에 없다는 것을 깨달았을지도 모르겠습니다. 이 성들은 도저히 회복될 가능성이 없었습니다. 모든 사람들이 다 악해졌는지, 아니면 선한 자들이 있었는데 내쫓거나 죽였는지 모르겠지만, 어쨌든 이 성에는 의인이 없었고, 의인이 있더라도 힘을 낼 수가 없었습니다. 적어도 의인이 무언가 발언을 할 수 있고 영향력을 행사할 수 있는 사회라야 조금이라도 죄를 억제할 수 있는 가능성이 있는 것입니다.

의인 오십 명만 있었으면 그 성에는 가능성이 있었습니다. 사십오 명이나 삼십 명만 있었더라도 그렇게 호락호락 넘어가지 않았을 것입니다. 그리고 적어도 열 명만 있었더라도 무언가 새로운 것을 시작할 수 있었을 것입니다. 중요한 것은 거기에 있는 의인이 무슨 활동을 하는가 하는 것입니다. 의인이 있더라도 그냥 입을 다물고 있는 사회라면 그 사회는 가능성이 없습니다. 의인이 몇 명이라도 있어야 하고, 그들이 활동하고 있어야 합니다. 아브라함은 하나님의 심판의 문턱을 엄청나게 낮추어 놓았습니다. 의인 열 명의 명단만 구하면 소돔과 고모라와 모든 성들이 다 살 수 있었습니다. 그런데 그 의인 열 명을 찾을 수가 없었습니다.

네가 가능성을 찾아라

오늘 하나님께서 우리에게 원하시는 것이 무엇입니까? 구원받은 자로서 지나치게 자기 문제에 매이는 것은 함정이라는 것입니다. 하나님께서는 우리가 주위에 있는 이 세상을 돌아보면서 그들이 도대체 어느 수준에 이르렀는지 깨닫기를 원하십니다. 이 세상을 회생시키기 위한 계획을 제시하기를 바라십니다. 세상을 살릴 수 있는 가능성에 대해 어떤 대책을 가지고 기도하며, 하나님께 조금만 기다려 달라고 기도하는 것을 기뻐하십니다. "하나님, 이 세상은 너무 너무 악합니다. 당장 유황불로 멸망을 당해도 시원치 않습니다. 그러나 어떻게 한번 해 보겠습니다. 지금 조그만 구역 모임을 하나 시작했으니, 하나님, 기회를 조금만 더 주십시오. 조금만 기다려 주십시오." 한번 해 보겠다는 이 기도를 하나님은 너무나 기다리고 계십니다.

아무리 악한 죄인이라도 그를 위하여 누군가 기도해 줄 때 소망이 있습니다. 하나님은 아무리 멸망할 수밖에 없는 자라 하더라도 누군가 그를 위해 어떤 시도라도 해 보기를 바라십니다. 우리는 가족들을 너무 빨리 포기할 때가 많습니다. 우리가 "하나님, 안 되네요" 하면서 포기할 때 "네가 안 되는데 나는 더 안 되지. 같은 사람이 안 된다는데 내가 어떻게 하겠어? 빨리 심판해 버리자" 하실 것입니다.

진리가 활동할 수 없을 정도로 경직되어 있는 곳에는 하나님의 보편적인 심판이 임할 것입니다. 그런 곳에서는 더 죄인이냐 덜 죄인이냐를 따져 봐야 소용이 없습니다. 다른 사람보다는 조금은 양심적이라는 게 소용이 없어요. 뿌리만 캐면 전부 다 걸려들게 되어 있습니다. 진리가 활동하는 것이 중요합니다. 다른 사람이 뭐라고 하든지 내 속에 있는 믿음이 질식당하지 않게 하는 것이 우리 가정을 살리는 길이고 우리 사회를 살리는 길입니다.

갈등이 있는 곳에 가능성이 있다

빛이 어둠과 싸우고 있습니까? 내 속에 갈등이 있습니까? 그러면 아직은 가능성이 있는 것입니다. 내가 직장이나 가정의 문제를 보고 속으로 괴로워하고 갈등하고 있다면 아직 가능성이 있습니다. 왜냐하면 진리가 활동할 가능성이 있기 때문입니다. 그러나 귀찮고 성가셔서 갈등조차 하지 않는다면, 그냥 포기해 버린다면 혼자 아무리 잘 믿어도 소용이 없습니다.

의로운 생각이 있으면 그대로 실천하십시오. 다른 사람이 뭐라고 해도 동요하지 마십시오. 그리고 할 수 있는 한 포기하지 말고 기도하십시오. 그래야 내가 의인 한 명이 되어 도시 전체를 살릴 수 있습니다. 그러나 누군가 절대적인 권력을 휘두르며 무소불위의 권력을 행사할 때는 도망을 쳐야 합니다. 죽음의 천사가 곧 찾아올 것입니다.

소돔과 고모라의 멸망이 보여 주는 것이 무엇입니까? 이 세상 마지막이 이렇게 된다는 것입니다. 사람들이 악으로 똘똘 뭉쳐서 악으로 하나가 될 때, 도저히 선한 양심을 가지고는 그 사이에서 살 수 없을 정도로 악으로 통일되어 버릴 때, 하나님의 보편적인 심판이 찾아오게 되어 있습니다. 그래서 주님이 뭐라고 말씀하셨습니까? "내가 다시 올 때 믿음을 보겠느냐?" 세상은 조금이라도 착한 사람들은 다 쫓아내 버리고, 조금이라도 양심적인 사람은 다 추방해 버리고, 악으로 똘똘 뭉쳐 완전한 하나가 될 것입니다. 그러나 아브라함의 나라는 강력한 나라를 이루어 진리로 이 세상을 이길 것입니다.

사랑하는 성도 여러분, 우리 속에 있는 고민과 갈등을 부끄러워하지 맙시다. 이것이 있기 때문에 우리가 살 수 있고 결국은 가족이 살 수 있는 것입니다. 포기하지 마십시오. 아브라함이 소돔과 고모라를 위해서 기도함으로써 한 사람은 건졌지 않습니까? 롯 한 사람과 소알 성 하나는 건졌지 않습니까? 아브라함 리스트는 무위로 끝나지 않았습니다. 멸망하는 불 가운데서 지푸라기 몇 개는 건져 냈습니다. 소알 성은 지금도 지도에 남아 있습니다. 이것은 아브라함 리스트가 건져 낸 결과입니다. 우리는 이 세상의 진리와 비진리의 싸움 한 가운데 서 있습니다. 내가 진리 때문에 어려움을 당하고 갈등을 겪는 이것이야말로 내가 살아 있다는 증거입니다. 이 양심의 갈등을 꺼뜨리면 안 됩니다.

우리가 주위에 있는 사람들을 위해 계획을 가지고 3년만 기회를 달라고 기도하면, 3년이 아니라 30년도 주겠다고 말씀하실 것입니다. 그러나 우리가 포기해 버리면 거기에는 다시 가능성이 없습니다. 포기하지 마십시오.

3 소돔의 롯

날이 저물 때에 그 두 천사가 소돔에 이르니
마침 롯이 소돔 성문에 앉았다가 그들을 보고
일어나 영접하고 땅에 엎드리어 절하여 가로되
"내 주여, 돌이켜 종의 집으로 들어와 발을 씻고
주무시고 일찍이 일어나 갈 길을 가소서."
그들이 가로되
"아니라. 우리가 거리에서 경야하리라."
롯이 간청하매 그제야 돌이켜서 그 집으로
들어오는지라. 롯이 그들을 위하여 식탁을 베풀고
무교병을 구우니 그들이 먹으니라.
그들의 눕기 전에 그 성 사람, 곧 소돔 백성들이
무론 노소하고 사방에서 다 모여 그 집을 에워싸고
롯을 부르고 그에게 이르되
"이 저녁에 네게 온 사람이 어디 있느냐?
이끌어 내라. 우리가 그들을 상관하리라."
롯이 문 밖의 무리에게로 나가서
뒤로 문을 닫고 이르되
"청하노니 내 형제들아, 이런 악을 행치 말라.
내게 남자를 가까이 아니한 두 딸이 있노라.
청컨대 내가 그들을 너희에게로 이끌어 내리니
너희 눈에 좋은 대로 그들에게 행하고 이 사람들은
내 집에 들어왔은즉 이 사람들에게는 아무 짓도

하지 말라."
그들이 가로되 "너는 물러나라."
또 가로되 "이 놈이 들어와서 우거하면서 우리의
법관이 되려 하는도다. 이제 우리가 그들보다 너를
더 해하리라" 하고 롯을 밀치며 가까이 나아와서
그 문을 깨치려 하는지라.
그 사람들이 손을 내밀어 롯을 집으로 끌어들이고
문을 닫으며 문 밖의 무리로 무론 대소하고 그 눈을
어둡게 하니 그들이 문을 찾느라고 곤비하였더라.
그 사람들이 롯에게 이르되
"이 외에 네게 속한 자가 또 있느냐? 네 사위나
자녀나 성 중에 네게 속한 자들을 다 성 밖으로
이끌어 내라. 그들에 대하여 부르짖음이 여호와
앞에 크므로 여호와께서 우리로 이 곳을 멸하러
보내셨나니 우리가 멸하리라."
롯이 나가서 그 딸들과 정혼한 사위들에게
고하여 이르되
"여호와께서 이 성을 멸하실 터이니
너희는 일어나 이 곳에서 떠나라" 하되
그 사위들이 농담으로 여겼더라.

창 19:1-14

우리는 믿는다고 하면서도 실제로 이 세상에 나가서는 믿음대로 살지 못할 때가 많습니다. 그래서 세상 속에서의 우리의 모습은 고민하는 그리스도인의 모습이라고 말할 수 있을 것입니다. 우리는 현실 속에서 살 때, 마음속으로는 '이렇게 살면 안 되는데' 하면서도 실제로는 세상과 타협해 버리는 경우가 많습니다. 그리고 우리 나름대로는 세상에 적응하려고 애를 많이 쓰지만 끝에 가서는 결국 세상과 하나 되지 못하고 세상이 나를 배신하며 거부하는 것을 볼 때가 많습니다.

우리는 오늘 본문에서 이 세상에 살면서 정말 고민하는 한 그리스도인의 모습을 볼 수 있습니다. 그는 바로 소돔 성에 살고 있는 롯입니다. 우리는 롯의 신앙을 욕할 때가 많습니다. 아브라함과 비교해 보면 롯의 신앙에 문제가 많지요. 그러나 성경을 자세히 보면 소돔에 살고 있는 이 롯의 신앙이야말로 바로 오늘을 살고 있는 우리 자신의 모습이라는 것을 알 수 있습니다.

롯은 소돔 성에 살면서 어떻게 하든지 거기에 적응하려고 애를 썼습니다. 소돔 사람들이 잘못하는 것을 보면 자기 나름대로 책망하기도 하고 바로잡아 보려고도 했습니다. 그러면서 자기도 모르는 사이에 점점 소돔 사람들을 닮아 가고 있었습니다. 그러나 그렇다고 해서 소돔 사람이 될 수는 없었습니다. 아무리 세상을 좋아하고 세상을 따라간다고 해도 근본적으로 그들과 같아질 수 없는 신앙이 마음속에 있었기 때문입니다.

그리스도인의 세 가지 유형

저는 성경 속에서 이 세상에 대한 그리스도인의 자세에 따라 세 가지 유형을 찾아볼 수 있다고 생각합니다. 하나는 '고립형' 입니다. 이들은 할 수 있는 한 세상과 구별되어 세상과 타협하지 않으면서 하나님의 백성으로서 독특한 삶을 사는 사람들입니다. 대표적인 사람이 에녹이나 노아 같은 이들입니다. 이들이 세상에서 살 때 세상은 아주 악해서 노아 홍수 직전의 상태에 있었습니다. 그들은 이 세상에 들어가지 않았습니다. 그 대신 이 세상 위에 살았습니다. 그들은 세상과 구별되었고 세상의 죄를 책망하면서 세상과 어울리지 못하고 살았습니다. 그래서 그들은 이 세상에 잘 적응하지 못했습니다. 그런 삶의 유형을 다른 표현으로 '선지자형' 이라고 말할 수 있을 것입니다. 선지자형은 세상에 잘 적응하지 못합니다.

다른 하나가 바로 롯 같은 '고민형' 입니다. 그는 세상 속에서 고민하며 살아갑니다. 고민형은 일단 세상을 좋아합니다. 체질이 세상을 좋아하는 체질이에요. '세속형' 이라고 말할 수 있습니다. 그러나 믿음 때문에 세상과 완전히 같아질 수는 없습니다. 그러니까 많이 고민하면서 한편으로는 세상과 타협하고, 또 한편으로는 세상을 책망하면서 살아갑니다. 이런 사람은 세상을 바꾸지 못합니다. 그렇다고 해서 세상 사람이 될 수도 없습니다. 결국 그는 세상과 타협하면서 세상과 계속 평행선을 그으며 살아갑니다. 이런 사람이 바로 고민하는 그리스도인입니다. 오늘날 거의 대부분의 그리스도인들은 바로 이 세속적인 그리스도인의 모습을 가지고 있습니다.

세 번째는 '누룩형' 입니다. 이것은 예수님이 보여 주신 모형으로서, 세상 속에 깊이 들어가지만 세상과 같아지지 않고 오히려 세상을 변화시키는 '변혁형' 의 모델입니다. 예수님은 세상 속으로 깊이 들어가셨습니다. 세례 요한처럼 금욕적으로 살지 않으셨습니다. 그분은 세상 속의 죄인들과 어울려 그들과 함께 음식을 먹고 포도주를 마셨습니다. 예수님께서는 제자들에게 세상 가운데서 적극적인 역할을 하라고 요구하셨습니다. 가이사의 것은 가이사에게 바치고 하나님의 것은 하나님에게 바치라고 하셨습니다. 이것은 세상에 잘 적응하면서도 훌륭한 하나님의 백성으로 남아야 한다는 뜻입니다. 세상의 소금이 되고 빛이 되라는 것도 바로 이런 의미입니다. 그러나 이 누룩형은 말로는 쉽지만 실제로는 가장 어려운 것입니다. "세상의 소금이 되자!" 말은 참 쉽지만 굉장히 어려운 일입니다. 우리는 신앙이 좀 좋으면 고립형으로 가기 쉽고, 신앙이 좀 약하면 고민형이 되기 쉽습니다.

롯, 세속형 인물의 예

우리는 오늘 본문에서 소돔이라고 하는 엄청난 죄악의 도성에서 자기의 신앙 양심을 지키기 위하여 한편으로는 타협하면서도 다른 한편으로는 그들을 책망하며 몸부림치는 한 성도의 모습을 보게 됩니다. 이 고민하는 성도의 모습은 바로 오늘 우리들의 모습이기도 합니다.

1. 소돔을 방문한 천사

하나님께서는 소돔과 고모라를 멸망시키기 전에 두 천사를 소돔 성에 보내셨습니다. 우리는 천사에 대해 잘 알지 못합니다. 천사들은 눈에 보이지 않습니다. 그러나 소돔을 방문한 천사들은 눈에 보이는 사람의 모습으로 찾아왔습니다. 이것은 하나님께서 소돔을 멸하시기 전에 다시 한 번 롯의 믿음을 저울질하기 위한 것이었습니다.

> 날이 저물 때에 그 두 천사가 소돔에 이르니
> 마침 롯이 소돔 성문에 앉았다가 그들을 보고 일어나
> 영접하고 땅에 엎드리어 절하여 가로되
> "내 주여, 돌이켜 종의 집으로 들어와 발을 씻고 주무시고
> 일찍이 일어나 갈 길을 가소서."
> 그들이 가로되 "아니라. 우리가 거리에서 경야하리라."
> 롯이 간청하매 그제야 돌이켜서 그 집으로 들어오는지라.
> 롯이 그들을 위하여 식탁을 베풀고 무교병을 구우니
> 그들이 먹으니라(19:1-3).

재앙의 현장에는 천사가 있다

하나님께서 심판하실 때 천사들을 사용하시는 경우를 성경 여러 곳에서 볼 수 있습니다. 이것은 이 세상에서 일어나는 어떤 재앙도 우연히 일어나는 것이 아니며, 전부 하나님의 주권 아래, 천사의 입회 아래 이루어짐을 보여 주는 것입니다. 모든 재앙의 현장에 하나님의 천사가 입회합니다. 물론 사람들의 눈에는 보이지 않습니다. 그러나 하나님의

뜻이 아닌데도 재앙이 일어나거나 사람들이 무더기로 죽는 경우는 절대로 없습니다. 사람들은 억울하게 너무 많은 사람들이 죽었다고 항의할지 모릅니다. 그러나 억울할 것이 없습니다. 우리 눈에 그렇게 보일 뿐이지 모든 것은 하나님의 뜻에 따라 이루어지는 것입니다.

그런데 이번 소돔에는 하나님의 천사가 눈에 보이는 사람의 모습으로 방문했습니다. 그것은 하나님께서 마지막으로 롯의 믿음을 한 번 더 시험해 봄으로써 구원의 기회를 주고자 하시는 것입니다. 즉 눈에 보이는 모습으로 롯을 찾아가서 롯이 알아들을 수 있게 이 성의 멸망에 대하여 알려 주심으로써, 다시 한 번 신앙적으로 결단을 내릴 수 있는 기회를 주고자 하시는 것입니다.

아브라함을 보고 배운 것

하나님께서 우리에게 귀중한 은혜를 주시려고 할 때 그냥 주시는 법이 없습니다. 하나님은 반드시 우리들의 믿음을 달아 보십니다. 천사들이 소돔을 방문했을 때는 해질 무렵이었습니다. 롯은 성문에 앉았다가 이 낯선 손님들이 들어오는 것을 보고 일어나 영접했습니다. 롯이 손님들을 영접하는 것을 볼 때 너무나도 아브라함과 닮았다는 것을 알 수 있습니다. 이것은 롯이 아브라함 밑에서 자라면서 눈으로 보고 배운 것입니다. 그만큼 사람의 교육은 무섭습니다.

신앙은 독학이 불가능합니다. 다른 것은 검정고시로 되지만 신앙에는 검정고시가 통하지 않습니다. 독학이 안 통해요. 신앙은 단순한 지식의 나열이 아니라 삶 그 자체이기 때문에 누군가를 보고 배워야 합니다. 볼 만한 것이 있어야 하는 것입니다. 그렇지 않으면 중요한 문제에 부딪쳤을 때, 무엇이 기준이고 어떻게 행동해야 할지 중심을 잡을 수가 없습니다. 눈으로 본 신앙이 없으면 위기를 맞았을 때 어떻게 해야 할지 몰라요. 결국 자기도 모르는 사이에 어릴 때부터 본 그대로 하게 됩니다. 그래서 부모의 신앙이 굉장히 무서운 것입니다. 위기 때 부모의 신앙이 나올 가능성이 굉장히 많습니다.

제자가 된다는 것은 선생으로부터 어떤 지식을 배우는 것이 아닙니다. 그의 인격을 배우고 신앙의 모습을 배우고 삶을 배우는 것입니다. 지식으로 배우는 것은 급할 때 행동으로 연결되지 않습니다. 지식으로 배운 것은 하나도 생각이 안 나요. 그러나 실천으로 배운 것은 위기 때 곧바로 행동으로 나타납니다.

하나님의 천사가 소돔을 방문한 시간은 해질 무렵이었습니다. 롯은 기꺼이 그들에게 가서 엎드려 절하고 자기 집으로 초청했습니다. 롯은 아무 연고 없이 이 성으로 온 사람을 거리에서 노숙하게 하는 것은 옳지 않다고 생각했습니다. 사실 소돔의 밤거리는 대단히 위험했습니다. 대개의 경우, 성은 밖보다 안이 안전합니다. 그러나 소돔 성은 그렇지 않았습니다. 성 안이 성 밖보다 훨씬 더 위험했습니다. 롯은 이 사실을 잘 알았던 것 같습니다. 그래서 이 낯선 손님들을 자기 집으로 영접했습니다.

이것은 시험이다

그리스도인들에게 손님을 영접하는 일이 가장 아름다운 미덕이 된 이유는 무엇일까요? 하나님께서는 좋은 것을 주시기 전에 항상 우리의 믿음을 시험해 보십니다. 우리의 마음이 열려 있는지, 우리의 마음이 하나님의 은혜를 받아들이기에 적합한지 반드시 달아 보십니다. 어떻게 달아 보십니까? 어려움에 처한 나의 형제나 자매에 대한 태도를 통해서, 또 새로운 사람을 만났을 때 내가 어떻게 열린 마음으로 대하는가를 통해서 달아 보십니다.

하나님의 백성들에게 가장 위험한 것이 자기 만족과 자기 도취에 빠지는 것입니다. '나는 이 정도면 됐다. 우리 교회는 이 정도면 됐다' 는 자기 만족, 자기 도취보다 더 하나님의 은혜를 몰아내는 것이 없습니다. 자기 만족에 빠지면 다른 사람이 필요 없고 다른 교회가 필요 없습니다. 자기 혼자 모든 것을 다 할 수 있습니다. 귀찮게 다른 사람을 만나거나 내왕을 하거나 다른 사람을 인정해야 할 이유가 없어요. 그러나 우리가 성경에서 배운 것이 무엇입니까? 우리 안에는 선한 것이 아무것도 없다는 사실입니다. 선한 것은 오직 하나님께 있습니다. 하나님으로부터 새로운 은혜가 공급되지 않으면 우리는 금방 부패할 수밖에 없는 자들입니다. 그런데 자기 만족에 빠진 사람은 굳이 다른 사람과 만나려 하지 않습니다. 마음을 열어서 다른 사람과 이야기하려고 하지 않습니다. 그런 사람은 스스로 속고 있는 것입니다.

'손님' 을 통해 오는 은혜

하나님의 은혜는 항상 고통 중에 있는 이웃을 통하여, 새로운 사람들을 통하여 주어집니다. 우리 교회에 새로 오신 분들이 있습니까? 그 분들에게 꼭 먼저 밥을 가져다 드려야 합니다. 줄 일찍 서서 우리가 먼저 먹어 버리고 콩나물도 모자라게 주고 그러면 절대로 안 됩니다. 새로 온 분들을 잘 영접할 때 거기서 하나님의 소리를 들을 수 있습니다. 내 주위에 어려움을 당한 성도가 많습니까? 그것은 귀찮은 일이 아니라 굉장히 복된 일입니다. 왜냐하면 하나님은 그런 사람들을 통해서 나를 살리시고 나에게 말씀하시며 나를 깨어 있게 하시고 나를 축복하시기 때문입니다.

롯은 멋도 모르고 이 성 안으로 들어온 이 낯선 사람들을 노숙하게 하는 것은 결코 옳은 일이 아니라고 생각했습니다. 그런데 그들을 살리려는 롯의 노력은 결국 자기를 살리는 길이 되었습니다. 오늘 우리들이 빠지기 쉬운 신앙의 함정은 신앙의 기준을 자꾸 자기 안에 있는 주관적인 판단에 두는 것입니다. 내 마음에 드는 것은 진리이고, 내 마음에 들지 않는 것은 진리가 아니라고 생각합니다. 이런 사람은 다른 사람들을 만날 이유가 없습니다. 자기 마음에 들지 않으면 얼마든지 거부할 수 있어요. 그러나 주님은 그렇게 말씀하시지 않습니다. 믿음의 조상 아브라함은 낯선 손님을 영접함으로써 하나님의 음성을 들었습니다. 그 조카 롯도 낯선 손님을 영접함으로써 그를 구원하시는 하나님의 음성을 들었습니다.

믿음은 관계를 통해 나타난다

물이 고여 있으면 썩을 수밖에 없습니다. 항상 새로워야 합니다. 어떻게 새로울 수 있습니까? 나와 아무 상관 없는 형제와 자매를 우리 집에 초청하고 교회에서 만나고 함께 이야기하고 돌보아 줄 때 새로울 수 있습니다. 그럴 때 우리는 하나님의 음성을 들을 수 있습니다.

우리는 성경 진리를 많이 알면 알수록 구원에 더 가깝다고 생각하기 쉽습니다. 그러나 야고보 사도는 진리를 많이 안다고 구원받는 것이 아니라 남에게 얼마나 긍휼을 베풀었는가에 따라 심판받는다고 말씀합니다.

> 긍휼을 행하지 아니하는 자에게는 긍휼 없는 심판이
> 있으리라. 긍휼은 심판을 이기고 자랑하느니라(약 2:13).

그래서 그리스도인들은 지식적으로만 신앙이 좋으면 안 됩니다. 남을 불쌍히 여기는 마음이 있어야 합니다. 만일 롯이 이 결정적인 순간에 남을 돕고자 하는 마음을 누르고 모르는 체 했더라면 소돔의 심판을 피할 수 없었을 것입니다.

하나님은 여기에서 다시 한 번 롯의 마음을 시험해 보셨습니다. 낯선 이들이 롯의 청을 거절하고 그의 집에 들어가지 않으려고 한 것입니다. 그들은 거리에서 자겠다고 우겼습니다. 이것은 롯이 이 손님들을 청한 것이 예의 때문에 격식에 따라 한 것인지, 아니면 진심으로 초청한 것인지 시험해 보려는 것입니다. 예의바른 사람은 마음에도 없으면서 남을 초청하고 잘해 주려고 합니다. 그럴 때 한번 거절해 보면 그 본마음이 드러납니다. 그는 거절당한 것을 기뻐합니다. 귀찮게 남을 돕지 않아도 되기 때문입니다. 그런데 롯은 손님들 앞에 가서 엎드려 절을 하면서 청했습니다. 이렇게 하면 도저히 거절할 수 없습니다. 절을 받아 버리면 다른 데 갈 수가 없어요. 또 한 번의 시험

롯이 대접할 수 있는 것은 누룩 없는 떡뿐이었습니다. 이것은 그의 집에 여분의 떡이 없었다는 것을 의미합니다. 그러나 그는 최선을 다하여 손님을 대접했습니다. 일단 자신의 도움이 필요해서 찾아온 사람은 최선을 다하여 도와야 한다는 것이 롯의 생각이었고 믿음이었습니다. 이처럼 우리의 믿음은 무언가 구체적인 행동을 통해 다른 사람과의 관계에서 나타나야 합니다. 그것이 없는 믿음은 죽은 믿음입니다. 위기 때 아무런 도움이 되지 못하는 믿음입니다.

2. 소돔 사람들의 도덕성

밤이 되자 소돔 사람들이 얼마나 무서운 사람들인지가 나타났습니다. 잠자리에 들기 전에 이 두 사람의 여행객을 찾아 동네 사람들이 몰려온 것입니다.

그들의 눕기 전에 그 성 사람 곧 소돔 백성들이
무론 노소하고 사방에서 다 모여 그 집을 에워싸고
롯을 부르고 그에게 이르되
"이 저녁에 네게 온 사람이 어디 있느냐?
이끌어 내라. 우리가 그들을 상관하리라"(19:4, 5).

소돔의 밤

"그들의 눕기 전"이라는 것은 잘 시간이 되기 전이라는 뜻입니다. 요즘은 대개 밤 12시는 되어야 자리에 눕고, 밤늦게 커피 마시는 사람은 새벽 2시가 되어야 자리에 눕습니다. 그러나 옛날에는 해만 지면 바로 자리에 누웠기 때문에 여기서 말하는 '자리에 눕는 시간'은 그렇게 늦은 시간이 아닙니다. 이 때 소돔의 깡패들이 롯의 집을 에워쌌습니다. 그리고 두 사람을 내놓으라고 소리를 지르면서 자기네들이 그들을 상관하겠다고 했습니다. '상관하겠다'는 것은 성관계를 가지겠다는 뜻으로서, 남자가 남자를 강간하겠다는 말입니다.

물론 소돔 사람 전부가 동성연애자는 아니었을지도 모릅니다. 그러나 그 도시에는 동성애가 공공연하게 허용되어 있었고, 이 동성연애자들이 밤거리를 완전히 장악하고 있었습니다. 오토바이가 없었으니까 망정이지 그 당시에 오토바이가 있었더라면 호모들이 소돔 들판을 돌아다니면서 온통 들쑤셔 놓았을 것입니다. 그들은 깡패들이었는지도 모릅니다. 그들은 도시에 새로 오는 남자들을 볼 때마다 이런 식으로 찾아 내서 때리고 성적으로 폭행함으로써 쾌락을 추구했습니다.

그런데 성경은 '몇몇 깡패들'이라고 말하지 않고 "그 성 사람 곧 소돔 백성들이 무론 노소하고"라고 말씀하고 있습니다. 다시 말해서 이 깡패들 속에는 노인도 있고 소년도 있었던 것입니다. 여기에는 여러 부류의 사람들이 다 들어 있었습니다. 많은 소돔 사람들이 공공연하게 동성연애에 빠져서 밤거리를 무법천지로 만들고 있었던 것입니다.

가장 중요한 기준, 성(性)

하나님께서 소돔을 멸망시키기 이전에 이 도시의 타락한 모습을 보여 주시는 이유가 무엇입니까? 하나님께서 사람에게 가장 중요하게 생각하는 도덕적인 기준이 바로 성적인 기준이라는 것입니다. 하나님께서 사람에게 주신 선물 가운데 가장 귀한 선물은 남자와 여자의 바른 관계를 통하여 하나님의 형상을 나타내는 것입니다. 그래서 사람이 사람 되기를 거부하는 가장 무서운 죄가 바로 성적인 방종입니다. 특히 동성애는 하나님의 형상을 완전히 짓밟고 파괴시키는 무서운 죄입니다. 하나님은 소돔 성의 다른 장면을 보여 주시지 않습니다. 인권을 유린하고 노예를 때리는 것을 보여 주시지 않습니다. 낯선 두 사람을 추행하려고 밤거리에서 몰려든 이 동성애자들의 모습을 보여 주시면서, 이것만으로도 소돔 성은 멸망하기에 충분하다고 결론 내리십니다.

남녀의 성은 하나님께서 우리에게 주신 특권인 동시에 책임이기도 합니다. 사람들은 이 남녀 사이의 사랑을 통하여 최고의 행복을 맛볼 수 있습니다. 그러나 이 성을 파괴시키고 남용하게 되면 그 때부터는 더 이상 사람이 아니라 짐승의 수준으로 떨어지고 맙니다. 오늘날 우리가 이 사회를 생각하면서 가장 두려워하는 것은 바로 이 성적인 문란이 극도에 달했다는 것입니다. 성이라는 것은 감추이고 절제될 때 아름다운 것인데, 이제는 완전히 상품화되어 버렸습니다. 모든 것이 다 공개되고 노출되어서 사람들은 마음껏 이것을 남용하고 있습니다. 요즘 사람들 중에서 성을 절제해야 한다고 생각하는 사람은 거의 없습니다. 오히려 당연히 즐겨야 하고 누려야 할 특권으로 생각하고 있습니다. 이보다 더 무서운 일이 없습니다. 어떻게 동성연애자들이 부끄러운 줄도 모르고 이렇게 밤에 몰려다니면서 사람을 내놓으라고 행패를 부릴 수 있습니까? 이것이 어제 오늘 이야기가 아니기 때문입니다. 이 소돔 성에서는 이미 오래 전부터 누군가가 새로 오기만 하면 이런 식으로 찾아가 폭행하고 강간하는 호모들의 폭력의 역사가 계속되어 왔던 것입니다.

오늘날의 소돔

우리들이 신앙생활 하면서 고민하는 것이 무엇입니까? 이런 소돔의 피가 우리 안에도 흐르고 있다는 사실입니다. 오늘날 젊은 세대는 성이 개방되고 난 후에 보지 못할 것을 많이 보고 듣지 말아야 할 것을 많이 들으면서 자랐습니다. 아주 저질의 포르노성 영화나 그 비슷한 것을 접한 경험이 우리에게도 한 번 이상 있습니다. 두려운 것은 이런 성적인 노출과 개방의 물결이 하나님 앞에서 너무나 무서운 죄라는 경각심을 우리가 자꾸 놓치고 있다는 것입니다. 우리 안에 일어나고 있는 이 성적인 범죄들은 하나님 앞에서 치를 떨고 부들부들 떨어야 할 무서운 죄인데도 불구하고 워낙 이런 것이 만연되어 있으니까 우리도 이런 죄에 경계심을 풀어 버리면서 그렇게 해도 되는 것처럼 생각하게 된 것입니다. 이것이 무서운 것입니다.

동화되지 않으려면

그래서 우리 그리스도인들은 머리에 철저하게 인을 새겨 놓아야 합니다. 사람의 물건에는 내 것과 남의 것이 있습니다. 마찬가지로 사람 가운데도 나의 사람과 남의 사람이 있습니다. 남의 사람에게 성적으로 좋지 않은 생각만 품는 것도 무서운 죄라고 예수님은 말씀하셨습니다. 사람들은 내 것 남의 것 구분 없이 물건을 함부로 쓰는 일을 싫어하고 비난합니다. 사람에 대해서도 마찬가지입니다. 사회적으로 모든 사람이 승인한 결혼의 관계로 내 사람이 된 남자나 여자가 아닌 다른 사람에게 성적인 충동을 느끼거나 생각하는 것조차 무서운 죄가 된다는 것을 머리 속에 분명히 새겨야 합니다. '저 사람은 내 사람이 아니야. 생각조차 해서는 안 돼' 라고 자신에게 분명히 말해야 합니다. 그렇지 않으면 결국 소돔과 고모라 사람들이 빠졌던 무서운 죄악에 우리도 빠져들게 될 것입니다.

좋지 않은 영화나 비디오를 자꾸 보면 어떤 현상이 생깁니까? 물론 그런 영화 한 번 봤다고 해서 지옥 가는 것은 아닙니다. 그러나 그런 영화를 보면 나중에 기회가 주어질 때 죄를 떨쳐 버리기가 어렵습니다. 그리스도인들은 죄를 지을 기회가 없어서 짓지 않는 것이 아니라 정말 죄가 싫어서 짓지 말아야 합니다. 이 죄가 얼마나 하나님의 거룩하심을 손상시키며 나와 하나님과의 관계를 파괴시키는가를 깨닫고, 죄가 주어져도 거부할 수 있는 사람이 그리스도인들인 것입니다. 한번 두번 좋지 못한 문화를 접하게 되면 죄에 대한 저항력이 현저하게 떨어져서 죄를 지을 여건만 생기면 범죄할 가능성이 굉장히 높아집니다.

이 사람들의 습격을 받고 롯이 한 일이 무엇입니까? 일단 자기 집에 온 손님들을 보호하기 위해 이 사람들을 설득하러 나갔습니다.

> 롯이 문 밖의 무리에게로 나가서 뒤로 문을 닫고 이르되
> "청하노니 내 형제들아 이런 악을 행치 말라"(19:6,7).

롯의 제안 롯은 점잖게 밖으로 나가서 그들이 행하려고 하는 일은 아주 좋지 못한 짓이니 결코 그렇게 해서는 안 된다고 타이르고 있습니다. 그러나 그 다음에 롯이 한 말은 과연 이 사람이 성도인지 아닌지를 의심하게 만듭니다.

> "내게 남자를 가까이 아니한 두 딸이 있노라.
> 청컨대 내가 그들을 너희에게로 이끌어 내리니
> 너희 눈에 좋은 대로 그들에게 행하고
> 이 사람들은 내 집에 들어왔은즉
> 이 사람들에게는 아무 짓도 하지 말라"(19:8).

오늘날 우리가 가지고 있는 신앙적인 양식으로는 도저히 이해할 수 없는 말입니다. 아무리 자기 집에 온 손님을 보호하는 것이 중요하다고는 하지만 딸을 희생시켜 가면서까지 이들을 보호하려 드는 것은 이해가 되지 않습니다. 롯은 하나의 악을 없애기 위해서 또 다른 악을 사용하려 하고 있습니다.

제가 생각하기에는 둘 중에 하나인 것 같습니다. 한 가지는 상황이 너무나도 악화되어서 손님은 고사하고 자기들 모두 다 죽게 되었기 때

문에 기왕 다 죽을 바에는 딸이라도 희생시켜서 이 정욕에 눈이 먼 사람들을 진정시키고자 하는 경우입니다. 그리고 또 다른 한 가지 가능성은 이것입니다. 이 당시에 여자들은 전부 재산적인 가치로만 여겨졌습니다. 딸을 키우는 것은 시집 보낼 때 고가의 신부대금을 받아 내기 위한 것이었습니다. 그러니까 남자와 한 번 관계를 맺을 때마다 딸의 가치가 떨어졌는지도 모르겠습니다. 그는 손님을 지키기 위해서 딸의 가치가 손상되는 일은 감수하겠다고 생각했을 수도 있습니다.

> 그들이 가로되 "너는 물러나라."
> 또 가로되 "이놈이 들어와서 우거하면서 우리의 법관이
> 되려 하는도다. 이제 우리가 그들보다 너를 더 해하리라"
> 하고, 롯을 밀치며 가까이 나아와서
> 그 문을 깨치려 하는지라(19:9).

소돔에서 벗어나지 못하다

우리는 이 말씀을 통해 소돔 안에서 롯이 어떻게 살아왔는지 짐작할 수 있습니다. 롯은 소돔에서 그 나름대로 지도력을 발휘하려고 애를 썼습니다. 그가 '소돔 사람들의 법관이 되려 했다'는 말이 무슨 뜻입니까? 롯은 소돔에 있으면서 할 수 있는 한 그들을 바른 길로 이끌려고 노력했다는 것입니다. 그는 어느 것이 옳고 그른 것인지 수시로 가르치려고 애를 썼습니다. 그러면서도 자기도 모르는 사이에 너무나도 소돔적인 사고방식에 젖어들고 있었습니다. 그것은 곧 하나의 악을 해결하기 위해서는 얼마든지 다른 악을 사용해도 된다는 사고방식입니다. 롯은 성욕에 눈이 어두워진 군중을 잠잠케 하기 위해 아직 결혼하

지 않은 자기 딸을 희생시켜도 된다고 생각했습니다. 소돔에 적응하려고 애를 많이 썼음에도 불구하고 자기 자신도 모르는 사이에 소돔 사람으로 변해 가고 있었던 것입니다.

롯의 짝사랑

저는 롯이 소돔을 짝사랑했다고 생각합니다. 롯은 소돔을 사랑했고 자기 나름대로 최선을 다했지만 결국 소돔 사람들은 그를 배신했고, 그를 해치겠다고 나서게 되었습니다. 이것은 바로 이 세상에 적응하려고 애쓰는 세상 속의 그리스도인들의 모습이기도 합니다. 자기 나름대로 세상에 적응하기 위해서 때때로 직장에서 신앙 양심을 포기하기도 하고, 믿지 않는 사람들의 방식으로 일하기도 하며, 건강을 해치고 가정을 소홀히 해 가면서, 때로는 술을 마시고 성도들이 가서는 안 될 장소에 가면서까지 회사에 적응하고 최선을 다하려고 애를 썼습니다. 그런데 나타나는 결과가 무엇입니까?

"평사원 주제에 잘난 척하면서 과장을 가르치려고 해? 이놈아, 네가 우리 회사의 법관이 되려는 거냐?"

"제가 언제 과장님을 가르치려고 했습니까?"

"늘 나한테 훈계조로 이야기하고 설교하려고 했잖아!"

결국 근본적인 차이가 드러나고 맙니다. 끝에 가서는 배신을 당하는 것이지요.

여러분, 그리스도인들은 이 세상에 아무리 적응하려고 해도 적응할 수 없는 한계가 있습니다. 그 이유가 무엇입니까? 낮에는 멀쩡하던 친구들이 밤에는 전부 호모가 되어서 오토바이 타고 다니면서 미친 짓을 합니다. 이 짓까지 같이 해야 하나가 될 수 있는 것입니다. 그러나 도대체 성도가 어떻게 그렇게까지 할 수 있습니까? 어떻게 늑대가 될 수 있습니까? 그래서 다른 것은 다 맞추어 주면서도 그것까지는 못할 때, 세상은 "이놈아, 네가 나를 가르치려고 하느냐?" 하면서 결국 이빨을 드러내는 것입니다.

세상한테 아무리 잘해 주어도 우리는 결국 인정받지 못합니다. 세상이 우리에게 원하는 것은 그 마지막 미친 짓까지 같이 하는 것이기 때문입니다. 그래야 친구가 될 수 있고 동료가 될 수 있습니다. 회사에서 열심히 일하고 2차, 3차까지 가는 것만으로는 안 돼요. 그 마지막 음란한 곳까지 가서 같이 토하고 같이 미친 짓을 해야 "우리는 형제야" 라고 말해 줍니다. 그것까지는 하고 싶지 않아서 "형제들아, 이런 짓 하지 말자" 하면, "이놈이 자꾸 우리를 가르치려고 하네, 평사원 주제에" 하면서 결국 서로 원수가 되고 마는 것입니다.

그리스도인들이 이 세상과 완전히 일치되려면 개가 되어야 합니다. 롯은 소돔 사람과 하나가 되려고 했지만 그렇다고 해서 밤마다 같이 어울려 다니면서 성적인 폭행을 할 수는 없었습니다. 그래서 결국은 이것 때문에 소돔에서 거부당하고 배신을 당했습니다.

한계를 정하라

그래서 그리스도인들은 이 세상에 들어가기 전에 자신의 한계를 처음부터 분명히 그어 놓고 시작하는 것이 좋습니다. 처음부터 인정을 받으려고 하고 처음부터 최선을 다하려고 하면, 몸은 몸대로 망치고 일은 일대로 안 되고 끝에 가서는 배신자 소리를 듣게 되어 있습니다. 그러니까 처음부터 아예 "이놈은 또라이다. 도저히 구제불능이야. 이놈은 안 돼" 소리를 듣고 시작하는 것이 좋습니다. 그래야 내 신앙 양심을 지킬 수 있습니다. 사람들의 고리라는 것이 굉장히 무섭습니다. 우리 나라는 일을 합리적으로 하지 않습니다. 모든 것을 인간관계의 고리로 하게 되어 있습니다. 이 고리에 한번 걸려들면 도저히 자기 의사대로 할 수가 없어요. 아무리 옳아도 옳은 대로 할 수가 없습니다. 이 고리를 끊어 버려야 합니다. 그들에게 인정받으려고 해서는 안 됩니다. 내가 그들을 인정해 주고 사랑해 줄 생각을 해야 합니다.

어디서 무슨 일을 하든지 성의껏 하고 도를 넘어서지 않는 것이 중요합니다. 하나님의 뜻과 맞지 않을 때는 분명한 반대 의사를 표명해야 합니다. 아예 처음부터 또라이짓을 하는 겁니다. 완전히 쫓아낼 수 없으면서도 그냥 데리고 다닐 수도 없는 정도로 만들어서 인간관계의 고리를 끊지 않으면, 계속 끌려다니다가 오히려 그쪽에서 먼저 "이놈아, 네가 우리를 배신할 수 있냐?"는 소리를 하게 되어 있습니다. 롯처럼 애는 애대로 쓰면서도 결코 인정받지 못하고 실컷 이용만 당하다가 버림받는 것입니다. 잘못된 맹목적인 사랑의 고리가 있습니까? 끊어야 합니다. 사랑에 눈이 멀면 그 사랑이 사람을 굉장히 부자연스럽게 만듭니다. 이것을 끊어야 내 신앙 양심이 옳게 여기는 대로 할 수가 있습니다.

이 고리를 끊어 주소서

우리는 이 세상에 파견된 사람들입니다. 여기에서 아무리 잘 지내봐야 끝에 가면 마찬가지입니다. 결국 원수로 변하고 맙니다. 나의 모든 문제는 하나님이 결정하십니다. '너희들이 쫓아낸다고 내가 쫓겨날 사람이 아니다. 나의 모든 것은 하나님이 결정하신다'는 자신감을 가지십시오. 이렇게 하는 것이 한편으로는 좀 이상한 사람으로 보이게도 하고 한편으로는 모자라는 사람으로 보이게도 하겠지만, 우리에게 엄청난 양심의 자유를 줄 것입니다.

고리를 끊으십시오. 예배 드리면서 고리를 끊게 해 달라고 기도하십시오. 그렇지 않으면 옳은 것을 하지 못합니다. 눈먼 사랑에 매여서 아무것도 하지 못합니다.

3. 천사가 한 일

일이 이 지경에 이르자 하나님께서는 더 이상 심판을 지체할 수 없다고 생각하셨습니다. 그래서 무엇보다 먼저 구원할 사람과 멸망시킬 사람을 분류하셨습니다.

> 그 사람들이 손을 내밀어 롯을 집으로 끌어 들이고 문을
> 닫으며 문 밖의 무리로 무론 대소하고 그 눈을 어둡게
> 하니 그들이 문을 찾느라고 곤비하였더라(19:10,11).

악의 중독성

참으로 놀라운 사실은 천사가 그들의 눈을 멀게 하였을 때 그들이 집으로 갈 생각을 하지 않았다는 것입니다. 눈이 멀었으면 집으로 가야지요. 그런데 그들은 눈이 멀었는데도 입구를 찾고 목적을 성취하기 위해 더 소리를 지르면서 접근했습니다. 사람이 극단적인 상황까지 가면 눈이 멀어도 보이는 것처럼 생각합니다. 팔이 떨어져 나가도 팔이 있는 것처럼 생각해서 그 떨어진 팔로 사람을 때리려고 합니다. 옛날에 술을 좋아하던 사람들은 알콜이라고 하면 무조건 마시려고 했습니다. 공업용 알콜은 메틸 알콜 성분이 많이 들어 있어서 눈을 멀게 하는데도 그것을 사서 마시다가 눈먼 사람들이 있었습니다. 일단 정신을

잃어서 술을 마셔야 되겠다고 생각하면, 알콜의 종류를 가리지 않고 무조건 마시려고 했던 것입니다. 소돔 사람들도 그랬습니다. 그들은 눈이 멀었는데도 보인다고 생각했고, 집으로 돌아가지 않았습니다.

오늘 현대인들에게 많이 나타나고 있는 것이 중독 현상입니다. 그 중에 하나로 일 중독이라는 것이 있습니다. 자신의 건강이 악화되고 있고 부부 사이나 자녀와의 사이가 굉장히 악화되어 가는데도 계속 일만 합니다. 심장마비는 발생하기 1, 2년 전에 꼭 증세가 나타납니다. 그래도 본인은 모릅니다. 그러다가 쓰러지면 회복이 불가능합니다. 사람들은 무언가에 집착하는 경향이 있습니다. 일에 집착하고 사람에 집착합니다. 적당하게 하다가 잘 안 되면 포기할 줄도 알아야지요. 죄 지으러 나왔다가도 눈이 안 보이면 집에 돌아가야지요. 그러면 살 수 있습니다. 그런데 눈이 안 보이는데도 계속 입구를 찾으면서 문을 열라고 소리를 지르니까 결국은 다 죽은 것입니다.

분리(分離) 천사는 그들을 분리했습니다.

> 그 사람들이 롯에게 이르되
> "이 외에 네게 속한 자가 또 있느냐?
> 네 사위나 자녀나 성 중에 네게 속한 자들을 다 성 밖으로
> 이끌어 내라. 그들에 대하여 부르짖음이 여호와 앞에
> 크므로 여호와께서 우리로 이것을 멸하러 보내셨나니
> 우리가 멸하리라"(19:12, 13).

천사는 롯을 안으로 끌어들이고 나서 하나님이 이 성을 멸망시키려

하시니 그에게 속한 사람이 있으면 빨리 분리시키라고 했습니다. 죄악이 관영하면 관영할수록 하나님께서 자기 백성들을 빨리 챙기시는 것을 볼 수 있습니다. 설교하러 갔을 때 청중들이 생각보다 굉장히 놀랍게 반응할 때가 많습니다. "자기의 죄를 청산하고 하나님을 믿겠다고 결심한 사람은 나오십시오." 이러면 그냥 막 나옵니다. 그렇게 나와서 꿇어앉아 기도하는 모습들을 보면 '아, 하나님께서 백성들을 빨리 빨리 챙기고 계시는구나' 하는 생각이 들 때가 많습니다. 하나님은 롯의 가족이라도 구원받기를 원하셨습니다. 한 사람만 구원받는 것이 너무나도 아까웠기 때문입니다.

> 롯이 나가서 그 딸과 정혼한 사위들에게 고하여 이르되
> "여호와께서 이 성을 멸하실 터이니 너희는 일어나 이
> 곳을 떠나라" 하되 그 사위들이 농담으로 여겼더라(19:14).

현상은 유지된다?

하나님의 구원에서 가정은 굉장히 중요한 단위입니다. 우리가 이 세상에 살면서 동화되지 않고 우리의 믿음을 지킬 수 있는 것은 두 개의 공동체가 있기 때문입니다. 하나는 교회 공동체이고 다른 하나는 가족 공동체입니다. 가족의 구원은 아주 중요합니다. 가족은 구원을 받을 수 있는 가장 작은 단위의 공동체입니다. 그러나 불행하게도 롯의 사위들은 롯의 말을 농담으로 여겼습니다. 왜 농담으로 여겼을까요? 이 세상이 그대로 유지된다는 것을 너무나도 강하게 믿었기 때문입니다. 그들은 현상 유지의 신학을 가지고 있었습니다. 모든 것이 언제까지나 그대로 유지되리라고 생각한 것입니다.

오늘날 사람들도 '현상은 유지된다'는 신앙을 가지고 있습니다. 그러나 성경은 이 현상만큼 불안한 것이 없다고 말씀하고 있습니다. 이 세상은 언제든지 붕괴될 수 있습니다. 언제든지 지진이 일어날 수 있고, 언제든지 화산이 터질 수 있고, 언제든지 홍수나 산사태가 날 수 있습니다. 확실한 것은 하나님의 말씀밖에 없다고 성경은 말씀합니다.

그러므로 세상이 나를 배척할 때 거기에 미련을 가질 필요가 없습니다. 소돔 사람들이 롯을 배척한 것은 정말 그가 거기를 떠날 때가 되었기 때문입니다. 세상에서 나를 떠나라고 할 때 미련을 가지지 마십시오. '이제 떠날 때가 되었구나' 하면서 떠나십시오.

롯의 중요한 증거가 농담으로 여겨지는 것을 보면서 그리스도인들이 평소에 참으로 진실할 필요가 있다는 생각을 하게 됩니다. 그리스도인들이 진실해야 하는 이유는 다른 데 있는 것이 아닙니다. 바로 이 영원한 운명을 좌우하는 메시지가 농담으로 받아들여질 수 있기 때문입니다. 사람들이 우리의 말을 들으면서 "저 사람이 하는 말은 진실한 말이구나' 생각할 수 있도록 평소에 진실한 관계를 맺어야 합니다.

혼자서는 이길 수 없다

우리는 어떻게 이 세상에서 고민하는 그리스도인이 되지 않고 누룩으로 살 수 있습니까? 신실한 공동체를 회복하는 길밖에 없습니다. 우리 혼자 힘으로는 절대로 세상을 이길 수가 없습니다. 그러나 우리가 한 공동체로 모일 때 주님은 우리 가운데 찾아오십니다. 어려움을 당한 형제 자매를 통하여, 또 낯선 형제와 자매를 통하여 우리에게 찾아오셔서 우리의 어려움에 대해 말씀해 주시고 우리의 나아갈 바를 가르쳐 주십니다. 나만 어려운 것이 아니고 우리 모두 어렵습니다. 그러므로 함께 모여서 함께 기도하면 우리가 이길 수 있는 방법을 반드시 가르쳐 주실 것입니다.

오늘 본문 말씀이 우리에게 이야기하고 있는 것이 무엇입니까? 하나님은 우리에게 은혜를 주시기 전에 우리의 믿음을 달아 보신다는 것입니다. 그러므로 낯선 형제나 자매들을 소중하게 생각하십시오. 자기 만족, 자기 도취에 빠져서 '우리 교회는 다 완성되었고 내 신앙은 다 완성되었다' 고 생각하는 동안 자기도 모르는 사이에 깊은 침체의 늪에 빠지게 됩니다. 어려움에 처한 형제와 자매들, 낯선 형제와 자매들을 기꺼이 찾아가서 마음 문을 열고 그들을 대접하고 그들과 이야기할 때 하나님께서 우리를 살려 주실 것입니다.

이 세상 가운데서 고민하고 있는 이 그리스도인의 모습을 보십시오. 그는 세상에 적응하기 위해 많은 애를 썼지만 마지막 한순간 그 미친 짓을 함께 하지 않았기 때문에 결국 배척당하고 말았으며, 지금까지의 수많은 노력이 허사로 돌아가게 되었습니다. 그러므로 세상에 접근할 때 처음부터 분명히 기준을 정하고 가야 합니다. 일 중독자가 되면 안 됩니다. 가정과 건강을 팽개치고 신앙을 손상시키면서까지 인정받으려고 이 세상에 뛰어들면 안 됩니다. 처음부터 분명한 기준을 가져서 사람의 고리에 매이지 말아야 합니다. 사람의 고리에 매이면 결국 끝에 가서 굉장히 좋지 않은 결말을 맞게 됩니다. 중심을 잡으십시오. 나는 하나님의 사람이며 이 세상에 파견된 사람이므로 그리스도의 명령과 이 세상의 가이사의 명령이 충돌할 때는 가이사의 명령을 거부하리라는 것을 분명히 하십시오. 그렇지 않으면 아무리 최선을 다해도 결국은 욕을 얻어먹으면서 관계를 끝내게 될 것입니다.

지금 주님께서는 사람들을 빨리 모으고 계십니다. 무언가 생각이 있기 때문입니다. 악한 사람은 더 악해지고 돌아올 사람은 빨리 돌아오는 것을 볼 때, 하나님께서 자기 백성을 챙기고 계시다는 것을 알아야 합니다. 여러분, 자기 가족을 챙기십시오. 내가 사랑하는 사람들의 신앙을 챙기십시오.

우리가 세상에서 분리되고 있습니까? 세상이 나를 좋아하지 않습니까? 직장에서 더 이상 나를 필요로 하지 않는다고 말합니까? 미련을 가지거나 매달릴 필요가 없습니다. 또 다른 하나님의 계획이 있다는 것을 생각하십시오. 현실에 너무 집착하면 롯처럼 비참한 결과를 맞이하게 될 것입니다.

우리는 지금까지 고민형으로 살아왔을지 모릅니다. 또 어떤 때에는 이 세상에 들어가지 않고 그 위에 서서 고립형으로서 그들을 비난하고 책망하면서 지내 왔는지도 모르겠습니다. 그러나 주님은 우리가 분명한 의식을 가지고 세상 속에 깊이 들어가 누룩으로서 이 세상을 변혁시키기를 바라고 계십니다. 에녹이나 노아처럼 세상 위에 서서 사는 것도 쉬운 일은 아닙니다. 그러나 오늘 주님이 원하시는 것은 더 깊이 들어가서 찾을 사람은 찾고 건질 사람은 건지고 변혁시킬 것은 변혁시키는 것입니다.

우리에게는 이 세상에서 훌륭한 시민으로 살면서도 동시에 훌륭한 하나님의 백성으로 남아야 하는 이중적인 과제가 있습니다. 게으르면 안 됩니다. 성경도 읽어야 하지만 공부도 해야 하고, 예배도 드려야 하지만 직장에 가서도 열심히 일해야 합니다. 그러나 아무리 내가 말씀을 전해도 이 세상에 변화가 없을 때 주님은 자기 백성들을 빨리 불러

내실 것입니다. 그리고 거기에서 하나님의 심판이 시작될 것입니다.

그러나 말씀을 듣고 변화되는 사람이 한 명이라도 있다면, 하나님은 세상을 지켜 주실 것입니다. 지금 우리 사회에는 말씀을 듣고 돌아오는 사람들이 많습니다. 또 말씀을 듣기만 하면 돌아올 사람들이 많습니다. 그래서 하나님께서 세상을 지켜 주고 계시는 것입니다.

4 소돔의 멸망

동틀 때에 천사가 롯을 재촉하여 가로되
"일어나 여기 있는 네 아내와 두 딸을 이끌라.
이 성의 죄악 중에 함께 멸망할까 하노라."
그러나 롯이 지체하매 그 사람들이 롯의 손과 그
아내의 손과 두 딸의 손을 잡아 인도하여 성 밖에
두니 여호와께서 그에게 인자를 더하심이었더라.
그 사람들이 그들을 밖으로 이끌어 낸 후에 이르되
"도망하여 생명을 보존하라. 돌아보거나 들에
머무르거나 하지 말고 산으로 도망하여
멸망함을 면하라."
롯이 그들에게 이르되
"내 주여, 그리 마옵소서. 종이 주께 은혜를 얻었고
주께서 큰 인자를 내게 베푸사 내 생명을
구원하시오나 내가 도망하여 산까지 갈 수
없나이다. 두렵건대 재앙을 만나 죽을까 하나이다.
보소서, 저 성은 도망하기 가깝고 작기도 하오니
나로 그 곳에 도망하게 하소서. 이는 작은 성이
아니니이까? 내 생명이 보존되리이다."
그가 그에게 이르되
"내가 이 일에도 네 소원을 들었은즉 너의 말하는
성을 멸하지 아니하리니 그리로 속히 도망하라.
네가 거기 이르기까지는 내가 아무 일도 행할 수

없노라" 하였더라.
그러므로 그 성 이름을 '소알' 이라 불렀더라.
롯이 소알에 들어갈 때에 해가 돋았더라.
여호와께서 하늘, 곧 여호와에게로서 유황과 불을
비같이 소돔과 고모라에 내리사 그 성들과 온 들과
성에 거하는 모든 백성과 땅에 난 것을 다 엎어
멸하셨더라. 롯의 아내는 뒤를 돌아본 고로
소금기둥이 되었더라.
아브라함이 그 아침에 일찍이 일어나
여호와의 앞에 섰던 곳에 이르러 소돔과 고모라와
그 온 들을 향하여 눈을 들어 연기가 옹기점
연기같이 치밀음을 보았더라.
하나님이 들의 성들을 멸하실 때, 곧 롯의 거하는
성을 엎으실 때에 아브라함을 생각하사
롯을 그 엎으시는 중에서 내어보내셨더라.

창 19:15-29

제가 서울 시내를 운전하면서 지나갈 때 꼭 심각하게 바라보면서 지나가는 곳이 두 곳 있습니다. 하나는 88대로를 달리면서 지나가게 되는 성수대교입니다. 아직도 복구되지 않고 서 있는 그 다리는 얼마 전에 엄청난 희생을 치렀습니다. 다리가 무너지리라고 누가 생각했겠습니까? 그러나 하루 아침에 그 다리는 무너졌고 출근하던 많은 직장인과 학생들이 죽었습니다. 제가 지나가면서 또 유심히 보는 곳은 고속터미널에서 교대 쪽으로 가는 길 왼쪽에 아직도 깊이 파헤친 채 남아 있는 삼풍 백화점 자리입니다. 누가 백화점이 무너질 줄 알았겠습니까? 그러나 하루 저녁에 백화점이 무너져서 시장보러 왔던 많은 시민이 죽거나 다쳤습니다. 그 현장은 바로 지옥이었습니다. 우리들은 텔레비전 화면을 통하여 무너진 백화점에서 가까스로 구출되는 몇 사람들을 보았습니다.

팔레스타인 성지에도 바로 이런 곳이 한 군데 있습니다. 그 곳은 요단 강을 따라서 남쪽으로 내려가는 곳에 있는 커다란 호수입니다. 이 호수는 바로 오늘 본문이 증거하는 엄청난 재앙이 있었던 현장입니다.

누가 하늘이 무너질 줄 알았겠습니까? 그러나 실제로는 하늘이 무너진 것 이상이었습니다. 폭탄의 '폭' 자도 모르던 그 옛날에 하늘에서 엄청난 양의 폭탄을 만들 수 있는 유황과 불이 쏟아져서 바로 이 곳을 완전히 초토화시켜 버렸습니다. 이 때 생긴 폭발로 땅이 꺼지면서 거기에 조금씩 물이 고여 커다란 호수가 생기게 된 것입니다. 이 호수는 지구에서 가장 수면이 낮은 곳입니다. 그리고 물이 흘러 들어가기만 하지 흘러 나오지 않는 곳입니다. 물이 모두 증발해 버리기 때문입니다. 이 곳은 염도가 너무나 높아서 어떤 생물도 살 수 없는 죽음의 바다 사해입니다.

가까스로 얻은 구원 이야기

오늘 성경 본문은 바로 이 곳의 멸망을 상세하게 기록해서 증거하고 있습니다. 그런데 오늘 이 성경의 증언은 얼마나 많은 사람이 죽었는지, 피해액이 얼마나 되는지에 대한 것이 아닙니다. 오직 이런 멸망 가운데서 한 가족이 어떻게 가까스로 구출되었는지를 보여 주고 있습니다. 모두 다 죽어 버렸다면 아무도 무슨 일이 있었는지 몰랐을 것입니다. 그러나 한 가정이 살아남았고, 한 작은 도시가 건짐을 받았습니다. 그 한 가정도 모든 식구가 다 산 것은 아니었습니다. 도망치다가 또 한 명이 죽었습니다. 오늘 본문은 살아남은 자들의 증언을 토대로 하고 있지 않습니다. 불행히도 살아남은 자들은 너무 심한 충격을 받아서 그 후로 정상적인 생활을 할 수 없었기 때문입니다. 여기에 있는 증언은 하나님 자신의 증언입니다.

1. 주저하는 롯

천사의 등장에 대해

우리에게는 본문의 사건이 상당히 멀게 느껴집니다. 그것은 이 사건이 수천 년 전에 일어났던 일이기 때문만은 아닙니다. 우리에게 이 일이 멀게 느껴지는 것은 천사의 등장 때문입니다. 우리 시대에 천사를 보았다는 사람은 없습니다. 전혀 없다고 말해도 될 것입니다. 그러나 구약 시대에는 자주는 아니지만 천사가 실제로 나타나서 하나님의 뜻을 전하기도 하고 하나님의 심판을 실행하기도 하는 경우가 있었습니다. 그런데 바로 이 부분 때문에 우리는 이 기록의 진실성을 의심하게 됩니다.

그러나 천사에 대해서 그렇게 어렵게 생각할 필요가 없습니다. 우리와 대략 사촌 정도 된다고 생각하면 될 것입니다. 우리가 하나님의 백성인 것처럼 천사들도 하나님의 백성입니다. 단지 우리 같은 몸을 가지고 있지 않다는 것이 차이점일 뿐입니다. 지금 이 시대에 천사가 나타나지 않는 것은 이미 구원받은 우리들이 성령이 주시는 능력을 가지고 천사 이상으로 하나님의 일을 하고 있기 때문입니다. 그러나 구약 시대에는 사람들이 깨달을 수 있는 지각의 범위가 아주 한정되어 있었습니다. 하나님의 뜻을 알아서 행할 수 있을 정도로 성숙하지 못했던 것이지요. 그래서 천사들이 나타나서 많은 일을 했습니다. 우리 사촌들이 수고를 많이 한 셈입니다.

그러나 오늘 본문의 이야기는 천사에 대한 이야기가 아닙니다. 천사가 이 소돔 성을 멸망시킨다는 사실을 분명히 알려 주었음에도 불구하고 계속 망설이고 있는 롯에 대한 이야기입니다.

동틀 때에 천사가 롯을 재촉하여 가로되
"일어나 여기 있는 네 아내와 두 딸을 이끌라.
이 성의 죄악 중에 함께 멸망할까 하노라."
그러나 롯이 지체하매 그 사람들이 롯의 손과 그 아내의
손과 두 딸의 손을 잡아 인도하여 성 밖에 두니
여호와께서 그에게 인자를 더하심이었더라(19:15, 16).

롯은 이 성이 당장 멸망할 것이며, 천사가 온 목적이 바로 이 성을 멸망시키기 위해서라는 말을 듣고서도 그 자리에서 이 성을 떠나지 못한 체 지체하고 있습니다. 참 놀라운 사실입니다. 지난밤에 롯의 가족들이 경험한 것은 악몽 그 자체였습니다. 그는 지금까지 설마 설마 하면서 소돔에서 살아왔는데, 지난밤에 소돔의 정체를 완전히 볼 수 있었습니다. 지난밤에 본 소돔 사람들은 완전히 미친개들이었습니다. 너무나도 진절머리가 나서 다시는 이 사람들의 얼굴조차 보고 싶지 않습니다. 천사는 이것이야말로 소돔의 정체이고, 이 성의 죄악이 이만큼 충만하기 때문에 하나님께서 멸망시키기 위해 자기들을 보내셨다고 말하고 있습니다. 심판의 시간이 다 되었다고 말하고 있는 것입니다. 그런데도 롯은 결단을 내려서 이 성을 떠나지 못하고 주저하고 있습니다. 그 이유가 무엇일까요?

'설마 망할까?'

몇 가지로 생각해 볼 수 있습니다. 가장 중요한 이유는 '설마 망하겠느냐'는 생각입니다. 설마 이 성들이 한꺼번에 망하기야 하겠습니까? 이 성은 두 사람이 멸망시키기에는 너무나도 크고 강했습니다. 그들이 누구인지는 알 수 없지만 아무리 하나님이 보낸 사자라고 하더라

도 겨우 두 명이 설마 이 성을 완전히 멸망시킬 수 있겠느냐는 것입니다. 하지만 다리가 무너지리라고 누가 생각이나 했습니까? 아마 성수대교가 무너지기 전에 누군가가 "이 다리는 곧 무너질 테니, 교통이 불편하더라도 다른 다리로 돌아가시기 바랍니다"고 했다면, 전부 머리가 돈 사람이라고 비웃었을 것입니다. "다리는 한번 세우면 영원히 있는 거야. 무슨 다리가 무너진다고 그래? 별 미친놈 다 보겠네" 하면서 비웃었을 거예요. 또 누군가가 "여러분, 백화점이 무너질지 모르겠습니다. 그러니까 불편하더라도 멀리 있는 수퍼에서 물건을 사세요"라고 했다고 합시다. 당장 모든 사람들이 "어떻게 이런 건물이 무너질 수 있어? 웃기는 소리 하지 말아" 하면서 비웃었을 것입니다.

롯이 보기에 소돔은 무너질 것 같지가 않았습니다. 이 소돔을 무너뜨리려면 수만 명의 군대가 오든지, 엄청난 양의 폭탄으로 폭발시켜야 할 것 같았습니다. 그런데 겨우 두 사람이 와서 소돔을 멸망시키려고 한다니까 믿어지지가 않는 것입니다.

'소돔에 내 전부를 걸었는데…'

또 다른 하나는 그가 소돔의 멸망에 전혀 준비되어 있지 않았다는 것입니다. 그는 이 세상은 언제나 여전할 것이라고 생각했습니다. 해가 변함없이 동편에서 떠서 서편으로 지는 것처럼 이 세상은 영원하다고 믿었습니다. 만약 소돔이 멸망할 수도 있다고 생각했다면 이제껏처럼 자신의 모든 것을 소돔에 투자하지는 않았을 것입니다. 그러나 그는 소돔을 믿었고 소돔에 자신의 모든 것을 투자했습니다. 가진 돈도 소돔에 다 뿌렸고 젊음과 정력도 소돔에 다 투자했습니다. 그런데 소돔이 망하게 되었다고 하니, 도무지 무엇을 어떻게 해야 좋을지 대책이 서지 않았습니다. 이 방에 갔다 저 방에 갔다 이 물건을 집었다 저

물건을 집었다 해 봤자 대책이 서지 않았어요. 늘 다른 가능성을 생각하고 있던 사람은 자기의 기대가 이루어지지 않았을 때 얼른 그것을 포기할 수 있습니다. 그러나 오직 하나만을 생각하고 믿어 왔는데, 그것이 뜻대로 되지 않을 때에는 망연자실해지지 않을 수 없는 것입니다.

롯은 이 세상에 있는 것들이 한순간에 전부 없어질 수도 있다는 가능성을 생각지 않았습니다. 이 모든 것들이 영원히 지속된다고 생각하고 살았습니다. 그런데 천사가 와서 하루 아침에 다 망한다고 하니까 무엇을 어떻게 해야 좋을지 알 수 없었습니다. 그래서 멸망이 임박했다는 것을 알고서도 자꾸 지체했던 것입니다.

세상은 영원하지 않다

성경이 말씀하고 있는 것이 무엇입니까? 이 세상에 있는 모든 것들은 그 영광이 풀과 같고 풀의 꽃과 같다는 것입니다. 이 세상에 있는 것들은 어느 것도 영원하지 않습니다. 이 말씀을 믿는 사람은 할 수 있는 한 이 세상에 많은 투자를 하지 않습니다. 왜냐하면 투자해 봐야 다 없어지고 말 것이기 때문입니다. 예수님께서 제자들에게 말씀하시는 것이 무엇입니까? 보물을 땅에 쌓아 두지 말라는 것입니다. 이 땅에 보물을 쌓아 두면 녹이 슬거나 도둑이 훔쳐간다는 것입니다.

이 세상에서 자신을 위해 수고한 것들은 전부 다 썩어 없어집니다. 그러나 주님을 위하여 한 일은 도둑질당하지 않습니다. 자기 자식을 위해 애쓴 것은 썩어 없어지지만, 남의 자식을 위해 애쓴 것은 남습니다. 자기 집도 아니면서 많은 비용을 들여서 수리도 하고 치장도 했는데, 어느 날 갑자기 주인이 "내가 살아야 하니까 집을 비우시오"라고 한다면 어떻겠습니까? 아마 아무 대책이 서지 않을 것입니다. 이 방저 방 왔다갔다 하면서 분노와 좌절감으로 시간을 보낼 것입니다.

하나님께서는 이 세상에 있는 것에 투자하지 말라고 하셨습니다. 어차피 이 세상은 철거될 곳이기 때문입니다. 창세기 1장에서부터 보여주는 것이 그것입니다. 그러니까 마치 이 세상에서 영원히 살 것처럼 공을 들이고 투자하지 말라는 것이지요. 철거 대상 지역에 온갖 비용을 들여서 치장을 하고 빌딩을 세우고 집을 짓고 땅을 파는 것은 다 쓸데없는 짓입니다. 여기에서 불편하지 않게만 살면 그것이 가장 큰 축복입니다. 그리고 지금 좀 불편하더라도 앞으로 하나님이 다시 지으실 세상에서 큰 상급을 얻을 수 있다면 그 길을 택하는 것이 더 현명한 태도입니다.

롯은 하나님을 믿는다고 하면서도 눈에 보이는 이 세상이 영원하리라고 생각해서 여기에 모든 것을 다 투자해 버렸습니다. 그의 모든 것은 소돔에 다 있었습니다. 지금 그는 소돔을 떠나야 할지 말아야 할지 모르고 있습니다. 소돔을 떠나면 그에게 남는 것이 아무것도 없기 때문입니다.

복음이 필요 없는 사람들

저는 풍요로운 사회에서 사는 사람들이 굉장히 불행하다고 생각합니다. 사람들은 시골이나 중국이나 북한에서 살지 않는 것을 다행스럽게 생각할지 모르겠지만 제가 생각하기에는 풍요롭게 사는 사람들이 더 불쌍합니다. 아주 어렵고 아무 대책이 없는 곳에 살고 있는 사람들은 오히려 하나님께서 이 세상을 철거하실 것이며 앞으로 새로운 세상을 창조하신다는 말을 믿습니다. 너나없이 가난한 데다가 앞으로 잘살 가능성도 없고, 그나마 수해는 계속 생기고, 김정일 동지는 자꾸 이상해지고, 어차피 가능성이 없으니까 복음을 믿는 것입니다. 그러나 우리는 복음을 믿지 않습니다.

아파트 구조는 부인들이 최고로 편하게 살도록 만든 것입니다. 아파트는 부인들의 천국입니다. 수도꼭지만 틀면 찬 물 더운 물 다 나오지요, 스위치만 누르면 그냥 에어콘이 나오지요, 위에서 떠들면 항의할 수 있지요. 또 자동차를 보십시오. 어디든지 가고 싶은 대로 다 갈 수 있습니다. 이 현대 도시 안에는 없는 것이 없습니다. 좀 공부 잘해서 직장만 좋은 곳 구하면 천국이 따로 필요 없습니다. 천국에 왜 갑니까? 여기가 천국인데요. 어떤 사람들은 집에 바를 만들어 놓고 온갖 양주 샘플 다 차려 놓고 CD 플레이어까지 갖추어 놓습니다. 부인만 이상한 옷 입고 나오면 집인지 바인지 구별이 안 돼요. 이런 사람들이 왜 교회에 옵니까? 그나마 이 세상에서 조금 더 잘살려고 교회에 오는 건데, 부족한 것 없이 왜 오겠습니까?

'차라리 여기에서 망하겠다'

그런 사람들은 이 세상이 철거 대상 지역이라는 것을 안 믿습니다. 이렇게 좋은데 왜 철거를 해요? 못사는 사람들은 "아, 이 세상은 철거되는구나. 공부 뼈빠지게 열심히 해 봐야 소용이 없구나" 하는 것을 압니다. 그러나 우리 사회 사람들은 복음을 믿지 않습니다. 이렇게 살기 좋은데 무슨 복음이 필요합니까? 날씨가 더 더워진다 해도 문제 없습니다. 더 좋은 에어콘이 나올 테니까요. 영하 20도까지도 낮출 수 있습니다. 얼어 죽든 말라 죽든 더 센 것이 나옵니다. 침대도 불편하면 얼마든지 바꾸면 됩니다. 물침대, 공기침대, 흙침대, 돌침대, 다 바꿔 보는 거예요.

이렇게 잘 살고 있는데 떠나라고 하면 못 떠납니다. 어떻게 여기를 떠납니까? 이렇게 살기 위해서 돈을 얼마나 집어넣었는데요. 허리띠를 졸라 가면서 어렵게 애 학원 보내서 좋은 대학 넣어 놨는데 어떻게 떠납니까? 못 떠납니다. 차라리 같이 장렬하게 망하는 게 낫지요.

언제든지 떠날 수 있도록

그리스도인들은 항상 자기 집을 떠날 준비가 되어 있어야 합니다. 짐을 챙겨 놓아야 합니다. 가진 것들을 미리 정리해 두는 것이 좋습니다. 불필요한 것이 있으면 미리미리 다른 사람에게 줘 버리고 꼭 필요한 것만 가지고 사십시오. 할 수 있는 한 다음 세상을 위해서 많이 대비하십시오. 물론 그렇다고 해서 일부러 유달리 가난하게 사는 것도 좋지 않습니다. 그냥 불편 없이 살면 됩니다. 중요한 것은 이 세상이 철거 대상이라는 것을 분명히 기억하는 것입니다. 꼭 필요한 것은 가지고 계십시오. 그러나 비슷한 것이 두세 개 있으면 다 줘 버리세요. 그것이 다음 세상의 권리를 얻는 데 아주 중요합니다. 할 수 있으면 다음에 만들어지는 새로운 세상에서 모든 것을 누리는 것이 좋습니다.

돈을 버는 목적이 남에게 주려는 데 있다면, 그것은 돈을 제대로 버는 것입니다. 그러나 자기만 누리려고 하고 죽기 전에 못 볼 것까지 다 보려는 사람은 다음 세상에 국물도 없습니다. 자식들에게도 분명히 가르쳐 주어야 합니다. "네가 사는 목적이 무엇이냐? 남에게 무엇인가 주기 위해 사는 것이다. 너를 위해서 살지 마라. 그리고 너도 최소한의 것만 가지고, 할 수 있는 한 남에게 다 주면서 살아라." 그렇게 해야 진짜 복받는 자식으로 만드는 것입니다. 남의 입에 들어가는 것까지 빼서 자기 자식에게 주는 것은 '이거나 먹고 지옥에 가라' 는 것과 똑같습니다.

여러분, 이 세상에 사는 동안 평안하게 사십시오. 그러나 이 세상의 모든 것은 반드시 철거될 것이며, 다음 세상에서 권리를 얻고 상급을 누리는 것이야말로 참으로 귀한 일이라는 사실을 분명히 기억하십시오. 그렇지 않으면 롯처럼 떠나지 못합니다. 이 세상이 멸망당한다는 말을 들었는데도, 멸망이 눈앞에 임박했는데도 떠나지 못합니다.

2. 롯을 향한 하나님의 긍휼

억지로 구출하다

소돔과 고모라 성에는 수많은 사람들이 살고 있었습니다. 그런데 하나님께서 유독 롯에게만 엄청난 사랑과 긍휼을 보여 주시는 것을 볼 수 있습니다. 롯이 주저하고 있으니까 두 천사는 한 손에 한 명씩 네 명을 끌고 억지로 밖으로 데리고 나옵니다. 그러면서 빨리 산으로 도망치라고 합니다. 우리 같으면 어떻게 하겠습니까? "싫어? 그러면 네 마음대로 해!" 그러나 천사는 이렇게 하지 않고 억지로 롯의 식구들을 끌고 나와서, 평지에 머물지 말고 산으로 도망하라고 합니다. 그런데 롯은 산까지 도망을 못 치겠다고 했습니다.

> 롯이 그들에게 이르되 "내 주여, 그리 마옵소서.
> 종이 주께 은혜를 얻었고 주께서 큰 인자를 내게 베푸사
> 내 생명을 구원하시오나 내가 도망하여 산까지 갈 수
> 없나이다. 두렵건대 재앙을 만나 죽을까 하나이다. 보소서,
> 저 성은 도망하기 가깝고 작기도 하니 나로 그 곳에
> 도망하게 하소서. 이는 작은 성이 아니니이까?
> 내 생명이 보존되리이다"(19:18-20).

참으로 이해가 되지 않습니다. 이 성이 멸망할 테니 산으로 도망치라고 하면 그 말대로 하면 될 것 아닙니까? 그런데 자기는 산으로 도망을 못 가니 가까운 성으로 도망치게 해 달라는 것입니다. 롯이 이렇게 말하는 이유가 무엇일까요? 두 가지를 생각해 볼 수 있습니다.

"가까운 데로 피하렵니다"

한 가지는 실제로 산이 너무 멀어서 당일에 가기 어려웠으리라는 것입니다. 아니면 산이 멀기도 멀지만 롯의 건강이 좋지 못해서 도저히 산까지 장거리를 달려갈 자신이 없었는지도 모르겠습니다. 또 한 가지는 롯이 아직까지도 죄의 심각성을 알지 못해서 오직 큰 도시만 죄악에 가득 찼고 작은 곳은 아직도 순수하다고 생각했을 수도 있다는 것입니다. 오늘날 사람들을 보면 대도시에 있는 청소년들은 많이 타락했고 시골이나 읍 단위에 있는 청소년들은 아직 순진하다고 생각하는데, 그렇지 않습니다. 거기도 똑같습니다. 거기도 텔레비전이 있고 비디오가 있고 오토바이가 있고 전부 다 있습니다.

지구촌이라는 말도 있지만 오늘날 우리가 살고 있는 이 지구에는 그 어느 곳에도 안전지대가 없습니다. 도시의 죄를 피할 수 있는 길은 시골로 이사가는 것이 아닙니다. 생활 방식을 바꾸고 자기가 교제하는 사람들을 바꾸는 것이 안전지대에 들어가는 것이지, 시골로 간다고 해서 안전해지는 것이 아닙니다. 우리는 문화 없이 살 수 없습니다. 문화는 마치 우리가 입고 있는 옷과 같아서 이것이 없으면 굉장히 불편합니다. 그래서 기독교 문화가 있어야 합니다. 오늘날 이 죄의 문화를 기독교 방식으로 바꾸는 것이 소돔을 피하는 방식입니다. 시골로 간다고 해서 오토바이족이 없는 것이 아니에요.

제가 생각하기에는 이 이유들이 모두 해당되는 것 같습니다. 산이 멀기도 하고, 롯의 건강이 좋지 못하기도 하고, 또 롯이 작은 도시를 안전하게 여겼기 때문이기도 한 것 같습니다. 롯은 아직도 자기가 하나님보다 더 많이 알고 있고 더 똑똑하다고 생각하고 있습니다. "아이구, 하나님. 사람을 뭐 그렇게 먼 산까지 가게 합니까? 가까운 데 피하면 되는데."

그런데 하나님은 이러한 롯의 생각을 그대로 다 받아 주십니다.

> 그가 그에게 이르되
> "내가 이 일에도 네 소원을 들었은즉 너의 말하는 성을
> 멸하지 아니하리니 그리로 속히 도망하라. 네가 거기
> 이르기까지는 내가 아무 일도 행할 수 없노라" 하였더라.
> 그러므로 그 성 이름을 '소알'이라 불렀더라(19:21, 22).

주권적 긍휼

원래 하나님의 심판 계획 안에는 모든 평지가 다 포함되어 있었습니다. 그래서 산으로 도망치라고 한 것입니다. 그런데 롯은 산까지 못 가겠다는 것입니다. 힘들어서 도망 못 가겠고 중간에 멸망당할까 봐 두렵기도 하니 소알로 가게 해 달라는 것입니다. 하나님은 소알을 멸망의 대상에서 제외시키면서까지, 즉 하나님의 심판 계획을 변경시키면서까지 롯을 구원해 주십니다.

그렇게 하신 이유가 무엇입니까? 소돔에 수많은 사람들이 있는데도 불구하고 왜 유달리 롯만 이렇게 사랑하시는 것입니까? 지체하는 롯을 끌어 내시고 또 롯이 산까지 도망가지 못하겠다고 하니까 심판의 경계선을 바꾸면서까지 롯을 구원하시는 이유가 무엇입니까? 그 이유

는 아무것도 없습니다. 단지 하나님께서 그렇게 하기를 기뻐하셨기 때문입니다. 롯은 하나님 앞에 요구할 것이 하나도 없는 사람입니다. 하나님께서 소돔이 망한다는 이야기를 미리 해 주신 것만 해도 큰 축복이지요. 하나님께서 이렇게 롯을 구원해 주신 것은 롯에게 그럴 만한 자격이 있어서가 아닙니다. 하나님께서 그냥 롯을 구원하기로 하셨기 때문입니다.

구원받는 사람에게는 한 가지 특징이 있습니다. 그 사람 자체로서는 구원받을 자격이 없지만 그 사람 아주 가까이에 그를 위해 기도하고 있는 사람이 있다는 것입니다. 오늘 본문은 하나님께서 롯을 구원하신 원인이 마치 아브라함에게 있는 것처럼 설명하고 있습니다.

> 하나님이 들의 성들을 멸하실 때,
> 곧 롯의 거하는 성을 엎으실 때에 아브라함을 생각하사
> 롯을 그 엎으시는 중에서 내어보내셨더라(19:29).

아브라함 때문은 아니지만

이 말씀을 보면 롯이 구원받은 것이 마치 아브라함의 믿음 때문인 것 같습니다. 그러나 사실은 그렇지 않습니다. 롯이 구원받은 것은 아브라함 때문이 아니라, 오직 하나님의 은혜와 사랑 때문입니다. 그러나 이러함에도 불구하고 하나님께서 은혜와 긍휼을 베풀어 주는 사람 옆에는 그를 위해서 기도해 주는 사람이 반드시 있습니다. 누군가 그 사람에게 관심을 가지고 그 영혼을 불쌍히 여기며 그가 멸망당하지 않도록 염려하며 기도하고 있을 때, 하나님께서 그를 사랑하시고 긍휼을 베푸십니다. 그래서 이 세상에서 가장 비참한 일은 신실한 믿음의 형

제들에게 잊혀지는 것입니다. 그들이 '저 사람을 위해서는 이제 더 이상 기도할 필요가 없다' 는 결론을 내리는 것보다 더 불행한 일이 없습니다. 그래서 그리스도인들이 기도 시간에 자기를 생각하게 만드는 사람이야말로 굉장히 현명한 사람입니다.

물론 아브라함이 롯만을 위해 기도한 것은 아닙니다. 그는 소돔과 고모라 사람들 모두의 구원을 위해 기도했습니다. 그러나 하나님께서는 아브라함이 소돔 사람들을 위해서 기도했을 때 그 기도 안에 롯을 위한 기도가 포함되어 있다는 것을 아셨습니다. 아브라함은 기도만 했지만 하나님께서는 직접 거기에 천사를 보내어 주저하고 있는 롯을 끄집어 내시고 그와 대화를 나누시고 설득하셨습니다. 그리고 그가 소알로 피하겠다고 하자 그러라고 하시면서 심판 계획을 변경시키면서까지 롯을 구원하셨습니다.

기도에는 힘이 있다

여러분, 믿는 자의 기도가 얼마나 힘이 있고 능력이 있는지 모릅니다. 나는 거기에 갈 힘이 없고 할 수 있는 일이 아무것도 없습니다. 그러나 기도 속에서 그 사람을 기억하고 있을 때 하나님은 직접 발로 쫓아가셔서 그를 끄집어 내시고 설득하시고 옮기십니다. 만약 아브라함이 직접 찾아가서 롯을 끄집어 냈다면 롯이 순순히 따라 나왔겠습니까? 절대로 순순히 따라 나오지 않습니다. "도대체 삼촌은 왜 여기까지 따라와서 못살게 구는 겁니까? 내가 여기서 기반 좀 잡고 살 만하니까 그냥 그걸 못 보고 여기까지 쫓아와서 망한다는 소리나 하고. 사촌이 땅을 사면 배가 아프다더니 그래서 여기까지 와서 사람을 힘들게 하는 겁니까?" 이러면서 따라 나서지 않았을 것입니다. 아브라함이 아무리 쫓아가서 이야기해 봐야 듣지도 않습니다. 아브라함은 그것을 알고 있습니다. 그는 그냥 기도했습니다. 그러니까 하나님이 쫓아가셔서 억지로 끌고 나오셨습니다.

자식이 자기 뜻대로 되지 않을 때 두들겨 팬다고 되는 일이 아닙니다. 지금은 자식이 맞지만 나중에는 부모가 도로 맞습니다. 우리는 기도를 통해 내가 가지 못하는 곳에 주님이 직접 찾아가셔서 무섭게 일하신다는 것을 못 믿습니다. 우리는 꼭 내가 찾아가서 내 입으로 말하고 내가 관리해야 한다고 생각합니다. 그러나 그렇게 할 필요가 없습니다. 나는 기도만 하고 있어도 하나님이 얼마든지 역사하십니다.

아브라함은 롯을 지적해서 기도하지 않았습니다. 소돔에 있는 사람들을 위해서 기도했습니다. 그러나 하나님께서는 그 말 속에 롯의 구원을 원하는 마음이 있다는 것을 알고 계셨고, 직접 발로 뛰어가서 롯을 끄집어 내셨습니다.

'의인 열 명'을 향한 소망

저는 우리 나라의 상황에 대해 여러분이 생각하고 있는 것보다 훨씬 더 비관적으로 생각하는 사람이었습니다. 2002년에 월드컵을 한다고 하지만 과연 2000년까지 갈 수 있을까 싶을 정도로 사람들의 믿음과 도덕성이 너무나 타락했습니다. 믿는 사람이든지 안 믿는 사람이든지 그 이기심과 교만을 차마 눈 뜨고 봐 줄 수가 없습니다. 그런데 하나님께서 저에게 한 가지 소망을 주셨습니다. 그것은 아브라함이 의인 열 명의 명단만 찾아온다면 하나님께서 그 열 명뿐 아니라 소돔과 고모라 전체를 살리겠다고 하신 말씀에서 얻은 소망입니다. 그것이 바로 아브라함 리스트입니다. 그래서 저는 '김 리스트'(Kim's List)를 만들기로 결심했습니다. 저는 우리 나라의 젊은 사람들 가운데서 이 명단을 작성하기로 했습니다. 말씀을 듣고도 변하지 않는 사람을 붙잡고 씨름할 시간이 없습니다. 어떻게 해서든지 정말 하나님의 말씀을 듣고 변화되는 자의 명단만 제시할 수 있다면, 하나님께서 한국 교회뿐 아니라 우리 사회 전체를 살려 주시리라는 굉장한 확신이 제게 있습니다.

그래서 그 의인의 명단을 작성하기 위해 제가 갈 수 있는 모든 곳을 가려고 합니다. 사실 목회자 중에서 자기 교회를 아끼지 않는 사람이 누가 있겠습니까? 자기 교인들이 은혜 받고 자기 교인들이 잘 되는 것을 좋아하지 않는 목사가 어디 있으며, 자기 교인들과 수시로 인간적인 유대관계를 맺고 싶지 않은 목사가 어디 있겠습니까? 자기 아내나 자식이 좋지 않은 사람이 어디 있겠습니까? 그러나 저는 '내가 뛰어다니면 하나님께서 친히 찾아오셔서 당신의 백성들을 지켜 주시며 그들을 위기에서 구해 주시고 그들을 정신차리게 하시리라' 는 믿음이 있기 때문에 어디든지 찾아가서 말씀을 전하려고 하는 것입니다.

하나님이 일하시게 하려면

아브라함은 소돔을 위해서 기도했습니다. 롯만 구원해 달라고 기도하지 않았습니다. 열 명의 명단을 구하겠으니 소돔과 고모라에 있는 사람들을 구원해 달라고 했습니다. 그런데 그 의인이 없었습니다. 롯조차 의인에 들어야 하는지 죄인에 들어야 하는지 불분명했습니다. 그러나 하나님께서는 아브라함의 기도 속에 롯이 포함되어 있다는 것을 아시고 발로 뛰어가서 롯을 구원하셨습니다.

오늘날 그리스도인들이 자기 문제와 자기 감정과 자기 결혼과 자기 자식의 문제에만 빠져 있는 것은 굉장히 한심한 노릇입니다. 우리 사회는 소돔을 능가하고 있습니다. 소돔 사람들한테 서울에 와서 살라고 하면 이 죄악의 도시에서는 도저히 못 살겠으니 제발 소돔으로 보내 달라고 할 것입니다. 고모라 사람들이 압구정동에 와서 오토바이족들이 달려가고 사람들이 주차 문제로 욕하고 삿대질하는 것을 보면 "우리는 차가 없어서 마차 가지고 싸우긴 했지만 그래도 너희처럼 이러지는 않았다"고 할 것입니다. 밤마다 벌어지고 있는 '홀딱쇼' 같은 것을 보면 "오! 소돔이여, 우리는 너무나도 순진했다! 이런 죄를 짓는 곳도 있는데 우리를 멸망시키다니!" 하면서 하나님께 항의할 거예요.

여러분, 그리스도인들이 적당하게 믿으면서 자기 만족에 빠지는 것은 자기도 망하고 다른 사람도 망하게 하는 길입니다. 다른 모든 젊은이들을 위하여 뛸 때 내 아들도 제대로 되는 것입니다. 옛날에 제대로 된 어머니들은 아들의 친구들을 막 퍼먹였습니다. 왜 그렇습니까? 자기 아들이 잘 되게 하기 위해서입니다. 이것이 어머니의 지혜입니다. 다른 친구들이 살면 내 아들도 같이 산다는 것이지요. 요새는 티끌만 조금 묻어도 씻기고 로션 바르고 또 씻기고 로션 바르는 게 일입니다. 그러나 남을 위해 살 때 자기 집이 살게 되어 있습니다. 하나님께서 살 수 있도록 지켜 주십니다.

부끄러운 구원

우리가 생각하게 되는 것은 과연 롯처럼 부끄러운 구원을 받는 자들이 있겠느냐 하는 것입니다. 저는 거기에 대하여 '물론 있다'고 대답하겠습니다. 구원받는 것은 엄청나게 귀한 일입니다. 그러나 믿는다고 하면서도 롯처럼 자기 욕심대로 살았기 때문에 부끄럽게 구원받는 자들이 정말 있습니다. 대표적인 경우가 십자가 위에서 회개한 강도입니다. 그는 하나님의 뜻대로 살 시간이 없었습니다. 하나님의 아들을 믿었을 때는 이미 죽음의 그림자가 그 뒤에 드리워지고 있었기 때문입니다. 그가 주 예수 그리스도 앞에 굴복했을 때 그는 이미 숨이 넘어가고 있었습니다. 그러나 한평생 악을 행하면서 살았던 그가 주 예수를 믿었을 때 하나님의 아들은 놀라운 약속을 하셨습니다. "네가 오늘 나와 함께 낙원에 있으리라." 그는 참으로 낙원에 있을 것입니다. 그러나 상은 하나도 없습니다. 한평생 주님을 위해 수고하고 다른 형제와 자매를 위해 눈물 흘리며 수고한 종들과 상이 같을 수가 없습니다.

어떤 분들은 한평생 주님을 모르고 살다가 병상에서 주님을 영접합니다. 한평생을 자기밖에 모르고 살아온 이 이기적인 사람을 멸망시키는 것이 당연하지만 그럼에도 불구하고 하나님은 그 고백을 들어 주셔서 구원하실 것이라고 저는 믿습니다. 그러나 상급을 기대할 수는 없습니다. 왜냐하면 하나님의 뜻대로 살 시간이 없기 때문입니다.

상급 없는 그리스도인

고린도전서 3장은 부끄러운 구원을 받은 자에 대하여 말씀하고 있습니다. 그들은 사역자입니다. 그들은 분명히 주님을 믿었고 정말 중생한 자들이었지만, 부끄럽게도 말씀으로 사역하기를 원하지 않았습니다. 그들은 그 시대의 가치관과 사람들이 원하는 것이 무엇인지 생각해서 풀과 나무와 짚으로 공동체를 세웠습니다. 사람들이 좋아하든 싫어하든 하나님의 말씀과 성령의 역사로 정직하게 세운 것이 아니라, 사람들이 원하는 것과 세상의 가치관을 가지고 세웠습니다. 성경은 불 시험으로 그 모든 것을 태울 때 풀과 나무와 짚으로 지은 것은 하나도 남지 않을 것이며, 그들은 불 가운데서 부끄럽게 구원을 받을 것이라고 말씀하고 있습니다. 구원은 받습니다. 그러나 아무것도 남는 것이 없습니다. 그들이 한평생 수고한 것은 하나님 앞에서 전혀 인정받지 못할 것이며, 사람들에게 들은 수많은 칭찬들이 오히려 부끄럽게 느껴질 것입니다.

사도 바울은 교회에서 징계받아 쫓겨난 자 가운데 진정 자기의 잘못을 인정하며 회개하고 돌아오는 사람은 그 영혼을 구원받을 수 있다고 말씀했습니다. 그러나 그 육신은 사탄에게 넘겨 주겠다고 했습니다. 교회의 가르침에 바로 복종하지 않고 자기 마음대로 살 때 그 영혼은 구원받아도 상급은 절대로 없습니다. 사도 바울은 로마서 8장에서 "너희가 육신대로 살면 반드시 죽을 것이로되 영으로써 몸의 행실을 죽이면 살리니"라고 말씀하고 있습니다.

그리스도인들이 진정으로 하나님을 믿기는 하지만 그의 말씀에 순종하지 않을 때 발병할 가능성이 굉장히 많습니다. 주님이 항상 기뻐하라고 했는데도 기뻐하지 않고 화를 내면 우울증이나 다른 병에 걸릴 확률이 안 믿는 사람들보다 훨씬 더 높습니다. 그리고 합병증이 생겨서 일찍 죽을 가능성도 있습니다. 그리스도인들 가운데서도 우울증에 시달리고 있는 사람들이 굉장히 많은데, 그 이유는 순종하지 않았기 때문입니다. 주님은 "너희는 마음에 염려하지 말라. 분노하지 말고 기뻐하고 감사하라"고 하셨습니다. 그런데도 기뻐하지 않고 감사하지 않을 때 우울증이 생깁니다. 그리고 그가 진정으로 예수 그리스도로 거듭난 사람이라면 참 위험합니다. 정말 그가 예수를 믿었다면 그 영혼은 구원받겠지만 상급은 없습니다.

구원 너머 영광을 바라보라

롯의 경우가 바로 그랬습니다. 여러분, 예수를 믿는다고 하면서도 하나님의 말씀대로 살지 않고, 자기 기질대로 살면, 성령께서 여러분의 건강을 치실 것이며 여러분이 하는 일들을 축복하지 않으실 것입니다. 물론 지옥 가는 것보다는 구원받는 것이 엄청나게 좋지요. 천국에 들어가는 것만으로도 좋지요. 그러나 다른 형제나 자매들의 태양 같은 영광을 볼 때 '내가 조금만 덜 욕심을 부리고 조금만 더 내 기질과 교만을 버리고 나 자신을 헌신할 것을' 하면서 영원히 안타까워할 것입니다.

3. 소돔에 내린 심판

여호와께서 하늘, 곧 여호와에게로서
유황과 불을 비같이 소돔과 고모라에 내리사
그 성들과 온 들과 성에 거하는 모든 백성과 땅에 난
것들을 다 엎어 멸하셨더라(19:24, 25).

하늘에서 유황과 불이 내렸다는 것은 우리로서는 도저히 이해할 수 없는 일입니다. 그러나 하늘에 구름이나 산소 같은 공기만 있다고 생각한다면 잘못입니다. 하늘에는 우리가 알지 못하는 수많은 것들이 있습니다. 이스라엘 백성들에게 내린 만나를 보십시오. 그것들이 다 어디 있다가 내린 것입니까? 또 이번의 유황불을 보십시오. 이것들이 다 어디 있다가 쏟아진 것입니까?

노아 홍수와 다른 점

우리는 여기서 노아 홍수 재앙과 소돔과 고모라의 재앙 사이에 중요한 차이점이 한 가지 있다는 것을 알아야 합니다. 노아 홍수는 단순한 홍수가 아닙니다. 하나님께서 자연질서를 거두신 것입니다. 하나님은 이 세상을 쓸어 버리시는 데 다른 것을 사용하시지 않았습니다. 단지 붙들고 계신 자연질서를 놓아 버리시니까 곧바로 홍수가 나서 땅은 꺼지고 바닷물은 밀려들어와 사람들이 몰살해 버렸습니다. 노아의 무지

개는 세상 끝날까지 자연질서를 지켜 주시겠다는 언약입니다. 다시 말해서 해가 뜨고 지는 것이나 계절이 바뀌는 것을 세상 마지막까지 지켜 주시겠다는 보존의 언약입니다.

전쟁이 일어나는 이유가 무엇입니까? 하나님께서 전쟁을 억제하는 손을 거두셨기 때문입니다. 무서운 전염병이 퍼지는 이유가 무엇입니까? 하나님께서 전염병을 억제하는 손을 거두셨기 때문입니다. 사람들이 왜 미칩니까? 하나님께서 믿는 사람에게나 안 믿는 사람에게나 보내 주시는 성령의 일반적인 은총을 거두셨기 때문입니다. 하나님께서 매일 공기와 비를 보내시듯이 안 믿는 사람들에게 계속 그의 성령을 보내어 악한 본성을 억제하시기 때문에 그나마 사람들이 악수하고 밥 먹고 직장생활 하는 것이지, 성령만 거두시면 바로 얼굴이 틀어지기 시작하면서 이를 갈고 손톱을 세우기 시작합니다. 완전히 지옥이 되어 버려요.

사람의 힘으로는 전쟁을 억제하지 못합니다. 주사 놓는다고 병이 안 퍼지는 것이 아닙니다. 물론 예방접종은 해야 하지만, 그렇게 한다고 해서 전염병을 막을 수 있는 것이 아닙니다. 하나님이 억제하고 계시기 때문에 전염병이 좁은 공간에만 있는 것입니다. 그 손을 놓으시기만 하면 곧바로 홍수가 나고 전쟁이 터지고 전염병이 퍼집니다. 그런데도 사람들은 하나님의 은혜에 너무나 감사할 줄 모릅니다.

이것은 적극적 심판이다

그러나 이 소돔의 멸망은 하나님이 전쟁을 억제하던 손을 거두셨기 때문에 일어난 것이 아닙니다. 적극적으로 불과 유황을 퍼부어서 완전히 엎어 버리셨습니다. 유황은 폭탄의 성분입니다. 이것을 불과 함께 비같이 쏟아 부어서 뒤엎어 버리신 것입니다. 이것은 자연질서의 붕괴가 아닙니다. 하나님의 적극적인 심판 행위입니다.

성경은 지옥이 유황불로 되어 있다고 말씀하고 있습니다. 사람들이 이 유황불을 잘 실감하지 못하는 것 같아요. 이것은 지옥이 계속 폭발하고 있다는 말입니다. 물론 상징적인 표현일 수도 있습니다. 그러나 지옥을 이 말보다 더 잘 표현할 수는 없을 것입니다. 상가에 불이 났을 때 거기에서 빠져 나온 사람들이 하는 말이 무엇입니까? 그 곳은 지옥이었다는 것입니다. 질식해 죽을 것 같은 독가스와 무서운 열기, 살려 달라는 사람들의 아우성, 이제 죽었다는 절망감, 이 모든 것이 지옥이지요. 불과 유황이 하나님으로부터 쏟아졌다고 하지만 사실 이것은 지옥에서 기어 올라온 것입니다.

지옥의 경고

요즘 우리가 살고 있는 이 지구에는 계속해서 지옥이 기어 올라오고 있습니다. 두려움과 공포와 좌절은 지옥에서 기어 올라온 것입니다. 심리적으로는 이미 많은 사람들이 지옥을 경험하고 있습니다. 계시록에 보면 황충이 무저갱에서 올라온다고 했는데, 지금 사람들이 느끼는 그 감정과 두려움이 바로 지옥의 것입니다. 누군가에 대한 미움 때문에 잠이 안 올 때 지옥이 바로 거기 있습니다. 요즘 감기도 조심해야 합니다. 옛날 감기가 아니에요. 지옥표 감기입니다. 날씨도 보통 날씨가 아닙니다. 우리는 여러 면에서 지옥을 미리 맛보고 있습니다. 무너진 백화점은 지옥이었습니다. 끊어진 다리도 지옥이었습니다. 잘 날아가다가 갑자기 폭발한 비행기도 지옥이었습니다.

여러분, 이 모든 일들을 보면서 이 세상에 영원한 것이 없다는 것을 깨달아야 합니다. 그리고 주님이 약속하신 대로 나의 모든 보물을 하늘에 쌓아 두는 준비를 해야 합니다. 이 세상에 지나치게 애착을 갖지 마십시오. 여기에 많은 투자를 하지 마십시오. 어떤 분은 한평생 공부에 투자를 합니다. 여기서 석사 받고 저기서 박사 받습니다. 물론 평생 배운다는 자세는 좋지만 이 곳은 철거 대상 지역이라는 것을 잊지 마십시오. 부끄러운 구원을 받지 않으려면 삶을 잘 살아야 합니다. 남을 위해 무언가 하십시오. 다른 사람의 눈치를 볼 필요가 없습니다. 주님 앞에 가면 모든 것이 다 밝혀지게 되어 있습니다.

소금기둥, 영원한 표증

여기서 체험하는 지옥의 경고를 무시하지 마십시오. 자녀들에게 곧 이 세상을 떠나야 한다는 것을 가르치십시오. 롯의 아내처럼 구원받는 과정에서 뒤를 돌아보다가 소금기둥이 되는 일이 없도록, 세상에 대한 미련을 거두지 못하고 돌아보다가 그 자리에서 즉사해 버리는 일이 없도록 주의해야 합니다. 롯의 아내가 어떻게 소금기둥이 되었는지 모르겠습니다. 뒤를 돌아보다가 바로 그 자리에서 벼락을 맞아 선 채로 죽었는지, 아니면 거기에 무슨 화석 작용 같은 것이 일어나서 돌이 되어 버렸는지 모르겠습니다. 지금도 롯의 아내로 생각되는 돌기둥이 여러 개 있습니다. 어느 것이 진짜인지는 알 수가 없습니다. 제가 보기에는 진짜 롯의 아내의 돌기둥은 없어졌을 것 같습니다. 비슷한 기둥이 생기기도 하고 없어지기도 하니까요. 어쩌면 하나님께서 영원한 표증으로 그런 소금기둥들을 만들어 놓으신 것인지도 모르겠습니다. 아무리 하나님이 은혜를 베푸시는 중이라고 하더라도 하나님의 말씀을 경멸하고 세상을 돌아보다가 그나마 주어진 구원의 기회마저 박탈당한 롯의 아내의 어리석음은 영원한 표증이 되고 있습니다. 쓸데없는 호기심을 버려야 합니다. 하나님의 말씀대로 뒤도 돌아보지 않고 옆도 보지 않고 그냥 열심히 달리는 것만이 살 수 있는 길입니다.

오늘 말씀이 우리에게 보여 주는 것이 무엇입니까? 롯은 자기의 모든 것을 소돔에 쏟았기 때문에 하나님께서 강권적으로 끌어 내시기 전에는 소돔을 떠날 수가 없었습니다. 그러나 이 세상은 철거 대상 지역입니다. 아주 불편하지만 않게 지낼 수 있다면 그것만으로도 큰 축복입니다. 또 좀 불편하다 하더라도 다음 세상을 위해서 지금 내가 가지고 있는 이 젊음과 삶을 남을 위해서 사용할 때, 다음 세상에서 굉장한 영광과 축복을 누릴 것입니다.

하나님의 긍휼이 누구에게 임합니까? 우리는 모릅니다. 그러나 하나님이 불쌍히 여기시는 사람 주변에는 그 사람을 위해서 기도해 주는 사람이 꼭 있습니다. 그러므로 다른 사람을 위해서 기도하는 것을 아까워하지 마십시오. 내가 직접 뛰어가지 못하더라도 있는 자리에서 기도하면 하나님이 직접 천사를 보내서 그를 설득하고 그를 끄집어 내오십니다. 아브라함이 롯만을 위해 기도하지 않고 소돔과 고모라 사람 전체를 위해 기도한 것을 기억하십시오. 이 세상 전체를 살리기 위해 뛸 때 우리 교회가 사는 것입니다. 우리 나라에 있는 교회 전체가 살면 우리 교회도 살게 되어 있습니다. 다른 교회가 다 죽고 우리 교회만 산다면 우리 교회도 죽은 교회입니다. 다른 사람은 다 죽고 우리만 건전하게 산다는 것은 있을 수 없는 일입니다. 내 교회를 살리려면 다른 교회들을 살려야 하고 다른 젊은이들을 살려야 합니다. 이 세상에 무언가 생기가 있을 때 교회도 안전할 수 있는 것입니다.

여러분 나름대로 리스트를 만드십시오. 복음을 듣지 않으려 하는 사람은 어쩔 수 없습니다. 그러나 들으려고 하는 사람은 적극적으로 찾아가십시오. 그러면 주님께서 내 문제들을 해결해 주실 것입니다.

소돔의 심판은 지옥불이 올라온 것입니다. 사람들은 여기에서 지옥을 맛보고 있으면서도 지옥을 믿지 않고 마치 이 세상에서 조금이라도 편하게 사는 것이 행복인 것처럼 어떻게 하든지 기를 쓰고 여기에 투자하고 여기에서 뭔가 얻으려고 달려듭니다. 그러나 그렇게 하는 사람은 롯과 롯의 아내처럼 어리석은 자가 될 것입니다. 제발 이 롯의 아내 같은 어리석은 짓을 그만 두십시오. 도망치면서도 미련을 버리지 못하고 뒤를 돌아볼 때 소금기둥이 되고 만다는 하나님의 이 영원한 경고를 기억하십시오.

5 멸망 그 이후

롯이 소알에 거하기를 두려워하여 두 딸과 함께
소알에서 나와 산에 올라 거하되 그 두 딸과 함께
굴에 거하였더니 큰딸이 작은딸에게 이르되
"우리 아버지는 늙으셨고 이 땅에는 세상의 도리를
좇아 우리의 배필 될 사람이 없으니
우리가 우리 아버지에게 술을 마시우고 동침하여
우리 아버지로 말미암아 인종을 전하자" 하고,
그 밤에 그들이 아비에게 술을 마시우고
큰딸이 들어가서 그 아비와 동침하니라.
그러나 그 아비는 그 딸의 눕고 일어나는 것을
깨닫지 못하였더라.
이튿날에 큰딸이 작은딸에게 이르되
"어제 밤에는 내가 우리 아버지와 동침하였으니
오늘 밤에도 우리가 아버지에게 술을 마시우고
네가 들어가 동침하고 우리가 아버지로 말미암아
인종을 전하자" 하고,
이 밤에도 그들이 아비에게 술을 마시우고
작은딸이 일어나 아비와 동침하니라.
그러나 아비는 그 딸의 눕고 일어나는 것을
깨닫지 못하였더라.
롯의 두 딸이 아비로 말미암아 잉태하고
큰딸은 아들을 낳아 이름을 '모압'이라 하였으니
오늘날 모압 족속의 조상이요,

작은딸도 아들을 낳아 이름을 '벤암미' 라 하였으니
오늘날 암몬 족속의 조상이었더라.

창 19:30-38

우리는 어떤 큰 일을 한 번 겪으면 좀처럼 그 후유증에서 벗어나지 못합니다. 그래서 집이 무너지거나 다리가 붕괴되는 것 같은 사고에서 가까스로 살아남은 사람은 그 후유증 때문에 상당한 기간 악몽에 시달리거나 정상적인 생활을 못 하는 것을 볼 수 있습니다.

롯은 멸망하는 소돔에서 가까스로 살아 나왔습니다. 조금만 지체하였더라면 그도 그 유황불 바다에서 멸망하고 말았을 것입니다. 중요한 것은 이 엄청난 재앙에서 하나님의 은혜로 구원받은 롯이 그 후에 어떻게 살았느냐 하는 것입니다. 우리가 이 엄청난 멸망에서 구원받았다면 얼마나 기쁘고 감사하게 살겠습니까? 그러나 유감스럽게도 롯은 그렇게 풍성하고 아름다운 삶을 살지 못했습니다.

처음에 롯은 멸망한 도시들 바로 옆에 있는 소알이라는 곳에서 살았습니다. 그러나 그는 곧 소알을 떠나서 산으로 갔습니다. 어느 산인지는 알 수 없지만 아마 사람들이 아무도 살지 않는 깊은 산이었던 것 같습니다. 거기서 롯은 장성한 자기 두 딸과 함께 원시인처럼 살았습니다. 그 이유를 우리는 짐작할 수 있습니다. 롯이 소알 사람들의 삶을 보았을 때 그들의 모든 행위는 소돔 사람들과 조금도 다를 바가 없었습니다. 소돔과 고모라가 망했다면 이 소알도 망할 수밖에 없다는 것을 롯은 알았습니다. 그래서 그는 이 소알 사람들과 함께 멸망당하지 않으려고 아무도 없는 깊은 산 속으로 들어갔습니다. 그리고 거기서 약간의 농사를 지으면서 필요한 것을 자급 자족한 것 같습니다. 마치 수도원 생활 하듯이 산 것입니다.

그러나 문제는 거기서 끝나지 않았습니다. 롯은 그렇게 살 수 있었을지 모르지만, 롯의 두 딸은 그렇게 살기에는 너무나도 젊은 여자들이었습니다. 그들에게는 남자가 필요했습니다. 하지만 깊은 산 속으로 들어왔기 때문에 남자를 구경조차 할 수가 없었습니다. 그래서 어떻게 했습니까? 성경에 이런 내용이 기록되어 있다는 것 자체를 믿을 수 없을 정도로 끔찍한 짓을 해서 자손을 얻었습니다. 아버지에게 술을 실컷 먹여 놓고 정신이 없는 틈을 타서 성관계를 가져 임신을 한 것입니다. 얼마나 끔찍한 일인지 모릅니다.

구원은 받았지만

우리는 롯과 그의 두 딸에게서 이 엄청난 멸망으로부터 구원받은 자의 모습을 찾아볼 수가 없습니다. 그들은 멸망에서는 건짐을 받았지만 그 이후의 삶이 전보다 조금도 나아지지 못했습니다. 우리는 그들에게서 하나님께 감사하는 모습을 찾아볼 수 없습니다. 오히려 하나님을 더 두려워하고 무서워하며, 더 이기적이고 자기 중심적인 삶을 사는 것을 보게 됩니다. 멸망에서 건짐을 받았다면 옆에 있는 사람에게 무언가 조금이라도 유익이 되고 도움이 되어야 하지 않겠습니까? 약혼한 사람을 소돔에서 잃고 자기들도 겨우 목숨을 건져서 살았다면 결혼 문제 같은 것은 극복할 수도 있지 않겠습니까? 그런데 그들은 전혀 극복하지 못하고 오히려 너무나도 비인륜적인 방법으로 자기들의 욕심을 채우고 있습니다. 아마 딸을 가진 아버지라면 딸과 함께 이 본문을 읽을 자신이 없을 것입니다.

모세의 의도

그러나 이렇게 끔찍한 역사를 모세가 기록한 데에는 반드시 이유가 있습니다. 그것이 무엇입니까? 지금 이스라엘 백성들은 애굽에서 이제 막 탈출하여 목적지를 향해 가고 있습니다. 그런데 그들보다 신앙이 훨씬 못한 모압과 암몬 족속들은 이미 정착해서 잘먹고 잘살고 있습니다. 아마도 모세는 '너희가 노예생활에서 해방된 지 얼마 되지 않았고 아직 가진 것도 없지만, 이 모압과 암몬 족속에 비해 훨씬 더 존귀한 자라는 것을 깨달으라' 는 의미에서 이 말씀을 기록한 것으로 생각됩니다. 그러나 이보다 더 중요한 의미가 있습니다. 그것은 이스라엘 백성도 만약 이 구원의 의미를 깨닫지 못하고 자기 문제에 빠져 버린다면 롯이나 그 두 딸과 마찬가지로 차라리 멸망당하느니만 못한, 아주 비인간적인 결과를 맞이하리라는 것을 경고하는 것입니다. 즉 구원받는 것도 중요하지만 구원받고 난 후에 어떻게 사느냐가 더 중요하다는 것을 모세는 우리에게 보여 주고자 합니다.

사실 모세의 우려는 정확하게 실현되고 말았습니다. 가나안 땅에 들어간 이스라엘 백성들은 롯이나 그의 딸들보다 결코 나을 것이 없는 삶을 살게 되었습니다. 물론 애굽에서 노예생활 하던 공포 때문에 매일 악몽에 시달리면서 산 것은 아니었지만, 더욱더 자기 문제에 빠져들었고 더 이기적이 되었으며 더 부도덕한 욕망에 사로잡혀 추잡하고 더러운 삶을 살았습니다. 그 결과가 무엇입니까? 이스라엘 백성 전체가 가나안 땅에서 쫓겨나서 다시 노예가 되는 것이었습니다.

문제는 구원 이후의 삶

우리가 어떤 큰 재앙에서 구사일생으로 살아났다면 그 때부터 우리 목숨은 우리 것이 아닙니다. 원래 목숨은 그 때 이미 잃은 것이고, 이제부터 내 목숨은 모든 사람의 것이라고 생각해야 합니다. 그래서 자신의 문제는 뒤로 접어 두고 좀더 넓은 눈을 가지고 다른 사람들을 위하여 무언가 노력해야 합니다. 롯이나 그의 딸들이 이렇게 살았다면 그들의 남은 삶은 참으로 아름다울 수 있었을 것입니다.

하나님께서 우리에게 바라시는 것이 바로 이것입니다. 우리는 이미 영원한 멸망에서 구원을 받은 사람들입니다. 그렇다면 그렇게 구원받은 사람답게 사는 삶이 있습니다. 예수 믿고 난 후에도 예수 믿는 의미를 깨닫지 못하고 더 이기적이고 추잡하고 옹졸하게 살 때 그 결과가 결코 아름답지 못하다는 것을 오늘 말씀은 우리에게 이야기해 주고 있습니다. 구원받은 우리에게는 다른 사람들을 위해서 무언가 해 주어야 할 빚이 있고 책임이 있다는 것을 깨닫지 못할 때, 우리는 예수를 믿음으로써 오히려 더 비참한 결과를 맞을 수밖에 없습니다.

1. 소알을 떠난 롯의 식구들

소돔과 고모라가 멸망한 후 롯은 소알이라는 곳에서 임시로 살았습니다. 그러나 그는 불안 때문에 거기에서 오래 살지 못하고 산으로 올라가 굴에서 생활하기 시작했습니다.

롯이 소알에 거하기를 두려워하여 두 딸과 함께

소알에서 나와 산으로 올라 거하되
두 딸과 함께 굴에 거하였더니(19:30).

소알이라는 곳이 어떤 곳입니까? 소알은 소돔이나 고모라와 마찬가지로 하나님께서 멸망시키기로 작정하신 곳이었습니다. 소알은 작은 곳이었지만 죄짓는 일에서는 소돔이나 고모라에 결코 뒤지지 않았습니다. 그러나 하나님께서는 순전히 롯 때문에 소알을 살려 두셨습니다. 원래 하나님께서는 산까지를 멸망의 경계로 정해서, 평지는 모두 유황불로 뒤집어 엎어 버리실 계획이었습니다. 그러나 롯은 도저히 산까지 갈 수 없으니 이 작은 성에 피하게 해 달라고 기도했고, 그 기도를 들으신 하나님은 원래의 심판 계획을 수정해서 소알을 빼 주셨습니다. 아브라함의 기도와 롯의 간청 때문에 소알을 심판에서 완전히 제외시켜 주신 것입니다.

롯의 이기심

그러나 롯은 소알에서 살 자신이 없었습니다. 소알 사람들이 하는 짓을 보니까 소돔 사람들과 똑같았어요. 얼마 가지 않아서 이 소알도 유황불로 멸망할 것 같았습니다. 그래서 결국 소알을 버리고 아무도 없는 산에 가서 수도사처럼 살기로 했습니다. 여기서 우리가 볼 수 있는 것이 무엇입니까? 롯이라는 인간은 철저하게 이기적이고 개인적인 사람이라는 것입니다. 이 엄청난 멸망에서 구원을 받았으면 무언가 생각하는 것이 있어야 하고 느끼는 것이 있어야 하고 달라지는 것이 있어야 하는데, 롯은 언제나 자기 혼자 살아남는 일만 생각했습니다.

롯은 소돔 사람들이 어떻게 살았는지 경험했고 또 그들이 어떻게 망했는지 두 눈으로 똑똑히 본 사람입니다. 다시 말해서 그는 이 소알 사람들에게 무언가 아주 중요한 것을 말해 줄 수 있는 사람인 것입니다. 소알 사람들에게도 소돔의 멸망은 엄청난 충격이었습니다. 그런데 그 성 안에서 이루어진 일들을 가장 소상하게 알고 있는 생존자가 있는 것입니다. 롯이 구원받은 자신의 목숨을 자기 것으로 생각하지 않고 소알 사람들을 위해 소돔에서 일어난 일들을 증거했다면 소알에서는 아주 큰 회개의 운동이 일어났을 것입니다. 롯이 소돔에서 먹고 살기 위해 기울인 노력의 반만 여기에 썼어도 소알 사람들은 회개하고 나왔을 거예요.

멸망에서 살아나온 사람의 말은 강력한 호소력을 가지는 법입니다. 불타는 호텔에서 간신히 살아나온 사람이 있다면 모두 카메라를 집중시켜 놓고 그 사람이 하는 말에 귀를 기울이지 않겠습니까? 요나 선지자를 보십시오. 그는 하나님의 명령을 거역하여 바다 밑바닥까지 내려갔던 사람입니다. 그는 하나님의 진노를 경험한 사람이고, 하나님의 심판을 맛본 사람입니다. 그런 그가 물고기 뱃속에서 살아 나와서 니느웨 사람들에게 전도하자, 모두 하나님 앞에 무릎꿇고 회개했습니다.

'나부터 살고 보자'

하나님께서 롯을 멸망 가운데서 살리신 이유가 무엇입니까? 롯을 통해 아직 멸망당하지 않은 소알 사람들로 하여금 자기 죄를 깨닫게 하고 하나님 앞에 회개하게 하기 위해서입니다. 자기가 경험한 것에 살을 붙일 필요가 없습니다. 미화시킬 필요도 없습니다. 그저 보고 느낀 대로 전하기만 했어도 소알에서는 진정한 회개 운동이 일어났을 것입니다. 그러나 롯은 혼자 살고 싶어했습니다. 자기가 보기에 소알이 너무나 불안하고 얼마 있지 않으면 꼭 망할 것 같으니까 혼자 안전한 길을 택해서 원래 천사가 말했던 대로 산으로 도망쳐 버린 것입니다.

지금은 도망칠 때가 아니다

우리는 롯의 선택을 보고서 참으로 안타까운 마음을 금할 수가 없습니다. 롯이 언제 소알을 버려야 합니까? 하나님이 버리실 때입니다. 하나님께서 "롯아, 이제는 소알도 안 되겠다. 이 곳을 포기하고 다른 곳으로 가자"고 하실 때 떠나도 늦지 않습니다. 그러나 그 때까지는 소알을 버려서는 안 됩니다. 하나님께서 아직 포기하지 않으셨는데 왜 자기 혼자 안 된다고 단정짓습니까? 하나님께서 아직 버리지 않으셨는데 왜 자기 혼자 포기하고 다른 곳으로 도망칩니까?

정죄하고 포기하고 버리기는 쉽습니다. 버리는 건 누구든지 할 수 있어요. 그러나 하나님께서 원하시는 것은 이렇게 모든 것을 정죄하고 포기하고 버리는 것이 아닙니다. 하나님께서는 도저히 회복이 불가능할 것 같은 그 상황 속에 파고들어서 그들을 바꾸고 회복시키기를 원하십니다. 혼자 살려고 도망치는 것은 언제든지 할 수 있는 일입니다. 중요한 것은 최후의 순간까지 회복될 가능성을 바라보면서 참고 인내하는 것입니다.

그러면 언제 포기하고 떠나야 합니까? 신실한 공동체를 만들 수 없을 정도로 악이 구조화되었을 때, 멸망의 가증한 것이 서지 못할 곳에 섰을 때입니다. 그 때가 오면 하나님께서 반드시 우리에게 말씀해 주실 것입니다. 그러나 그 정도가 아니라면 그렇게 쉽게 포기할 성질의 것이 아닙니다. 그 최후의 순간이 오기 전까지는 버텨야 합니다. 오늘날 그리스도인들은 너무 쉽게 포기합니다. 너무 쉽게 자기의 직업을 포기하고, 너무 쉽게 자기의 삶을 포기하며, 너무 쉽게 "안 된다"고 말하면서 모든 것을 버립니다. 한때 우리 나라의 돈 있는 사람들이 너도나도 재산을 챙겨서 미국으로 이민 간 적이 있습니다. 특히 월남이 패

망했을 때에는 전부 도망쳐 버렸습니다. 아마 다른 사람들도 할 수만 있다면 안전한 곳으로 가고 싶었을 것입니다. 그러나 미국이라고 해서 안전한 것은 결코 아닙니다. 전쟁은 없을지 몰라도 눈에 보이지 않는 죄와의 전쟁이 우리보다 더 치열한 곳입니다.

이처럼 때때로 우리도 이 세상에서 도망치고 싶습니다. 나 혼자 살기 위해 다른 곳으로 가고 싶습니다. 그러나 이것은 롯의 이기심입니다. 구원받은 사람은 마지막 심판 나팔이 불 때까지 싸워야 합니다.

2. 롯의 딸들이 떨치지 못한 것

소알은 떠날 수 있어도

롯은 소알을 떠나서 산 속 굴에서 살았습니다. 굴을 직접 파서 만들었는지, 아니면 자연 상태로 있는 것을 이용했는지는 모르겠습니다. 그들은 아마도 필요한 식물을 직접 재배하면서 원시인처럼 살았던 것 같습니다. 그들은 소알 사람들과 멀리 떨어져 있으면 죄를 짓지 않을 줄 알았습니다. 그러나 그것이 바로 문제였습니다. 몸은 소돔을 떠날 수 있었을지 몰라도 그들의 마음속에 있는 소돔과 고모라는 없앨 수가 없었습니다. 31절과 32절을 보십시오.

> 큰딸이 작은딸에게 이르되
> "우리 아버지는 늙으셨고 이 땅에는 세상의 도리를 좇아
> 우리의 배필 될 사람이 없으니 우리가 우리 아버지에게
> 술을 마시우고 동침하여 우리 아버지로 말미암아 인종을

전하자" 하고

겉으로 보기에는 순전히 후손을 전하기 위하여 이 악한 일을 생각한 것 같습니다. 그러나 그것은 문화적인 표현방식에 불과합니다. 아버지를 따라서 이 외딴 곳으로 오기는 했지만 딸들의 마음속에는 여전히 소돔의 추악한 성욕이 남아 있었습니다. 소알 사람들이 죄짓는 것을 보고 도망쳐 산으로 오긴 했지만, 마음속에 있는 그 음란한 생각은 떨쳐 버릴 수가 없었습니다. 두 딸이 롯을 따라 여기까지 온 것을 보면 멸망이 두렵기는 했던 것 같습니다. 그러나 그들은 이 곳에서 아주 중요한 것을 찾을 수 없었습니다. 그것은 자기들의 욕구를 채워 줄 수 있는 남자였습니다.

그래서 어떻게 했습니까? 아버지를 남자로 생각하기로 했습니다. 맨 정신으로는 그렇게 할 수가 없으니까 아버지에게 실컷 술을 퍼먹인 다음, 아버지를 남자로 만들어 버렸습니다. 이 작은 수도원은 졸지에 다시 소돔으로 변하고 말았습니다. '소돔 수도원'이 되고 만 것입니다. 사람들은 단순히 이 세상을 떠나기만 하면 죄를 짓지 않을 것처럼 생각하지만, 이 죄는 우리의 피 속에 흐르고 있기 때문에 그런 방식으로는 없어지지 않습니다. 롯의 두 딸들의 생각 속에 소돔은 여전히 살아 있었습니다.

죄는 떠날 수 없다

우리는 이 세상에 살면서 정말 죄짓지 않는 때가 한시도 없는 것처럼 느낄 때가 많습니다. 사람들이 말하는 것이나 생각하는 것이나 행동하는 것을 볼 때, 또 거리의 포스터나 잡지나 신문 광고 같은 것들을 볼 때, 마치 믿음이 질식당하는 것 같고 도저히 여기에서 살고 싶지가 않습니다. 어딘가 멀리 있는 수도원 같은 데 들어가 농사나 지으며 하루 종일 말씀 묵상하고 기도하면서 살아야 할 것 같습니다. 사실 우리는 이 세상에서 한 순간도 자유로울 수가 없습니다. 시간만 나면 텔레비전을 켜야 합니다. 의식적으로 켜는 게 아닙니다. 완전히 조건반사에요. 그렇지 않으면 신문을 구석구석 이 잡듯이 읽어야 합니다. 또 어쩌다가 혼자 명상에 잠기려고 하면 삐삐나 핸드폰이 울려 댑니다.

그래서 신앙을 가진 사람들 가운데에는 은근히 수도원 생활을 동경하는 이들이 있습니다. 물론 현대의 복잡한 문명과 단절되어 조용한 곳에서 진지하게 자신의 모습을 생각해 보는 시간은 절대적으로 필요합니다. 그러나 단지 이 세상을 피하는 것만으로는 거룩해질 수 없습니다. 소돔은 거기까지도 우리를 따라옵니다. 아무리 동굴에 가서 살아도 피할 수가 없어요. 마치 망령처럼 벌거벗은 채 머리를 풀고 밤마다 같이 살자고 덤벼들 것입니다.

유일한 피난처

롯이 살 수 있는 길은 말씀이 있는 곳을 찾아가는 것입니다. 아브라함에게는 말씀이 있었습니다. 그가 말씀이 있는 곳에서 함께 신앙의 공동체를 이루었더라면 이런 동굴 생활을 하지 않아도 타락을 면할 수 있었을 것입니다. 단순히 기독교적인 직장에 다닌다고 해서 거룩해지는 것이 아닙니다. 더럽고 음란한 생각은 속에 그대로 있습니다. 이 세상을 이기는 유일한 방법은 말씀이 있는 신앙 공동체에서 계속 말씀을 듣는 것입니다. 말씀이 우리에게 계속 비추어져야 합니다. 그렇지 않으면 이 어둡고 허망한 생각들이 우리를 떠나지 않습니다. 사람들에게 가장 중요한 것은 말씀의 공급입니다. 하루라도 태양이 떠오르지 않으면 살 수 없는 것처럼 단 하루라도 하나님의 말씀이 비추어지지 않으면 우리는 이 소돔의 음란한 방식을 떨쳐 버릴 수가 없습니다.

롯이 왜 아브라함을 찾아가지 않았을까요? 모르겠습니다. 아마 그의 자존심 때문이었을 것입니다. 재산을 다 잃은 상태에서 아브라함을 찾아가면 "거봐라, 내가 뭐라고 했어!" 하는 소리를 듣게 될까 싶어서 이렇게 두 딸과 함께 동굴 속에서 살면서도 아브라함을 찾아가지 않았을 것입니다. 그것이 아니라면 아브라함을 찾아가지 않을 이유가 없습니다. 아브라함은 가나안 땅에 있는 유일한 혈육이었기 때문입니다. 더구나 아브라함에게는 하나님의 말씀이 있었습니다.

그러나 롯은 자기가 아브라함보다 더 똑똑하다고 생각했습니다. 그래서 한때 아브라함을 정죄하고 떠났습니다. 그런데 이제 와서 돌아가면 자기가 틀린 게 되지 않습니까? 그러니까 자존심 때문에 돌아가지 않았습니다. 그렇게 산 속에서 이상하게 살면서도 안 돌아갔어요. '내가 졌다. 당신이 나보다 낫다'는 것을 인정하기가 싫어서 깊은 산 속에 혼자 사는 한이 있더라도 하나님의 은혜를 구걸하지는 않기로 한 것입니다.

은혜를 구걸하라

이 세상에서 가장 어리석은 사람이 어떤 사람들입니까? 하나님의 은혜를 구걸하는 것이 부끄러운 짓이라고 생각하는 자들입니다. 하나님께서 이 세상에서 제일 사랑하시는 사람들은 하나님의 은혜를 구걸하는 거지들입니다. 자신은 도저히 하나님의 은혜를 받을 자격이 없지만 하나님께서 은혜의 부스러기만이라도 주시기를 바라며, 모든 자존심을 버리고 하나님의 은혜를 구걸하는 이 거지들보다 더 사랑하시는 사람이 없습니다. 하나님은 이 거지들의 하나님이 되는 것을 부끄러워하시지 않습니다. 그는 거지들의 하나님이십니다.

우리는 원래 이방인이었습니다. 이스라엘 백성들에 비하면 은혜의 이방인이요 하나님의 은혜를 구걸할 수밖에 없는 거지들이었습니다. 그러나 하나님께서는 우리를 복 주셔서 하나님의 아들로 삼으셨고 성령을 주셨습니다. 어떤 이방 여자가 예수님을 찾아와서 귀신들린 딸을 고쳐 달라고 했을 때 예수님은 "자녀의 떡을 취하여 개에게 주지 않는다"고 하면서 거절하셨습니다. 그 때 이 여자가 어떻게 했습니까? "그 말씀이 옳습니다. 그러나 주여, 개들도 주인의 상에서 떨어지는 부스러기는 먹습니다. 거지가 못 되어도 좋습니다. 개라도 좋습니다. 하지만 개들도 부스러기는 얻어먹지 않습니까?" 그 때 주님이 그 여자를 굉장히 사랑하셔서 "네 믿음대로 되라"고 하면서 축복하셨습니다.

여러분, 하나님의 은혜는 구걸하는 것입니다. 은혜를 구걸하는 것은 못난 짓이 아닙니다. 이것은 참으로 겸손한 것이고 아름다운 것입니다. 하나님께서는 그런 자를 외면하시는 법이 없습니다. 겸손한 자세로 나아와서 "나는 거지오니 나에게 은혜를 내려 주십시오" 하는 자를 문전에서 쫓아내시는 법이 없습니다. 하나님께서는 그들을 가장 높은 곳에 앉히셔서 모든 더러운 옷을 벗기고 새 옷을 입히시며 새 가락지를 끼워 주실 것입니다.

롯이 놓친 것

롯이 아브라함을 찾아갔더라면 얼마나 좋았겠습니까? 그랬더라면 참으로 놀라운 영광과 풍성한 삶을 얻을 수 있었을 것입니다. 롯은 소돔의 멸망에서 구원받은 영웅이 아닙니까? 그러니 얼마나 놀라운 감격을 함께 나눌 수 있었겠습니까? 아무도 롯을 무시하지 않았을 것입니다. 그러나 롯은 자신의 문제를 영적으로 보지 못했습니다. 이 구원이 얼마나 엄청난 것이며 귀한 것인지 생각하지 않았습니다. 그 대신 그는 자기 자신에게 철저하고자 했습니다. 한번 아브라함을 떠났으면 끝까지 만나지 않는 것이 정직한 행동이라고 생각했습니다. 구원을 잘 간직하기가 구원받는 것 이상으로 어려운 일이라는 것과, 구원받은 이후의 삶이 참으로 중요하다는 것을 생각하지 않았습니다.

3. 구원 이후의 삶

아브라함과 롯은 두 사람 모두 멸망에서 구원을 받은 자들입니다. 물론 아브라함의 경우 소돔의 멸망에서 직접 구원받은 것은 아니지만 그런 멸망에서 구원받은 것이나 다름없습니다. 왜냐하면 말씀으로 이미 모두 경험했기 때문입니다. 하나님은 미리 아브라함을 찾아오셔서 소돔이 망할 것을 알려 주셨고, 그 다음 날 그는 소돔 들판에서 마치 옹기점의 연기처럼 엄청난 연기가 솟아오르는 것을 보았습니다.

우리도 무서운 멸망에서 구원받은 사람들입니다. 불타는 집에서 구출되거나 무너진 다리에서 구사일생으로 살아난 것은 아니지만, 최후에 인간들이 어떻게 멸망당할 것이며 우리가 어떻게 그 멸망 가운데서 구원받을 것인지 말씀으로 이미 체험했기 때문입니다. 이것은 눈에 보이는 소돔과 고모라에서 건짐을 받은 것보다 더 큰 일이고, 무너진 백화점에서 구사일생으로 살아난 것보다 더 큰 일입니다. 우리는 영원한 멸망에서 영원한 생명으로 옮겨졌다는 것을 말씀으로 이미 확인하고 들은 자들입니다. 이제 중요한 것은 어떻게 하면 이 구원을 더 잘 누리면서 더 아름답고 풍성한 삶을 살 수 있느냐 하는 것입니다.

이 큰 구원!

구원받은 사람은 모여야 한다

우선 중요한 것은 구원받은 자들끼리 모이는 것입니다. 함께 구원받은 사람이 있다는 사실이 얼마나 든든하며 힘이 되는지 모릅니다. 큰 사고에서 구출된 사람은 두 가지 반응을 나타냅니다. 어떤 사람은 사고 현장의 끔찍한 기억 때문에 계속 악몽에 시달립니다. 옆에 있는 사람들이 피 흘리면서 죽는 모습, 부러진 다리, 아우성치는 소리들, 불타는 냄새들을 생각하면서 계속 악몽에 시달립니다. 또 어떤 사람은 자기 한 사람을 살리기 위하여 얼마나 많은 사람이 수고했고 얼마나 많은 소방대가 출동했으며 얼마나 많은 자원봉사자들이 애를 태우면서 노력했는지를 생각합니다.

악몽을 없애려면 무엇보다 살아남은 사람들끼리 모여야 합니다. 살아남은 자들끼리 모이면 주관적인 느낌과 감정에서 벗어나 자신이 살아 있다는 것 자체가 얼마나 감사한 일인지 깨달을 수 있습니다. 구원받은 사람들끼리 모이면 옷이나 재산 같은 것은 아무 소용이 없어요. 그냥 살아난 것만 감사하고 귀하지요. 이렇게 살아남은 사람들이 두셋만 모이면 "야! 우리가 정말 살았구나! 우리 이제 한 시간이라도 허비하지 말자. 정말 무언가 남을 위해 살자"고 합니다. 그렇게 하면서 참으로 감사하는 마음과 기쁨과 앞으로의 삶에 대한 희망적인 생각으로 멸망의 끔찍한 기억을 극복할 수 있게 되는 것입니다.

사람이 얼마나 주관적인지 모릅니다. 큰 구원을 받고 나서도 자기의 주관적인 생각에 빠지면 부정적인 측면들이 계속 머리 속에 떠오르면서 점점 더 부정적이 될 수 있습니다. 롯에게 가장 끔찍한 악몽이 무엇이겠습니까? 아내가 소금기둥으로 변한 일입니다. 그래서 길을 가다가 흰 전봇대만 봐도 "으악! 소금기둥이다!" 하고, 음식에서 조금 짠맛만 나도 "으악! 소금기둥이야!" 하면서 소스라치게 놀랍니다. 그러나 함께 구원받은 자들끼리 모여서 이야기를 해 보면 자기 아내라고 하더라도 욕심을 버리지 못한 것은 잘못이며, 최후의 순간까지 하나님의 말씀을 무시하고 업신여긴 것은 죄라는 사실을 인정하게 됩니다. 그래서 죽은 사람은 죽은 사람이고 산 사람은 산 사람끼리 더 보람되게 살자는 생각이 들게 되지요. 그런데 그렇게 하지 않고 자꾸 혼자 자기 생각에 빠지면 계속 흰 소금기둥이 나타나는 악몽에 시달리고 경기를 일으키고 가위에 눌리면서 점점 건강이 나빠지는 것입니다.

교회, 구원받은 이들의 모임

요즘 교회가 진짜 배불러지고 있습니다. 내 영혼이 구원받은 것이 얼마나 중요한 일인지는 잊어버린 채, 서로 돈을 얼마나 벌며 직장을 어디 다니는지에만 관심을 갖습니다. 그렇게 배부른 소리 하면 안 됩니다. 구원받은 사람끼리 모여서 이 구원의 기쁨을 나누고 감격해하면서 "우리 조금이라도 허망한 생각은 하지 말자. 다시 힘을 내서 이 구원에 걸맞는 삶을 살자"고 격려하며 축복해야 옳습니다. 구원이 무엇인지도 모르고 교회에 오니까 찬 밥 더운 밥 따지는 것입니다. 정말 구원받은 사람끼리 모여야 합니다. 그래서 우리가 과거에 얼마나 무서운 죄에 빠졌으며 얼마나 큰 구원을 받았는지 나누어야 합니다. 그렇지 않으면 자꾸 부정적이 됩니다.

여러분, 구원받은 후의 삶은 더 이상 나 개인의 삶이 아니라는 것을 인정해야 합니다. 롯의 인생은 소돔에서 이미 끝났습니다. 하나님께서 천사를 보내서 강제로 끄집어 내지 않으셨다면 그는 거기에서 함께 멸망했을 것입니다. 그러므로 롯은 더 이상 욕심을 낼 필요가 없습니다. 이제 그의 삶은 이미 자신의 삶이 아니기 때문입니다.

이제 '내 삶'은 없다

구원받은 사람은 멸망한 사람들에게 좀 미안한 마음을 가져야 합니다. '나도 저 사람들과 똑같은 사람인데 어떻게 나만 살아남게 되었을까? 이제 나의 삶은 나의 것이 아니고 다른 사람의 것이구나' 라고 생각해야 합니다. 롯이 이렇게 생각해서 더 이상 먹고 입는 문제에 매이지 않고 어떻게 해서든지 남을 위해 헌신하고 봉사하는 삶을 살았더라면 얼마나 아름다웠겠습니까? 소돔이 동성연애자들로 망했으니 그 후로 동성연애자들을 구원하기 위한 일에 헌신한다든지, 아니면 다른 유익한 일을 위해 헌신했더라면 그는 참으로 아름다운 제2의 인생을 살 수 있었을 것입니다. 롯의 두 딸들도 마찬가지입니다. 이미 약혼자들이 소돔에서 죽었으니 더 이상 결혼 문제에 매이지 말고 자손이 없으면 없는 채로 죽겠다는 생각으로 남을 위해 유익한 삶을 살았더라면 얼마나 아름다웠겠습니까?

그런데 지금 우리의 기억에 남아 있는 롯과 그 두 딸의 모습은 어떻습니까? 하나님의 큰 은혜를 받았으면서도 그에 값하지 못하고 더 이기적이고 비참한 삶을 산 사람들의 모습으로 남아 있습니다. 그들은 자기들이 얼마나 큰 은혜로 구원을 받았는지, 또 이렇게 구원받고 난 후에 어떻게 살아야 하는지를 생각하지 않았습니다. 오히려 생각이 더 허망해져서 더 자기 목숨을 생각하고 더 자기 욕구를 채우려고 했기 때문에 영원히 기억하고 싶지 않은 사람들로 남게 된 것입니다.

이 세상을 멀리한다고 해서 무조건 거룩해지는 것이 아닙니다. 다른 사람을 정죄한다고 해서 무조건 거룩해지는 것이 아닙니다. 그리스도인의 교제를 회복해야 합니다. 우리의 의식 속에는 소돔과 고모라가 그대로 남아 있습니다. 계속 말씀이 비추어지지 않으면 나도 한순간에 허망해지고 집단도 한순간에 허망해집니다. 집단이 허망해지는 데는 0.01초도 안 걸려요. 집단은 한순간에 변질될 수 있습니다.

소돔의 바이러스를 죽여라

요즘 얼마나 많은 남자들이 딸 같은 나이의 여자들과 놀아나고 있습니까? 차마 눈 뜨고 볼 수 없을 정도입니다. 남자들이 딸도 몇째 딸은 될 것 같은 여자들과 놀아나고 젊은 여자들도 돈만 준다면 자기 아버지 같은 자들과 놀아나고 있는 이 곳이 소돔과 고모라가 아니면 무엇입니까? 사람의 눈이 무서워 겉으로 드러내지 못해서 그렇지, 들추어내기만 하면 정말 끔찍한 세상에 우리는 살고 있습니다. 우리 속에 소돔의 바이러스가 들어와 있습니다. 나 혼자 거룩하다고 거룩해지는 게 아니에요. 우리는 지금 굉장히 이상하게 살고 있습니다. 이 바이러스를 죽이는 것은 하나님의 말씀밖에 없습니다.

오늘 우리들이 해야 할 일은 부끄러움을 무릅쓰고 하나님의 은혜를 구걸하는 것입니다. 우리는 영원히 거지가 되어 겸손하게 하나님의 은혜를 구걸해야 합니다. 그러면 문을 여는 그 집에 나를 위한 놀라운 만찬이 준비되어 있다는 것을 알게 될 것이며, 주님께서 나에게 가장 높은 곳에 앉으라고 하시는 말씀을 들을 것입니다.

우리는 롯처럼 멸망을 직접 경험하지는 않았지만 아브라함을 통해서 말씀으로 이미 이 세상의 마지막을 경험한 사람들입니다. 그러므로 내 목숨을 더 이상 내 것으로 생각하면 안 됩니다. 내 목숨은 다른 사람의 것입니다. 그러므로 더 이상 작은 것에 매이지 마십시오. 롯의 두 딸처럼 남자를 너무나도 원한 나머지 소돔 사람들보다 더 무서운 죄를 지으면 안 됩니다. 남자들도 마치 장가를 가지 못해서 정신이 나간 사람처럼 이 놀라운 구원의 감격을 잃고 성경적이지 않은 방법으로 원하는 것을 이루려고 하면 안 됩니다. 그러면 아무리 구원은 받았더라도 더 꼴보기 싫은 사람이 되어 버립니다. 롯의 두 딸이 아브라함이 목회하는 교회에 있었더라면 하늘의 별을 헤아리면서 기다리는 믿음을 볼 수 있었을 것입니다. 그런데 밤하늘의 별은 보지 못한 채 아버지에게서 남성을 발견하고 죄를 짓는 이 두 딸의 모습은 마치 소돔을 그대로 옮겨 놓은 것과 다름없어 보입니다.

오늘 이 말씀이 우리에게 이야기하고 있는 것이 무엇입니까? 구원받고 예수 믿는 것 이상으로 중요한 것이 구원받은 후에 어떻게 사느냐 하는 것이라는 사실입니다. 우리는 너무나도 허망한 삶을 살고 있습니다. 마치 구원을 경험하지 않은 사람처럼 더 이기적으로 하나님이 나만 복 주셔야 한다고 생각하고, 할 수만 있으면 나만 도망치고 빠져나오려고 합니다. 이렇게 롯처럼 이기적인 생각을 가지고 사는 인생의 마지막은 정말 눈 뜨고 볼 수 없을 정도로 비참해질 것입니다.

우리 다시 거지의 심정으로 돌아가서 겸손한 마음으로 하나님의 은혜를 구걸합시다. 그러면 하나님께서 가장 훌륭한 만찬으로 우리를 먹여 주실 것입니다. 이제 우리의 문제를 좀 극복합시다. 먹고 사는 문제나 결혼하는 문제나 자식 키우는 문제를 극복합시다. 내가 얼마나 존귀한 자인지, 내가 어떻게 살아야 하는지를 생각하면서 이 세상에 부담과 책임을 느낍시다. 이 세상 사람들을 불쌍히 여기면서 '내가 한 번 죽지 두 번 죽나' 하는 심정으로 끝까지 이 세상을 포기하지 않고 안타까운 마음을 가질 때, 하나님의 구원이 이 세상에 이루어질 줄 믿습니다.

6 아브라함의 콤플렉스

아브라함이 거기서 남방으로 이사하여
가데스와 술 사이 그랄에 우거하며
그 아내 사라를 자기 누이라 하였으므로
그랄 왕 아비멜렉이 보내어 사라를 취하였더니
그 밤에 하나님이 아비멜렉에게 현몽하시고
그에게 이르시되
"네가 취한 이 여인을 인하여 네가 죽으리니
그가 남의 아내임이니라."
아비멜렉이 그 여인을 가까이 아니한 고로
그가 대답하되
"주여, 주께서 의로운 백성도 멸하시나이까? 그가
나더러 '이는 내 누이라'고 하지 아니하였나이까?
그 여인도 '그는 내 오라비라' 하였사오니 나는
온전한 마음과 깨끗한 손으로 이렇게 하였나이다."
하나님이 꿈에 또 그에게 이르시되
"네가 온전한 마음으로 이렇게 한 줄을 나도
알았으므로 너를 막아 내게 범죄하지 않게
하였나니 여인에게 가까이 못하게 함이 이
까닭이니라. 이제 그 사람의 아내를 돌려보내라.
그는 선지자라. 그가 너를 위하여 기도하리니 네가
살려니와, 네가 돌려보내지 않으면 너와 네게 속한
자가 다 정녕 죽을 줄 알지니라."

창 20:1-7

사람마다 그 기질에 특별히 강한 부분이 있는가 하면 특별히 약한 부분이 있습니다. 그런데 누구든지 이 약한 부분이 일단 노출되기만 하면 동일한 문제 때문에 몇 번씩 넘어지는 것을 볼 수 있습니다. 술에 약한 사람은 술 때문에 몇 번씩 실수를 하면서도 결국 술 때문에 또 넘어집니다. 다시는 술을 마시나 보라고 맹세까지 해 놓고서도 여지없이 술 때문에 또 실수하고 마는 것입니다. 또 돈에 약한 사람은 돈 문제만 나오면 자기도 모르는 사이에 호흡이 격해지고 혈압이 오르며 맥박이 빨라지면서 이성을 잃습니다. 그리고 여자 문제로 한 번 실패한 사람은 그 다음에도 여자 문제로 실패할 가능성이 아주 많습니다. 이것은 그에게 문제가 되는 가장 약한 부분이기 때문입니다. 놀랍게도 우리 믿음의 조상 아브라함의 신앙에도 아주 치명적으로 약한 부분이 있었습니다. 그것은 아내 사라에 대한 콤플렉스였습니다. 이것을 저는 '사라 콤플렉스'라고 부르고 있습니다.

남편이 아내에게 심한 콤플렉스를 가지는 경우는 대개 남편이 열등감을 가지고 결혼했을 때입니다. 자신이 아내보다 많이 모자란다는 생각을 가지고 결혼했을 때 '이 여자는 나에게 만족하지 못할 거야. 혹시 멋있게 생긴 사람이 나타나면 언젠가는 나를 버리고 도망칠 거야' 하는 의심을 품게 되고, 늘 불안한 마음으로 살게 됩니다. 소위 우리가 '의처증'이라고 부르는 증세지요. 물론 아내가 남편에게 이런 콤플렉스를 가질 수도 있습니다. '남편에 비하면 난 말할 수 없이 모자라. 언젠가 멋있는 여자가 나타나면 남편은 나를 버리고 도망갈지 몰라. 늘 삐삐를 쳐 놓고 확인해야 돼.' 병이라고까지 할 수는 없겠지만 이 증상이 심각해지면 그리 좋지 않습니다.

사라 콤플렉스

제가 보기에 아브라함의 신앙은 다른 부분에서는 부족한 점이 없었습니다. 그러나 이 믿음의 조상도 자기 아내 사라에 대해서만큼은 자유롭지 못한 행동을 보이고 있습니다. 성경은 아브라함과 사라의 결혼에 대하여 자세한 언급을 하고 있지 않습니다. 우리가 알고 있는 것은 단지 사라가 아브라함의 이복 동생으로서 그의 아내가 되었으며, 굉장히 아름다운 여자였다는 것뿐입니다. 이복동생과 결혼하는 근친 상간을 율법은 허용하지 않지만, 고대에는 순수한 혈통을 유지하기 위해 예외적으로 이런 결혼을 허용했습니다. 그러나 그렇다고 하더라도 사라에 대한 아브라함의 태도에는 무언가 좀 지나친 면이 없지 않습니다. 친한 사람들 사이에 있을 때는 괜찮은데, 모르는 사람들 사이에 들어가기만 하면 누군가 자신을 죽이고 사라를 차지하리라는 일종의 강박 관념을 그는 가지고 있었습니다.

처음에 애굽에서 사라에게 자신을 오빠라고 부르게 할 때만 해도 우리는 그 당시 아내 강탈의 관습 때문에 어쩔 수 없이 그렇게 했으려니 생각했습니다. 그러나 아브라함은 그랄 땅에 가서도 똑같은 일을 반복하고 있습니다. 이것은 사라에 대한 아브라함의 반응에 무언가 좀 지나친 점이 있다는 느낌을 주면서, 일종의 아내 콤플렉스를 가진 것이 아닌가 의심하게 만듭니다. 마치 일종의 공식 같습니다. '새로운 곳으로 이동하면 누군가 자기를 죽이고 사라를 차지할 것이라는 강박 관념에 시달린다—사라에게 자기를 오빠라고 불러 달라고 요구한다—굉장히 친밀한 사이로 보이는데도 오빠, 누이로 대하는 이 관계가 주위 사람들의 관심을 자극하여 결국 다른 사람이 사라를 데려간다—하나님께서 이 문제에 개입하셔서 사라를 도로 찾아오신다.'

결점이 있는 영웅들

우리가 성경이나 교회사의 위대한 신앙의 인물들을 보면서 위로받는 부분들이 있습니다. 이 신앙의 인물들도 우리 이상으로 아주 약한 부분들을 많이 가지고 있기 때문입니다. 하나님 앞에서 놀랍게 사용된 이 신앙의 영웅들은 결점 하나 없는 완벽한 사람들이 결코 아닙니다. 신경쇠약 증세에 시달린 나머지 정상적인 사람인지 정신병자인지 구분이 되지 않는 사람도 있고, 결혼생활이 너무나도 불행해서 결국 이 사람은 예수님과 결혼했다고 말할 수밖에 없는 사람도 있습니다. 그러나 놀라운 것은 이런 치명적인 결점들에도 불구하고 하나님께서 그 사람들을 엄청난 신앙의 인물로 사용하셨다는 사실입니다. 오늘 우리가 보는 믿음의 조상 아브라함도 그러한 사람입니다. 아내에 대해 거의 병적인 강박 증세를 가졌음에도 불구하고 하나님은 이 사람을 축복하셨고 지켜 주셨으며 모든 사람이 존경하는 믿음의 조상으로 사용하셨습니다.

1. 아브라함의 약점

아브라함의 콤플렉스가 언제, 어떻게 시작되었는지는 알 수 없습니다. 여하튼 아브라함은 일단 새로운 곳으로 이사하기만 하면 '누군가 내 아내를 빼앗아 갈 것이다. 누군가 나를 죽이고 구십이 다 되어 가는 이 어여쁜 아내를 빼앗아 갈 것이다' 라고 생각하는 아주 심한 강박 관념을 가지고 있었습니다. 우리는 '처녀도 아닌 아줌마를 누가 데리고 간다고 저럴까' 싶지만 아브라함은 그게 아니라는 것입니다. 분명히 자기를 죽이고 빼앗아 간다는 것입니다. 거의 병에 가까운 모습입니다. 저는 그 원인을 몇 가지로 추론해 볼 수 있다고 생각합니다.

콤플렉스의 원인

우선 첫째는 아브라함이 처음부터 너무 차이가 많이 나는 결혼을 했으리라는 것입니다. 보지 못했으니 알 수는 없지만 아브라함은 우리 생각보다 훨씬 더 못생기고 키도 작고 어쩌면 머리카락까지 빠져서 열등감 같은 것을 가진 사람이었을지도 모릅니다. 그래서 체격이 우람하고 멋있게 생긴 남자들 틈에만 가면 '날 죽이고 사라를 빼앗아 가지 않을까' 하는 강박 관념이 생기게 된 것일 수도 있습니다. 그러나 아브라함의 이런 신체적인 조건에 대하여 성경은 아무 곳에서도 이야기하고 있지 않고, 또 이런 식으로 설명하는 신학자도 없습니다. 사실 저도 이 이유는 아닌 것 같습니다. 아브라함이 사라보다 좀 모자랐을 수는 있겠지만 그렇다고 해서 이것이 콤플렉스의 원인이 되지는 않았을 것 같습니다.

두 번째는 아브라함이 본토, 친척, 아비 집을 떠나면서 생긴 계속적인 긴장과 심리적인 불안 때문에 결국 이러한 증세가 생겼다고 보는 것입니다. 성경을 보면 여러 곳에서 아브라함이 아주 심한 영적인 침체와 불안을 느끼는 것을 볼 수 있습니다. 그는 하나님께서 찾아오셔서 위로하시고 붙들어 주시고 격려해 주시지 않았더라면 도저히 견디지 못했을 상태에 빠진 적이 많았습니다. 대표적인 경우가 창세기 15장입니다. 하나님께서 아브라함에게 나타나셔서 "아브람아, 두려워 말라. 나는 너의 방패요 너의 지극히 큰 상급이니라"고 위로하신 것은 그가 자주 극심한 불안과 두려움에 사로잡혔기 때문입니다.

아브라함은 믿음으로 하나님의 말씀에 순종하여 본토, 친척, 아비 집을 떠나 새로운 곳으로 갔습니다. 그러나 이 새로운 곳의 생활은 불안의 연속이었습니다. 아브라함은 하나님의 말씀을 붙들었지만 눈에 나타나는 것은 아무것도 없었습니다. 이렇게 불안하고 불확실한 상태가 연속되다가 결국 사라 콤플렉스라는 병적인 증세로 나타났을 가능성이 가장 높습니다. 신앙생활을 해 본 사람은 이 두 번째 이유에 상당히 공감할 것입니다.

세 번째는 이런 아브라함의 증세를 강박 관념으로 보는 것은 지나친 추론으로서, 이 당시에는 실제로 너무나도 법 질서가 문란하여 다른 사람의 아내를 강탈하는 풍습이 만연되어 있었으므로 아브라함이 이런 식으로라도 자기를 지키려고 한 것은 조금도 지나친 행동이 아니라고 보는 것입니다. 제가 생각하기에 그 당시에는 다른 사람의 아내를 강탈하는 일이 정말 빈번하게 일어났던 것 같습니다. 특히 결혼을 하려면 굉장히 비싼 신부 대금을 지불해야 했습니다. 그래서 베두인족처럼 신부 대금을 지불할 능력이 없는 가난한 유목민들은 남편을 죽이고 그 아내를 강탈해서 자기 아내로 삼거나 성욕을 채우고 죽이는 경우가 있었습니다. 그러나 그런 상황을 생각하더라도 아브라함의 증세는 좀 지나친 것 같습니다. 아브라함의 집에는 훈련된 일꾼들이 400명 정도 있었는데, 그 정도면 그렇게 쉽게 아내를 빼앗길 형편이 아니었기 때문입니다. 그러므로 아브라함의 강박 증세는 하나님의 말씀을 붙들고 본토, 친척, 아비 집을 떠난 이후 계속되어 온 긴장과 불안이 발전한 것으로 보는 것이 좋을 듯합니다.

오늘 본문에서 우리는 이 강박 관념이 급기야 문제를 일으키고야 마는 것을 볼 수 있습니다.

> 아브라함이 거기서 남방으로 이사하여 가데스와 술 사이
> 그랄에 우거하며 그 아내 사라를 자기 누이라 하였으므로
> 그랄 왕 아비멜렉이 보내어 사라를 취하였더니(20:1, 2)

오늘 우리가 한번 생각해 보아야 할 것은 하나님의 백성들이 이 세상에서 이런 두려움이나 콤플렉스 없이 살 수는 없느냐 하는 점입니다. 아브라함 정도 되는 위대한 신앙의 인물이라면 어느 곳에 가나 당당하게 새로운 사람들을 찾아서 명함도 돌리고 떡도 돌리면서 "나, 이사왔소" 하며 지낼 수 있지 않겠습니까? 하나님의 백성답게, 선지자답게 가자마자 손 들고 축복하면서 "내가 너희를 복 주러 왔노라" 할 수는 없습니까?

상처에서 오는 콤플렉스

제가 보기에 우리 하나님의 백성들에게도 두 종류의 콤플렉스가 있는 것 같습니다. 하나는 믿지 않는 사람들과 똑같은 콤플렉스로서, 과거의 상처가 아직도 아물지 않아서 생긴 열등감과 죄의식과 상처입니

다. 예를 들어 어렸을 때 공부를 못해서 주위 사람들로부터 인정받지 못했을 때, 또 공부 못한 것이 아직도 나의 신분이나 결혼생활이나 사회관계에 영향을 주고 있다고 스스로 믿고 있을 때, 공부는 그 사람에게 원수가 됩니다. 또 어렸을 때 부모님 중 한 분이 돌아가시거나 이혼했는데 그 이유가 자기한테 있다고 생각할 때에도 깊은 상처가 남게 됩니다. 이를테면 내가 골치 아픈 문제아였기 때문에 부모님이 이 문제로 다투다가 이혼했다고 스스로 생각할 때, 또는 부모님이 병에 걸리셨는데 하필이면 내가 놀다가 늦게 들어온 날 병이 악화되거나 돌아가셨을 때, 그 부분에서 참으로 자유롭지 못하게 됩니다.

제가 중학교 시험에 떨어지고 한 2년 정도 어떤 양계장에서 살았던 적이 있습니다. 무슨 일을 하기에는 어린 나이였기 때문에 그냥 놀았습니다. 그런데 그 양계장을 하시던 분이 저더러 중학교 떨어져서 매일 놀고 먹는다고 약을 올렸습니다. 그 날 저녁에 저는 그 사람의 집 연통을 신문지로 막아서 그 가족들을 죽이고 싶다는 생각을 했습니다. 물론 그렇게 행동하지는 못했습니다. 그러나 마음으로는 죽이고 싶었습니다.

이 이야기는 한 번도 남한테 해 본 적이 없습니다. 그러나 내가 남을 살해할 의사를 가졌다는 그 사실 자체 때문에 그 후 상당한 시간을 굉장히 괴로워했고, 청소년들이 누군가를 살인했다는 기사가 신문에 나올 때 그것이 얼마나 우발적이고 가능성이 있는 일인지 이해할 수 있었습니다. 이것은 대학교에 가고 대학원을 졸업하고 결혼하고 난 후에도 없어지지 않고 깊이 자리잡은 응어리입니다. 이 설교를 준비하면서도 혼자 방에서 울었습니다. 그 때의 분노와 누구를 죽이고 싶어했다는 사실은 이처럼 오랫동안 제 마음에 고통과 상처가 되었습니다.

믿음에서 오는 콤플렉스

그러나 하나님의 백성들에게는 일반 사람들이 가지고 있는 그런 것과는 또 다른 콤플렉스가 있습니다. 그것은 아브라함처럼 하나님의 말씀에 대한 믿음 때문에 자기가 가진 모든 것을 버리고 떠난 후에 생기는 콤플렉스입니다. 그는 하나님의 말씀을 믿었습니다. 그래서 자기가 의지하던 모든 것을 다 버리고 하나님의 말씀을 따라 새로운 삶을 시작했습니다. 그러나 하나님의 말씀을 따라가는 삶의 특징이 무엇입니까? 그것은 반복적인 불안입니다. 아무것도 보장된 것이 없는 삶입니다. 물론 하나님을 믿습니다. 어떤 어려움이 와도 하나님께서 나를 지켜 주실 것을 믿습니다. 그러나 '혹시라도 하나님이 나를 돕지 않으시면 어떻게 될까? 그러면 난 굉장히 비참하게 죽을지도 몰라' 하는 의심이 잠재의식 속에 있습니다. 아이들 중에서도 형제 없이 혼자 자란 애들에게는 '그렇진 않겠지만 혹시 부모님이 날 버릴지도 몰라. 그러면 나는 완전히 혼자가 되는 거야' 라는 불안이 잠재의식 속에 있어요. 그래서 자다가도 막 더듬어 보고, 엄마가 화장실에 다녀온다고 해도 꼭 따라가서 화장실 문 열어 놓고 손잡고 있으려고 합니다. 그리스도인들에게도 이런 불안이 있습니다.

그리스도인들이 제대로 된 신앙을 가지면 분명히 무언가를 버리게 됩니다. 하나님께서 학벌도 포기하게 만드시고, 친구 관계도 포기하게 만드시고, 친척들한테도 버림받게 만드시고, 욕도 무지하게 얻어먹게 하시고, 의지할 것이 아무것도 없게 만드십니다. 말씀을 붙든 것까지는 좋습니다. 그런데 가끔씩 '혹시 내가 잘못하고 있는 것은 아닐까? 혹시 하나님이 진짜 날 버리시면 어떡하나?' 하는 작은 불안이 머리를 듭니다.

저는 이것을 '지옥에서 온 손님' 이라고 부르고 있습니다. 성령 충만할 때는 잘 몰라요. 그러나 어떤 위기나 어려움이 찾아오면 믿지 않는 사람들보다 훨씬 더 심한 불안에 시달립니다. 밤에 잠도 안 자고 아주 집요하게 문제를 물고 늘어집니다. 다른 사람이 보면 정상이 아니에요. 안 믿는 사람보다 훨씬 더 심하게 화를 내고 훨씬 더 심하게 염려합니다. 그 이유가 무엇입니까? '지옥의 손님' 이 찾아왔기 때문입니다. 사도 바울은 이것을 '육체의 가시', 또는 '사탄이 보낸 사자' 라고 표현했습니다.

지옥에서 찾아오는 불안

결혼한 어떤 형제에게는 언제 집값이 뛸지 모른다는 불안이 있었습니다. 이렇게 '나는 직장도 없이 선교사 비슷하게 살고 있는데 혹시라도 집세가 오르면 어떻게 할까' 하는 불안을 그렇지 않아도 가지고 있었는데, 주인한테 전화가 왔습니다. 전세값 1,000만 원을 올려 주든지 아니면 이사를 가라는 것입니다. 그 때 지옥에서 손님이 찾아옵니다. 분노가 팍 솟아오르면서 집주인에 대한 엄청난 증오와 이런 상황을 일어나게 하신 하나님에 대한 증오가 일어납니다. 이것은 신앙 없는 사람보다 훨씬 더 심한 증오입니다. 신앙 없는 사람은 옆에 있는 한두 사람을 약간 못살게 구는 정도지만, 신앙이 있는 사람들이 분노하면 여러 사람을 죽여 버립니다. 그래서 굉장히 조심해야 합니다.

이것이 아브라함에게는 사라 콤플렉스로 나타난 것 같습니다. 겉으로 보기에 아브라함은 강한 남자였습니다. 그는 그돌라오멜의 연합군을 격파할 정도로 굉장히 담대한 사람이었으며, 롯과 헤어질 때에도 목초지를 완전히 포기할 정도로 과감한 사람이었습니다. 그러나 그런

그도 새로운 사람을 만나기만 하면, 환경이 변하기만 하면 강박 관념에 시달리는 아주 연약한 모습을 가지고 있었습니다. 사탄은 그런 경우가 생기기만 하면 여지없이 아브라함을 물고 늘어져서 그를 실패하게 만들고, 절망하게 만들고, 좌절하게 만들고, 그 입에서 단내가 나게 만들고, 지옥의 문턱까지 갔다 오게 했습니다.

그리스도인만 걸리는 병

옆에 있는 사람들은 이것을 이해하지 못합니다. 이것은 신앙을 가진 사람들만 걸리는 신종 질병입니다. 에어컨이 없을 때는 에어컨 병도 없었습니다. 그래서 여름에 감기 걸렸다고 하면 이해를 못 했지요. 여름에 설사가 났다면 이해가 되지만 감기에 걸렸다는 것이 말이 됩니까? 이것은 은행이나 증권 회사의 굉장히 강도 높은 에어컨 바람을 쐬어 본 사람이 아니면 이해하지 못하는 증상입니다. 마찬가지입니다. 그리스도인만 걸리는 무서운 질병이 있습니다. 이것은 사라 콤플렉스처럼 '나는 그래도 믿음으로 산다고 했는데 하나님은 날 버릴지도 모른다'는 두려움이 만들어 내는 강박 관념입니다. 따라서 사라 콤플렉스는 의처증과는 근본적으로 다른 영적인 병으로서, 수많은 사람들을 다치게 할 수 있는 더 위험한 병입니다.

2. 하나님의 개입

오늘 본문은 이 아브라함의 콤플렉스에 하나님께서 예외적으로 얼마나 깊이 개입하셨는지를 아주 장황하게 설명하고 있습니다. 이처럼 다른 어떤 곳에서도 볼 수 없을 정도로 아주 자세하고도 깊이 있게 하나님의 개입을 이야기하고 있는 것은 바로 우리들에게 위로와 안도를 주기 위해서입니다. 하나님께서 왜 우리에게 사라 콤플렉스 같은 아픔을 주십니까? 그의 종들이 자고하지 못하게 하기 위해서입니다. 혹시라도 교만해져서 하나님 없이 살지 않게 하기 위해서입니다. 그러나 이런 병은 도움이 되기보다는 너무나 끔찍한 고통이 되는 것 같습니다. 우리는 번번이 이것 때문에 침체되고, 이것 때문에 상처를 받습니다. 이것은 잘 고쳐지지도 않습니다.

두려워하던 바로 그 일이 일어났다!

오늘 본문을 보십시오. 아브라함이 그랄 땅에서 사라를 누이라고 하니까 그랄 왕 아비멜렉이 사라를 아내 삼으려고 데려가 버렸습니다. 이 때 아브라함이 느꼈던 좌절감이라고 하는 것은 말로 표현할 수 없는 것입니다. 그렇지 않아도 '혹시 사람들이 아내를 빼앗아 가면 어떻게 하나' 하는 불안이 있었는데, 진짜 빼앗아 가 버렸을 때의 분노와 좌절감이라는 것은 이루 표현할 길이 없어요. 하나님은 도대체 뭘 하시길래 이런 일이 일어나게 하시는 것입니까? 이럴 때는 이 사람이 신앙인인지가 의심되는 정도를 넘어 정상인인지조차 의심될 정도로 분노와 절망과 좌절로 미쳐 날뛰게 됩니다.

거의 대개의 경우에 이런 일은 일어나지 않습니다. 우리 연약함을 아시는 하나님께서 미리 지켜 주시기 때문입니다. 그러나 때로 내가 두려워하는 바로 그 일이 실제로 일어나게 하시는 경우가 있습니다. 물론 나중에 일이 다 해결된 다음에는 하나님께 감사와 찬양을 드리고 그 신실하심을 높여 드리지만, 막상 그 일이 일어난 당시에는 도저히 견디지를 못합니다.

하나님께서는 아브라함의 이 약한 부분을 직접 책임지셨습니다. 첫째로 아비멜렉에게 직접 개입하셔서 사라를 범하지 못하도록 지켜 주셨고, 둘째로는 꿈에 아비멜렉에게 나타나셔서 아주 무섭게 말씀해 주셨습니다.

그 밤에 하나님이 아비멜렉에게 현몽하시고 그에게
이르시되 "네가 취한 이 여인을 인하여 네가 죽으리니
그가 남의 아내임이니라."
아비멜렉이 그 여인을 가까이 아니한 고로 그가 대답하되
"주여, 주께서 의로운 백성도 멸하시나이까?
그가 나더러 '이는 내 누이라'고 하지 아니하였나이까?
그 여인도 '그는 내 오라비라' 하였사오니
나는 온전한 마음과 깨끗한 손으로 이렇게 하였나이다."
하나님이 꿈에 또 그에게 이르시되
"네가 온전한 마음으로 이렇게 한 줄을 나도 알았으므로
너를 막아 내게 범죄하지 않게 하였나니 여인에게 가까이
못하게 함이 이 까닭이니라"(20:3-6).

하나님이 내 콤플렉스를 책임지신다

하나님께서는 자기 종의 약한 부분을 직접 책임지십니다. 어떤 상황 가운데서도 지켜 주십니다. 신앙 때문에 생긴 콤플렉스로 넘어지고 또 넘어질 때 꼭 지켜 주십니다. 우리는 어려움이 생기면 최악의 경우를 생각할 때가 많습니다. 그러나 그렇게 하면 안 됩니다. 왜냐하면 그렇게 할 경우 두려움이 점점 더 커져서 상황을 악화시킬 뿐 아니라 하나님의 역사를 막고 방해하게 되기 때문입니다. 이럴 때는 나의 약한 부

분 때문에 일이 이렇게 되었다는 것을 시인하고 하나님의 간섭을 조용히 기다리는 것이 필요합니다. 그러면 하나님께서 반드시 우리의 약한 부분을 책임져 주십니다.

아브라함의 실수는 그가 책임지기에는 너무나도 엄청난 것이었습니다. 왕에게 거짓말한 것은 용서받을 수 없는 죄이기 때문입니다. 그러나 하나님께서는 아비멜렉에게 병을 주셔서 사라를 가까이할 수 없게 하셨습니다. 이처럼 하나님은 상황적으로 막아 주십니다. 그뿐 아니라 좀 특별하게도 아비멜렉의 꿈에 직접 나타나셔서 "네가 선지자의 아내를 취했기 때문에 반드시 죽을 것이다"라고 말씀하셨습니다. 바로에게는 꿈으로 나타나시지 않았습니다. 바로는 주위에 주술에 능한 점쟁이들이 많았기 때문에 자기 스스로 그 원인을 알아냈습니다. 그러나 아비멜렉에게는 그런 주술사들이 없었기 때문에 그래서 하나님께서 꿈에 나타나서 직접 말씀해 주신 것 같습니다.

증상이 나타날 때 주의하라

오늘 우리는 하나님의 백성이라고 하지만 온전하지 못한 약점을 전부 다 가지고 있다는 점을 인정해야 합니다. 사탄은 기회가 있을 때마다 이것을 집요하게 물고 늘어지며, 우리는 하루에도 몇 번씩 찾아오는 이 분노와 불안의 감정 때문에 지옥을 경험합니다. 코에서는 유황불 냄새가 나고, 입에서는 단내가 나고, 속은 새까맣게 다 타 버립니다. 내 속에 이런 분노가 일어날 때, 이런 콤플렉스가 발동할 때 조심해야 합니다. 왜냐하면 이럴 때 주변 사람들에게 너무 많은 상처를 주게 되기 때문입니다. 무차별로 사람을 다치게 해요. 정말 조심해야 합니다. 저는 그럴 때는 빨리 산으로 갑니다. 집에 있어 봐야 결국 두 식구를 죽이는 일밖에 더 하겠습니까? 이럴 때 제 입에서 절대로 좋은 말 안 나옵니다. 그래서 사탄의 사자가 찾아왔다 하면 재빨리 산으로 갑니다. 하루에 다섯 번 간 적도 있고, 여섯 번 간 적도 있습니다. 이럴 때마다 하나님은 곧 찾아오십니다. 찾아오셔서 이 모든 어둠의 장막을 치우시고, 은혜의 빛을 비추십니다. 그리하여 그 아픔, 그 고통 때문에 더 하나님을 찬양하고 전심으로 그분을 높여 드리게 만드십니다.

3. 이방인의 눈에 비친 아브라함의 모습

아브라함의 선입견

이 그랄 사람들의 눈에 비친 아브라함의 모습은 어떻습니까? 누가 봐도 참 실망스러운 모습입니다. 누가 이 사람을 믿음의 조상이라고 하겠습니까? 그는 아예 처음부터 돌처럼 굳은 얼굴로 이 곳에 왔습니다. 얼굴이 하얗게 질려 있습니다. 또 병이 시작된 것입니다. 아브라함은 이 곳 사람들이 하나님을 모르기 때문에 정말 나쁜 사람들일 것이며 죄를 지을 것이 뻔하다고 아예 처음부터 단정했습니다. '이 응큼한 그랄 사람들, 언젠가는 너희들 가운데 한 명이 나를 죽이고 내 아내를 빼앗아 가겠지.' 이야기도 걸어 보지 않았으면서 '너희는 전부 나쁜 놈, 도둑놈, 살인자' 라는 선입견을 가지고 들어왔으니 무슨 이야기가 되겠습니까?

그러나 하나님은 어떤 모습을 보여 주고 계십니까? 하나님은 아비멜렉을 사랑하고 계십니다. 아비멜렉이 이야기합니다.

"저는 모르고 그랬습니다. 그런데 하나님께서 의로운 사람을 치셔도 됩니까?"

“네 말이 맞아. 넌 의롭다. 그래서 내가 널 막았던 거야.”

하나님께서는 “의롭긴 뭐가 의로워! 그랄 백성은 전부 죄인이니까 다 죽어야 해”라고 말씀하시지 않았습니다. 아브라함은 처음부터 ‘너희는 불신자야. 너희는 나빠’ 하고 단정해 놓고, 아예 이야기하려 들지를 않았습니다. 그러나 하나님은 아비멜렉과 계속 대화를 나누셨고, 결국 사라를 다시 돌려보내도록 결론을 이끌어 내셨습니다. 하나님과 아브라함 사이에 엄청난 차이가 나타나고 있습니다. 아브라함은 아예 말도 안 붙이려고 했습니다. 눈도 안 맞추려고 했습니다. 그러나 하나님은 아비멜렉을 사랑하셨고, 그가 자신도 모르는 사이에 범죄하지 못하도록 막아 주셨습니다. 우리는 하나님의 사랑의 폭이 우리보다 훨씬 더 넓다는 것을 알아야 합니다. 우리가 마음을 닫을 때에도 하나님께서는 항상 마음을 열어 놓고 계십니다.

약점이 축복으로

아비멜렉과 그 백성들의 눈에 비친 아브라함의 모습은 겁에 질린 비겁한 사람의 모습이었을 것입니다. 그러나 아브라함의 이런 약한 모습이 그랄 사람들에게는 오히려 축복이 되었습니다. 만약 아브라함이 전혀 약점이 없는 완벽한 하나님의 선지자로 나타났다면 아비멜렉이나 그랄 사람들은 그를 너무나 신성시한 나머지 아예 대화할 마음도 갖지 못한 채 그냥 떠나 달라고 했을 것입니다. 그러나 아브라함이 너무나도 약한 모습을 가지고 있었기 때문에 그들은 아브라함과 가까워질 수 있었습니다. 아브라함의 그 치명적인 약점 문제로 아브라함과 아비멜렉은 많은 대화를 나눌 수 있었고, 나중에는 친구가 되었습니다. 아비멜렉은 바로와 달리 자기를 속인 아브라함을 추방하지 않고 그랄 땅에서 마음대로 살게 합니다. 아브라함의 약한 부분이 자신에게는 고통이었지만 그랄 사람들에게는 다행이었습니다.

하나님께서 7절에서 무엇이라고 말씀하고 계십니까?

"이제 그 사람의 아내를 돌려보내라. 그는 선지자라.
그가 너를 위하여 기도하리니 네가 살려니와
네가 돌려보내지 않으면 너와 네게 속한 자가
다 정녕 죽을 줄 알지니라."

하나님은 아브라함을 선지자로 소개하고 계십니다. 하나님의 선지자는 어떤 사람입니까? 하나님의 말씀을 대언하는 사람입니다. 그러나 여기에서는 한 걸음 더 나아가 하나님께 기도할 수 있는 사람을 선지자라고 말씀하고 계십니다. 대개 하나님께 기도하는 사람들은 제사장인데 이 그랄 지역에는 애굽과 달리 제사장 개념이 없었던 것 같습니다. 그래서 하나님은 아브라함을 선지자로 소개하시면서 "그가 너를 위하여 기도해 주지 않으면 넌 죽는다"고 말씀하고 계십니다.

콤플렉스, 불신자들과의 연결고리

이것을 보십시오. 아브라함의 콤플렉스가 놀랍게도 다른 사람으로 하여금 아브라함에게 기도를 부탁하게 하며 그의 입을 통해 하나님의 말씀을 듣게 하는 기회를 만들고 있습니다. 만약 우리가 이 세상에서 하나도 아쉬울 것이 없는 사람이라면 아예 처음부터 담을 쌓고 친한 사람들하고만 이야기하면서, 다른 모든 사람들을 정죄하고 그들과 사귈 생각조차 하지 않을 것입니다. 그러나 하나님께서 우리를 아주 부족하게 만드셨기 때문에 어쩔 수 없이 안 믿는 사람들에게 아쉬운 소리도 해야 하고 그들과 함께 어울려서 살아야 합니다. 때로는 불교 신자 밑에서 직원 노릇을 하면서 나의 약점을 보여 주어야 할 때도 있습니다. 상사가 결제서류를 집어 던지면서 "이것도 서류라고 해 와?" 하고 소리칠 때, 내용이야 어쨌든 이야기는 하는 것 아닙니까? 결제서류를 가지고 이야기하든 뭘 가지고 이야기하든 믿지 않는 사람과 선지자가 대화를 나누고 있지 않습니까?

그리스도인들이 얼마나 자존심이 강한지 할 수만 있으면 믿지 않는 사람 밑에서 일하지 않으려고 합니다. 그래서 자기 혼자 일할 수 있는 연구직 같은 직업을 굉장히 좋아하지요. 그러나 그렇게 하면 안 됩니다. 혼자서 하는 일을 하든 다른 일을 하든 믿지 않는 사람들을 만나야 합니다. 이것이 이 세상 사람들에게는 말할 수 없는 축복이 됩니다. 그들에게는 하나님의 선지자를 이보다 더 가까이 할 기회가 없기 때문입니다. 그들은 하나님의 사람들에게 욕을 해 가면서 기도를 부탁할 수 있습니다. 이것이 이 세상 사람들을 향한 하나님의 사랑입니다.

불의의 병기가 되지 않으려면

한 가지 더 생각할 것이 있습니다. 아브라함은 자기 아내를 누이라고 속임으로써 아비멜렉에게 죄지을 기회를 제공했습니다. 선지자가 이 세상 사람들에게 축복의 수단이 아니라 죄짓게 하는 수단이 될 수 있습니까? 얼마든지 그렇게 될 수 있습니다. 믿는 사람들이 콤플렉스를 극복하지 못할 때 얼마든지 믿지 않는 사람들로 하여금 죄짓게 만들 수 있어요. 아무리 믿는 사람이라도 믿지 않는 사람보다 더 나쁜 불의의 병기로 사용될 수 있습니다. 그러므로 믿는다는 사실만으로 만족하면 안 됩니다. 내 속에 있는 약한 부분이 무엇이며 내가 안 믿는 사람들 앞에서 어떻게 서야 하는지 분명히 깨달아야 합니다. 믿는다고 하긴 하는데 자기 마음대로 믿을 때 안 믿는 사람들을 훨씬 더 절망하게 만들고, 훨씬 더 좌절하게 만들며, 그들을 수없이 정죄하면서 더 죄짓게 만들 수 있습니다.

어떤 경우에 우리가 불의의 병기로 사용됩니까? 하나님 앞에서 나의 소중함을 깨닫지 못할 때입니다. 나의 부정적인 측면만 보면서 자신을 유혹에 방치할 때, 나만 죄짓는 것이 아니라 하나님을 모르는 사람도 더 담대하게 죄짓게 만드는 수단이 됩니다. 그러므로 우리는 오늘 이 예배를 드리면서 내가 하나님 앞에서 얼마나 소중한 사람인지 깨달아야 합니다. 또 다른 이들도 어느 한 사람 내가 함부로 무시할 수 없는 귀한 존재임을 깨달아야 합니다. "나는 괜찮아요. 나는 속이 훤하게 비치는 미니스커트를 입고 다녀도 괜찮아요." 자기는 괜찮아도 남들로 하여금 엄청난 상상으로 죄짓게 할 수 있습니다.

여러분, 우리가 정신을 차려야 합니다. 그리스도인들이 정신을 차려야 해요. 요즘 보면 정신 놓고 그냥 믿는 것 같습니다. 내가 다른 사람들을 얼마나 좌절하게 하고 실망하게 하고 분노하게 하는지, 얼마나 죄지을 수 있는 기회를 많이 주는지 생각하지 못하고 그저 믿으면 모든 것이 다 되는 것처럼 여깁니다. 그러면 안 됩니다. 정신 차려야 합니다. 나 자신의 소중함을 알아야 하고, 아비멜렉이나 그랄 사람들 같은 한 영혼 한 영혼이 하나님 앞에서 얼마나 귀한 존재인지 알아야 합니다. 그들이 죄짓지 않고 온전한 삶을 사는 것을 하나님이 얼마나 원하시는지 깨달아야 합니다.

내 약점을 치료해 주소서

하나님 앞에서 내 약한 부분이 무엇입니까? 내가 하나님을 믿는다 하지만 온전히 하나님께 맡기지 못함으로 인해 가시처럼 내 속에서 계속 돋아나고 있는 이 분노와 불안의 원인이 무엇입니까? 우리가 자기

성찰을 하는 것은 심리학자들처럼 자기에 대해 생각하고 또 생각함으로써 스스로 완전해지기 위해서가 아닙니다. 아직도 자유롭지 못한 부분을 하나님 앞에서 치료받기 위해서입니다. 설교와 강의의 차이가 무엇입니까? 설교는 듣는 가운데 내 속에 병든 부분을 내어놓고 치료받는 것입니다. 의의 태양이신 그리스도께서 그 치료의 광선을 발하시는 시간이 바로 설교 시간입니다. 강의 듣듯이 반쯤 졸면서, 딴 사람 쳐다보면서, 애하고 눈 맞추고 웃으면서 들을 여유가 없습니다. 내 속에 있는 이 고질적인 문제를 내놓고 해결해야 할 것 아닙니까?

그리스도인들이 몇 주, 몇 달, 몇 년씩 침체를 반복하면 그 동안 엄청나게 많은 사람들을 죽이게 됩니다. 지옥의 사자가 되어 버려요. 평신도가 그렇게 침체되면 지옥의 사자이지만, 목회자가 그렇게 장기적으로 침체되면 지옥의 왕사자가 됩니다. 안 됩니다. 내 맘대로 믿으면 안 됩니다. 하나님의 말씀은 치료하는 광선입니다. 설교 시간에 고침받아야 합니다. 예배드리면서 변해 버려야 합니다. 그리고 그 문제로 다시 시달리지 않도록 일어서야 합니다. 그렇지 않으면 가까운 사람부터 죽이기 시작합니다. 얼마나 많은 상처를 주고 얼마나 많은 사람들을 쪼아 대는지 모릅니다.

그랄,
치유의 장소

저는 아브라함이 그랄에서 이 콤플렉스로부터 벗어났을 것이라고 생각합니다. 왜냐하면 온 세상 사람들이 그의 콤플렉스를 다 알아 버렸기 때문입니다. 이것이 애굽과 그랄의 차이입니다. 애굽의 바로는 그냥 쫓아내 버렸어요. 그러나 그랄 왕은 그가 하나님의 선지자라는 사실을 공포하고, 그 곳에서 살게 했습니다. 그랄은 은혜로운 곳입니다.

그러나 아무리 결점이 있다고 하더라도 아브라함은 하나님의 선지자입니다. 아비멜렉은 자신에게 하나님이 나타나셨다고 해서 스스로 선지자로 생각하면 안 됩니다. 아비멜렉에게 하나님이 나타나신 이유는 그가 환경만 가지고는 깨닫지 못할 만큼 미련했기 때문입니다. 하나님은 아브라함이 선지자이며 아비멜렉은 그의 기도를 받아야 한다고 분명히 말씀하셨습니다. 주위에 보면 꿈에 하나님을 봤다는 사람이 많습니다. 무슨 음성을 들었다는 사람도 많습니다. 그런 사람은 아비멜렉과 같은 수준의 사람입니다. 너무나 미련하기 때문에 그렇게 해서라도 죄에 빠지지 않게 하시는 것입니다. 그렇다고 해서 자기가 선지자이며 독자적으로 하나님의 뜻을 깨달을 수 있다고 생각하는 사람은 미친 사람입니다. "어느 기도원에서 계시를 받았고 음성을 들었고……." 그런 소리 하면 안 돼요. 하나님께서는 성경에 모든 계시를 다 기록해 놓으셨고, 설교를 통해서 하나님의 음성을 듣게 하십니다. 설교가 예언 중에 가장 강력한 예언입니다. 그리고 오늘날에는 거의 대부분의 경우 꿈보다는 주위 사람들의 충고를 통해서 그분의 뜻을 알려 주십니다.

전에 어떤 자매가 한 남자를 사귀었는데, 한 친구가 그 사람은 아내가 있는 사람이라는 것을 알려 주었습니다. 이것은 아비멜렉에게 나타나셨던 것처럼 죄짓지 않도록 하나님께서 미리 막아 주시는 것입니다. 그럴 때 빨리 그 관계를 청산해야 합니다. 만일 그 사실을 알고도 '혹시 본부인과 이혼하고 나와 결혼해 주지 않을까' 하고 미련을 둔다면 하나님께서 두 사람 다 죽이실 것입니다. 여러분, 아비멜렉 같은 이방인도 남의 아내를 건드리면 죽임을 당한다는 것을 알고 있었습니다.

그런데 오늘날 그리스도인들 가운데 남의 아내나 남편 탐내기를 두려워하지 않는 사람들이 있습니다. 이것이 얼마나 무서운 죄인지 모릅니다. 여러분, 절대로 그렇게 하면 안 됩니다. 하나님이 바로 죽이실 것입니다.

이 세상에서 우리에게 약한 부분이 있다는 것을 부끄러워하지 맙시다. 바로 이 약한 부분 때문에 이방인들이 욕을 하면서도 나에게 가까이 다가와서 하나님의 말씀을 듣게 되기 때문입니다. 혼자 완전하게 살려고 할 때는 반드시 망하게 되어 있습니다. 하나님께서는 우리의 높은 문턱과 자존심의 담을 무너뜨려서 누구든지 우리와 만나도록 하기 위해 사탄의 가시를 주셨습니다. 하나님이 주신 이 아픔을 통해, 또 내 속에 있는 불안과 두려움을 통해 우리는 내 신앙의 부족함을 깨닫고 더욱더 하나님을 의지하게 됩니다. 그래서 신앙이 깊어지면 깊어질수록 "하나님의 도움이 없이는 전 한순간도 살 수 없습니다. 1분, 1초라도 당신의 도움이 없이는 살 수 없습니다" 하는 고백이 나옵니다. 이것은 사탄의 가시 때문에 나오는 고백입니다. 사도 바울은 이 가시 때문에 더 하나님을 붙들었고, 끝까지 겸손하게 남을 수 있었습니다.

여러분, 오늘 우리의 콤플렉스가 기쁨이 되며 면류관이 되게 합시다. 이것 때문에 더 하나님께 나아가며, 더 하나님을 찬양하며, 내 생각을 초월하시는 하나님의 은총을 더 경험할 수 있기를 바랍니다.

7 심문받는 아브라함

아비멜렉이 그 아침에 일찍이 일어나
모든 신복을 불러 그 일을 다 말하여 들리매
그 사람들이 심히 두려워하였더라.
아비멜렉이 아브라함을 불러서 그에게 이르되
"네가 어찌하여 우리에게 이리 하느냐?
내가 무슨 죄를 네게 범하였관대 네가 나와
내 나라로 큰 죄에 빠질 뻔하게 하였느냐?
네가 합당치 않은 일을 내게 행하였도다"
하고, 아비멜렉이 또 아브라함에게 이르되
"네가 무슨 의견으로 이렇게 하였느냐?"
아브라함이 가로되
"이 곳에서는 하나님을 두려워함이 없으니 내
아내를 인하여 사람이 나를 죽일까 생각하였음이요,
또 그는 실로 나의 이복누이로서 내 처가
되었음이니라. 하나님이 나로 내 아비 집을 떠나
두루 다니게 하실 때에 내가 아내에게 말하기를
'이후로 우리의 가는 곳마다 그대는 나를 그대의
오라비라 하라. 이것이 그대가 내게 베풀 은혜라'
하였었노라."
아비멜렉이 양과 소와 노비를 취하여 아브라함에게
주고 그 아내 사라도 그에게 돌려보내고
아브라함에게 이르되

“내 땅이 네 앞에 있으니 너 보기에 좋은 대로
거하라” 하고, 사라에게 이르되
“내가 은 천 개를 네 오라비에게 주어서 그것으로
너와 함께한 여러 사람 앞에서 네 수치를 풀게
하였노니 네 일이 다 선히 해결되었느니라.”
아브라함이 하나님께 기도하매 하나님이
아비멜렉과 그 아내와 여종을 치료하사 생산케
하셨으니, 여호와께서 이왕에 아브라함의 아내
사라의 연고로 아비멜렉의 집 모든 태를
닫히셨음이더라.

창 20:8-18

누구든지 잘 모르는 사람들 사이에 들어가게 되면 자기도 모르는 사이에 스스로를 지키기 위해 몸을 움츠리게 됩니다. 그리고 이런 방어적인 태도는 주위에 있는 사람들에게 본인이 생각지 못한 많은 오해를 불러일으킬 수 있습니다. 예를 들어서 자기는 걱정거리가 있어서 표정이 심각해지고 잘 웃지 않게 되는 것인데 다른 사람들은 '이 사람이 나에게 무슨 나쁜 생각을 가지고 있기 때문에 늘 심각한가 보다' 라고 오해할 수가 있어요. 나중에 만나서 서로 이야기를 해 보면 전혀 그런 의도가 아니라는 걸 알게 되지만, 그 당시에 받아들이는 사람의 입장에서는 상황을 잘 모르기 때문에 나의 본래 의도와 다른 방식으로 생각하는 경우가 생깁니다. 우리 그리스도인들은 세상에서 이런 오해를 받을 때가 많습니다.

그리스도인들은 세상을 두려워하는 마음으로 살아갑니다. 특히 하나님을 모르는 사람들과 어울려 살 때 '내가 가진 신앙이 이 사람들을 화나게 하지는 않을까' 하는 두려움이 생깁니다. 그래서 매사에 신중하고 조심스러우며 표정도 늘 진지합니다. 그러나 이런 진지한 표정이

나 신중한 태도가 사정을 모르는 사람들에게는 마치 자신들을 싫어해서 그러는 것으로 보일 때가 많습니다. 그래서 그리스도인들은 한 번씩 주위 사람들에게 자신의 입장을 자세하게 설명할 필요가 있습니다. "저는 여러분을 해칠 생각이 없습니다. 제가 이렇게 심각한 것은 다른 생각이 있어서가 아니라 저의 부족함 때문입니다." 이런 설명이 필요합니다.

우리는 오늘 본문에서 아브라함이 그랄 지방에서 경험한 것을 통해, 바로 오늘 우리들이 직장 사람들이나 친척이나 믿지 않는 사람들과 어울려 살 때 경험하는 것을 그대로 볼 수 있습니다. 그랄 지방에 들어갔을 때 아브라함에게는 아주 심한 강박 관념이 있었습니다. 그것은 하나님을 알지 못하는 그 곳 사람들이 분명히 자신을 죽이고 아름다운 아내를 빼앗아 갈 것이라는 강박 관념이었습니다. 그래서 그 곳 사람들에게 두 사람 사이를 '오누이'라고 말하기로 아내와 약속을 했습니다. 그러나 아브라함의 이러한 태도는 본의 아니게 그랄 왕 아비멜렉을 아주 무서운 죄에 빠지게 만들었습니다. 아비멜렉은 사라가 정말 아브라함의 누이인 줄 알고 데려갔는데, 그 결과 궁에 있는 사람들뿐 아니라 아비멜렉 자신도 큰 병에 걸리게 되었습니다.

아브라함이 받은 오해

나중에 아비멜렉은 아브라함의 거짓말 때문에 자신이 이런 어려움에 처하게 되었다는 것을 알게 되었습니다. 그는 그렇지 않아도 늘 표정이 심각하고 웃지도 않는 아브라함이 이런 일까지 벌이자, 정말 그가 좋지 않은 의도를 가지고 그랄 땅에 들어온 줄로 생각하였습니다. 아브라함이 무슨 원한이 있어서 계략을 꾸며 자기들을 죄에 빠지게 만든 후 결국 하나님의 징계로 다 죽게 만들려고 한 줄 알았어요. 그래서 아브라함을 불러서 물었습니다. "도대체 무슨 의도로 우리에게 이런 어려운 일을 겪게 했느냐? 무슨 의도로 아내를 누이라고 속였느냐?" 그 때 아브라함의 입에서는 전혀 생각지 않은 대답이 나왔습니다. "너무나 겁이 나서요." 알고 보니 아브라함에게는 그랄 사람들을 공격할 의사가 전혀 없었습니다. 그냥 겁이 나서 그랬다는 것입니다. 그래서 아비멜렉은 아브라함에게 무죄를 선언하고, 시민권까지 주어서 그랄 땅에 거하게 해 주었습니다.

1. 아브라함의 거짓말

이 모든 일의 원인은 아브라함이 자기 아내 사라를 누이라고 속인 데 있었습니다. 이 아브라함의 거짓말에 대해서는 지난 번에 충분히 살펴보았습니다. 그런데 오늘 본문은 한 가지 사실을 더 말해 주고 있습니다. 그것은 아브라함이 비단 애굽이나 그랄 땅에서뿐 아니라 자신이 가는 모든 곳에서 이런 거짓말을 했다는 것입니다.

오해의 원인

> "하나님이 나로 내 아비 집을 떠나 두루 다니게 하실 때에
> 내가 아내에게 말하기를 '이후로 우리의 가는 곳마다
> 그대는 나를 그대의 오라비라 하라. 이것이 그대가 내게
> 베풀 은혜라' 하였었노라"(20:13).

우리 생각으로는 가는 곳마다 아내라고 소개하면 훨씬 더 편할 것

같은데 당시의 사정은 좀 달랐던 것 같습니다. 우리에게는 이 때의 상황을 정확하게 재구성할 수 있는 자료가 없습니다. 그러나 짐작컨대 이 당시에 누군가가 새로 이주해 올 경우 결혼한 사람보다는 독신자가 훨씬 더 환영받는 분위기였던 것 같습니다. 독신으로 이사오는 사람은 완전히 정착할 사람으로 여겨서 보호해 주고 여러 가지 혜택을 주는 반면, 이미 결혼해서 가정을 이룬 다음에 오는 사람은 언젠가는 떠날 사람으로 여겨서 어떤 보호도 해 주지 않았던 것 같습니다. 20세기와 그 당시를 비교하기는 어렵지만, 우리 나라의 경우에도 미국으로 이민 갈 때 가정을 이룬 부부보다는 결혼하지 않은 사람이 가기가 훨씬 더 쉬운 듯합니다. 투자 이민이나 취업 이민이면 몰라도 부부가 초청받아서 이민 가기는 아주 어렵습니다. 그래서 어떤 사람은 단순히 이민 가기 위한 수단으로 한국에 있는 아내와 이혼한 후 미국에 있는 여성과 위장 결혼을 하기도 합니다. 그럴 경우, 이민국에서 언제 들이닥칠지 모르니까 진짜 부부 행세를 해야 하지요.

적응을 위한 편법

아브라함 당시에도 독신과 가정을 이룬 사람 사이에 차이점이 분명히 있었던 것 같습니다. 그래서 아브라함은 일종의 편법을 썼습니다. 그는 처음에 자기 고향을 떠난 이래 계속 불안정하게 살았습니다. 늘 여기저기 떠돌아다니는 처지였어요. 그래서 그렇게 떠돌아다니는 가운데서도 그나마 모르는 사람들에게 배척당하지 않고 환영받고 싶은 마음에서 마치 독신인 것처럼 위장했던 것입니다. 직장에 아주 유능한 신입사원이 들어왔을 때 독신자일 때와 기혼자일 때 그 인기에 엄청난 차이가 있습니다. 예를 들어서 학벌도 좋고 인물도 좋고 실력도 있는 신입사원이 들어왔는데 게다가 독신이기까지 하다면 뭇 여사원들의 관심을 끌 수 있을 뿐 아니라 어쩌면 회사 간부나 회장님의 눈에 들지도 모릅니다. 그럴 경우에 이미 결혼한 사람이라도 끼고 있던 결혼 반지를 빼고 출근하거나, 결혼했느냐는 질문에 대답 없이 묘한 미소만 띄우는 일이 있을 수 있습니다.

빗나간 결과

우리 시대와 당시의 상황이 굉장히 다르기 때문에 그저 유추해 볼 수밖에 없지만, 어쨌든 이 시대에 새롭게 이주해 온 뜨내기의 경우 기혼자와 독신 사이에는 굉장한 대우의 차이가 있었고, 아브라함은 마치 자신이 독신인 것처럼 위장함으로써 그나마 사람들로부터 호의와 환영을 받으려고 애썼던 것 같습니다. 그럼에도 불구하고 아브라함은 가는 곳마다 문제를 일으켰습니다. 그것은 사라 때문이었습니다. 그러나 사실 이 문제를 일으킨 장본인은 아브라함입니다. 물론 사라가 아름답기도 했을 것입니다. 그러나 아브라함은 사라를 자기 누이라고 하면서도 이상할 정도로 지나치게 과잉 보호함으로써 다른 사람들의 호기심을 불러일으켰고, 이런 호기심이 결국 청혼으로까지 이어지는 결과를 낳았습니다. 사람들은 누가 움츠러들면 더 찌르고 싶어합니다. 사람의 심리가 그렇습니다. 안 보여 주려고 하면 자꾸 보고 싶어해요. 그런데 누이라고 하면서도 잘 안 보여 주고 커튼으로 가려 놓고 그러니까 더 보고 싶고 더 아름답게 보이는 것이지요.

이처럼 아브라함은 새로운 곳으로 이사할 때마다 자기 나름대로 적응해 보려고 애를 썼지만 결국 잘 적응하지 못하고 오히려 병적인 강박 증세로 많은 고통을 받았습니다.

2. 아비멜렉의 오해

아비멜렉은 사라가 아브라함의 누이인 줄 알고 아내로 취했고, 그 결과 아주 큰 어려움을 겪게 되었습니다. 나중에 본문이 밝히고 있는 바에 따르면 그의 아내와 여종 모두가 단산되는 병에 걸렸던 것 같습니다. 그뿐 아니라 아비멜렉 자신도 어떤 병에 걸려서 거의 죽을 뻔했습니다. 아비멜렉은 이 모든 원인이 아브라함이 자기를 속인 데 있다는 것을 알게 되었습니다.

> 아비멜렉이 그 아침에 일찍이 일어나 모든 신복을 불러 그
> 일을 다 말하여 들리매 그 사람들이 심히 두려워하였더라.
> 아비멜렉이 아브라함을 불러서 그에게 이르되
> "네가 어찌하여 우리에게 이리 하느냐?
> 내가 무슨 죄를 네게 범하였관대 네가 나와 내 나라로
> 큰 죄에 빠질 뻔하게 하였느냐?
> 네가 합당치 않은 일을 내게 행하였도다" 하고
> 아비멜렉이 또 아브라함에게 이르되
> "네가 무슨 의견으로 이렇게 하였느냐?"(20:8-10)

네 의도가 의심스럽다

여기서 우리는 아비멜렉이 아브라함에 대하여 어떤 생각을 가지고 있는지 알 수 있습니다. 아비멜렉은 아브라함이 무슨 나쁜 의도를 가지고 이 그랄 땅에 들어왔다고 생각하고 있습니다. 다시 말해서 이 부부가 서로 짜고 거짓말을 함으로써 아비멜렉을 큰 죄에 빠지게 한 후,

그랄 전체를 하나님의 재앙으로 망하게 하려는 줄 알았습니다.

그렇지 않아도 아브라함이라는 사람은 평소에 그렇게 사교적인 것 같지 않았습니다. 사람들과 쉽게 어울리지 못하고 늘 무엇인가 골똘하게 생각하는 것 같고 눈빛이 이상하게 움츠러드는 것 같았어요. 사실 아브라함이 그렇게 한 이유가 무엇입니까? 그랄 사람들이 두려웠기 때문입니다. 아브라함은 새로운 곳에 가기만 하면 잘 적응이 되지 않았고, 늘 강박 관념에 시달리곤 했습니다. 이처럼 겁이 나기도 하고 자신도 없어서 잔뜩 움츠려 있던 것인데, 이것이 그랄 사람들에게는 '저 사람이 우리를 아주 싫어하는구나' 하는 오해를 불러일으킨 것입니다. 더욱이 아브라함이 사라를 누이라고 속이는 바람에 아비멜렉이 큰 죄에 빠질 뻔함으로써 처음부터 좋지 않은 계략을 가지고 의도적으로 들어온 것이 아닌가 하는 오해까지 받게 되었습니다. 그래서 아비멜렉은 아브라함을 불러 모든 사람들이 보는 앞에서 "네가 무슨 의견으로 이렇게 하였느냐?"고 다그치고 있습니다.

믿음은 세상을 낯설게 한다

이것은 비단 아브라함에게만 일어나는 일이 아닙니다. 모든 그리스도인들에게 심심치 않게 일어나는 일입니다. 그리스도인들은 하나님을 믿게 된 후 이 세상이 너무나도 낯설어진다는 것을 알게 됩니다. 전에는 그렇지 않았습니다. 전에는 세상이 괜찮았어요. 세상이 재미있었습니다. 그런데 하나님을 믿고 나자 세상이 갑자기 멀게 느껴지고 친구들이 낯설게 느껴지며 여태 다니던 직장이 새 직장처럼 느껴지면서 자신감이 없어지는 것입니다. 그 때부터는 혹시 실수할까 봐 사람들을 대할 때에도 일일이 신경을 쓰게 됩니다. 옛날처럼 함부로 농담하고 까불지 못해요. 그것이 하나님을 기쁘시게 못 한다는 것을 알기 때문입니다. 그러니까 매사에 자신이 없고 매사에 방어적입니다.

그런데 이렇게 실수하지 않으려고 조심하면 조심할수록 이상하게 문제가 더 생깁니다. 애들 중에도 '둘째 콤플렉스'가 있지 않습니까? 둘째는 자기 나름대로 잘해 보려고 하는데도 늘 그릇을 깨고, 요강을 깨고, 컴퓨터를 떨어뜨리고, 어항을 떨어뜨립니다. 그렇지 않아도 미운 털이 박혀 있어서 그 미운 털을 빼려고 신경을 쓰는데, 그 때마다 꼭 이렇게 잘못을 저지르는 것이지요. 그래서 엄마가 그럽니다. "아예 말아먹어라, 말아먹어." 그러면 애가 속으로 '아, 난 안 돼. 난 불가능해. 오토바이나 타고 어디로 가 버릴까?' 하고 생각합니다.

그리스도인들이 꼭 그렇습니다. 갑자기 신앙을 가지고 나니까 적응이 안 되는 거예요. 신경을 쓰니까 일도 더 안 되고 실수도 더 많이 합니다. 그러면 옆에 있는 사람들은 "저 사람이 왜 저러는 거야? 우리 회사를 망하게 하려고 들어온 거 아니야? 이렇게 회사 일에 비협조적인 걸 보니 회사를 싫어하는 게 틀림없어", "저 여자가 시집을 와서 우리 가문을 완전히 말아먹을 작정이구나" 하는 겁니다. 아비멜렉이 말한 그대로입니다. "내가 무슨 죄를 네게 범하였관대 네가 나와 내 나라로 큰 죄에 빠질 뻔하게 하였느냐?"

세상의 피해 의식 때문에

우리가 늘 듣는 이야기 아닙니까? 그리스도인들은 본인이 의도하지는 않지만 세상에서 이런 오해를 받을 때가 많습니다. 그 이유는 두 가지입니다. 하나는 이 세상이 가지고 있는 피해 의식입니다. 사람은 전부 어떤 피해 의식을 가지고 있습니다. 그래서 내가 확실히 모르는 사람은 언제 나를 공격할지 모르기 때문에, 확실한 내 친구가 아니라면 일단 잠재적인 적으로 간주합니다. 그러니까 모르는 사람들이 많을 때는 갑자기 두려워지지요. 누가 갑자기 나한테 삿대질을 하면서 덤벼들지도 모르지 않습니까? 이런 증상은 현대로 올수록 더 심해집니다. 현대인들은 아파트에서 따닥따닥 붙어 살면서도 서로를 잘 모릅니다. 그러니까 전부가 방어적이고 서로 의심하는 것입니다. 그런데 특히 그리스도인들은 더 모를 사람들입니다. 이 세상에서 제일 이해가 안 되는 사람이 운동권과 그리스도인입니다. 왜 저러고 사는지 이해가 안 돼요. 왜 밥 먹고 하루 종일 교회에서 시간을 보내는지, 뭐가 좋아서 웃는지, 뭐가 슬퍼서 우는지 도무지 이해가 안 됩니다. 그러니까 적이지요. 회사에서도 부장님이 신입사원을 겁냅니다. '저놈이 언제 갑자기 돌변해서 삿대질을 하면서 덤벼들지 모른다'고 생각하는 것입니다. 자기한테 잘 보여야 인사고과도 올라가고 승진도 될 텐데 도대체 뭘 믿고 그러는지 이해가 안 됩니다. 이처럼 그리스도인은 잠재적인 적입니다.

그리스도인의 두려움 때문에

또 한 가지 이유는 그리스도인들이 이 세상에 가지고 있는 두려움에 있습니다. 아브라함이 그랄에서 문제를 일으킨 것도 그랄 사람들을 두려워했기 때문입니다. 그리스도인들은 이 세상에 쉽게 어울리지 못하는 이질성을 가지고 있습니다. 그 이질성 때문에 의심을 받게 되고, 진정한 의도에 대해 심문을 당합니다. 그리스도인들이 잘 웃지도 않고 말도 하지 않을 때, 사람들은 '저 사람이 무언가 좋지 않은 생각을 가지고 있나 보다' 하고 오해하게 마련입니다. 사실은 내 속에 아직도 해결되지 못한 불신앙의 요소와 아직도 치료받지 못한 기질의 문제 때문에 심각한 것이고 침통한 것인데, 사람들은 자기를 미워해서 그러는 줄 압니다.

로마 시대에 그리스도인들이 로마 제국으로부터 많은 박해를 받았습니다. 그런데 그 이유 중 하나가 바로 그리스도인들의 비사교성에 있었습니다. 그리스도인들이 아주 심각해 보이기는 하는데, 말을 안 하는 거예요. 그러니까 이들이 반역의 의사를 가지고 있다고 오해한 것입니다.

오해를 피하려면

우리가 먼저 생각해야 할 것은 이 세상을 너무 악하게 단정해서는 안 된다는 것입니다. 아브라함이 이런 지나친 반응을 하게 된 것은 그랄 사람들은 하나님을 모르기 때문에 아예 신앙적인 대화가 불가능하다고 단정했기 때문입니다. 그러나 하나님께서는 아비멜렉과 많은 대화를 나누셨고, 그랄 사람들도 사귀고 보니까 그렇게 나쁜 사람들은 아니었습니다. '부장님은 불신자이기 때문에 나쁜 사람일 거야. 또 과장님은 절에 다니니까 신앙적인 대화가 절대로 안 될 거야.' 이렇게 단정을 해 버리니까 관계가 더 경직될 가능성이 큰 것입니다.

사도 바울은 고린도전서에서 영적인 사람과 비영적인 사람을 엄격하게 구분해서 말하고 있습니다.

> 육에 속한 사람은 하나님의 성령의 일을 받지 아니하나니
> 저희에게는 미련하게 보임이요, 또 깨닫지도 못하나니
> 이런 일은 영적으로라야 분변함이니라.
> 신령한 자는 모든 것을 판단하나 자기는 아무에게도
> 판단을 받지 아니하느니라(고전 2:14, 15).

여기서 "육에 속한 사람"은 하나님을 모르는 사람을 말합니다. 하나

님을 모르는 사람들의 중요한 결함 가운데 하나는 영적인 사고를 못한다는 것입니다. 영적인 사고는 하나님과의 관계에서 모든 것을 생각하는 것입니다. 그리고 모든 것을 하나님과의 관계에서 생각한다는 것은 모든 것을 그 본질에서부터 끄집어 내는 것입니다. 그러므로 하나님을 아는 사람의 특징은 모든 것을 그 본질에서부터 끄집어 내어 생각하는 것입니다. 그래서 심각합니다. 그는 사람의 말을 그냥 듣는 것이 아니라 그 말의 동기를 생각하기 때문에 항상 진지하고 심각하지 않을 수가 없습니다.

의사들을 보십시오. 의사들은 어떤 증세만 가지고 이야기하는 법이 없습니다. '이런 증세가 나타나려면 분명히 이러저러한 원인이 있을 것' 이라고 생각합니다. 그래서 의사들은 항상 진지합니다. 의사들이 막 까불면서 "아, 그건 그냥 잘라 버리세요. 간도 없애 버리세요" 하고 이야기하는 것을 본 적이 있습니까? 혹시 그런 의사가 있다면 우리는 그를 절대로 신뢰하지 않을 것입니다. "간이 부었습니까? 그러면 뭔가 이유가 있을 겁니다. 뭘 잘못 먹어서 그런지, 생활 습관이 잘못되어서 그런지, 바이러스가 침투해서 그런지 검사해 보아야겠습니다." 이처럼 의사들은 진지합니다. 그리스도인들도 그렇습니다. 그리스도인들은 진지하지 않을 수 없고 심각하지 않을 수 없습니다.

심문이 필요하다

그런데 바로 이런 진지함과 심각함이 하나님을 모르는 사람들에게 많은 오해를 불러일으킵니다. '우리가 싫어서 저러는구나. 내가 무슨 잘못을 했더니 그것 때문에 날 업신여기고 있고 판단하고 있구나.' 그래서 그리스도인들은 때때로 심문받을 필요가 있습니다. "너는 왜 그렇게 인상을 쓰고 다니냐? 왜 밥을 먹을 때도 인상을 펴지 못하냐?"

이렇게 심문을 받아야 합니다. 그렇지 않으면 너무 많은 사람들의 마음에, 특히 가까운 사람들의 마음에 많은 상처를 주게 됩니다.

3. 심문받는 아브라함

하나님께서는 사람들에게 아브라함을 바로 알리기 위해 그를 심문대에 세우십니다. 아비멜렉은 아침에 자리에서 일어난 후 아브라함의 문제를 공식적인 문제로 삼았습니다. 그는 먼저 신하들 모두에게 아브라함에 대한 이야기를 했습니다.

> 아비멜렉이 그 아침에 일찍이 일어나 모든 신복을 불러
> 그 일을 다 말하여 들리매 그 사람들이
> 심히 두려워하였더라(20:8).

그랄 백성의 두려움

그들이 두려워한 것이 무엇입니까? 자기들이 모르는 어떤 신을 아브라함이 끌고 들어와서 그 신의 진노로 모두 멸망시키려 한다는 것입니다. 예를 들어서 하나님을 믿지 않는 가정에 한 며느리가 자기 신앙을 감추고 시집을 왔습니다. 그런데 나중에 많은 어려움의 원인이 이 며느리의 신앙과 관계 있다는 판단이 들었을 때 시어머니는 "네가 우리 집안과 무슨 원한이 있다고 이 종교를 끌고 들어와서 우리를 망하게 하느냐"면서 심문할 것입니다. 이 세상 사람들은 그리스도인들을 심문하게 되어 있습니다. 어머니는 교회 나가는 딸을 심문할 권리가

있습니다. "너는 뭣 때문에 맨날 심각하게 돌아다니니? 시집도 안 가면서 왜 그렇게 심각한 거야? 너 엄마를 무시하는 거지?"

영적이지 않은 사람은 그리스도인들을 이해할 수가 없습니다. 그가 친구인지 적인지 알 수가 없는 것입니다. 요나와 같은 배를 탔던 이방인들의 입장을 한번 생각해 보십시오. 이 선지자가 이 배에 탐으로 인해서 큰 풍랑이 일어나 다 죽게 되었습니다. 이 재앙의 원인이 바로 이 사람과 관계 있다는 것을 알게 되었을 때, 그들은 이 사람의 정체를 도무지 알 수가 없었습니다. 이 사람이 친구인지 적인지, 이 사람 때문에 자기들이 다 죽는 것인지 사는 것인지 알 수가 없었어요. 그래서 요나에게 물었습니다. "당신이 도대체 누구며 왜 이런 일이 일어나는지 밝히시오." 그런데 그 입에서 놀라운 말이 나왔습니다. 그들은 자신들이 배를 타고 다니면서 사람을 죽이고 여자를 추행하고 남의 물건을 함부로 빼앗고 해적질한 일 때문에 이런 재앙이 일어난 줄 알았는데, 그래서 하나님께서 이 선지자를 같은 배에 태워서 자신들의 죄를 폭로시킨 후에 몽땅 죽이려는 줄 알았는데 알고 보니까 이것은 선지자 자신의 문제였던 것입니다.

아브라함의 두려움

이처럼 아비멜렉은 아브라함을 심문하고 있습니다. "도대체 내가 네게 무슨 죄를 지었길래 너는 이 무서운 재앙을 이 나라에 끌고 들어왔느냐?" 그 때 아브라함의 입에서 나온 대답은 너무나도 뜻밖의 것이었습니다. 어처구니없게도 두려워서 그랬다는 것입니다. 그랄 사람들을 불편하게 하거나 그랄 사람들에게 해를 끼칠 의사가 전혀 없었다는 것입니다. 겉으로 보이는 것과는 달리 아브라함은 겁이 많았습니다. 그냥 보기에 그는 대단히 담대한 사람이었습니다. 그돌라오멜의 연합

군을 쳐부순 장수였어요. 그러나 실제로는 굉장히 겁이 많고, 의기소침해지기 쉬우며, 특히 새로운 환경에 적응하지 못하는 징크스를 가진 약한 사람이라는 것을 그들은 알게 되었습니다. 아브라함은 하나님께서 매순간 찾아오셔서 성령으로 위로해 주시지 않으면 정신이 거의 무너져서 견디지 못하는 병적인 증세를 가진 사람이었습니다.

우리가 지난번에 살펴본 것이 무엇입니까? 하나님께 위대하게 사용된 인물들 거의 대부분이 문제 있는 사람들이었다는 것입니다. 신경쇠약증에 시달리고, 위염에 시달리고, 너무 예민해서 다른 사람들 앞에서 의사표시조차 제대로 못 하는 이런 사람들을 하나님께서 찾아오셔서 위로해 주시고 붙들어 주시고 사자같이 사용하셨다는 것입니다. 아브라함이 바로 그런 사람이었습니다. 아브라함은 새로운 환경에 찾아갈 때마다 너무나도 강박 관념에 시달린 나머지 성령께서 찾아오셔서 위로해 주시지 않으면 견디지 못하는, 스스로 무너져 버리는 그런 약한 사람이었습니다.

아브라함의 설명

아브라함은 자기 자신에 대해서 이렇게 설명하고 있습니다.

> 아브라함이 가로되 "이 곳에서는 하나님을 두려워함이
> 없으니 내 아내를 인하여 사람이 나를 죽일까
> 생각하였음이요, 또 그는 실로 나의 이복 누이로서
> 내 처가 되었음이니라"(20:11, 12).

그랄 사람들은 아브라함이 자기들을 미워하는 줄 알았습니다. 그런데 알고 보니 아브라함은 겁이 나서 인상을 쓰고 다녔던 것이었습니

다. 그에게는 그랄 사람들을 공격할 의사가 전혀 없었습니다. 오로지 자기 안에 있는 약한 부분 때문에 사람들에게 조금 호의를 얻어 보려고 선의의 거짓말을 하게 되었고, 그 결과 본의 아니게 그랄 사람들에게 많은 상처와 고통을 안겨 주었던 것입니다. 잘 몰랐을 때에는 아브라함은 부족한 점이 전혀 없는 완벽한 사람 같았습니다. 그런데 알고 보니 자신들처럼 약한 부분이 있을 뿐 아니라 오히려 자기들보다 더 심한 강박 증세에 시달리는, 도움이 필요한 사람이었던 것입니다.

왜 설명해야 하는가?

하나님을 모르는 사람들은 우리가 설명해 주지 않으면 절대로 우리를 이해하지 못합니다. 그리스도인들은 남들이 모르는 어떤 세계를 알고 있습니다. 그래서 그들은 그리스도인들을 두려워하며, 우리가 자신들의 친구인지 적인지 확인하고 싶어하고, 우리가 그들을 판단하고 있는 것은 아닌가 의심합니다.

신앙이 없는 사람은 신앙을 가진 사람에 대하여 늘 어떤 열등감 같은 것을 가지고 있어요. 신앙을 가지지 않은 시어머니는 겉으로는 아무리 세게 보여도 실제로는 신앙을 가진 며느리에게 열등감을 가지고 있습니다. 또 신앙을 가지지 않은 사장은 신앙을 가진 신입사원에게 열등감을 가지고 있습니다. 그런데 그들이 심각해져 있고 얼굴이 굳어 있으며 말을 걸어도 대답조차 하지 않을 때 마음속에 굉장한 상처를 입으면서 "그래, 네가 하나님을 믿으면 얼마나 믿는다고 그렇게 얼굴을 돌처럼 굳히고 있는 거야? 그래도 내가 명색이 사장인데 내가 그렇게 우스워?" 하고 화를 폭발시키는 것입니다.

그래서 하나님의 백성들은 자신들의 상태에 대해서 좀 자세하게, 겸손하게 설명할 필요가 있습니다. "저는 믿는다고 하지만 늘 상태가 좋은 것은 아닙니다. 지금 제 표정이 좋지 못한 것은 개인적인 사정 때문이에요. 저의 상태는 날씨가 개었다가도 금방 구름이 끼고 소나기가 오는 여름 날씨와 비슷합니다. 오늘 비올 확률은 60퍼센트입니다."

하나님의 백성들이 표정이 밝지 못한 것은 자기 안에 있는 문제 때문입니다. 내 안에 기쁨이 넘치면 남의 문제는 문제가 되지 않습니다. 그러나 우리는 자존심 때문에 그것을 인정하기 싫어합니다. 그래서 "내가 화내는 건 진짜 너 때문이야"라고 해 버립니다. 그러나 이것은 정직하지 못한 것입니다. 이것은 상대방을 두 번 죽이는 거예요. "내 모습이 지금 이런 것은 사실 내 안에서 아직도 해결되지 못한 문제 때문이야." 이렇게 겸손하게 설명해 줄 때 사람들은 '아, 그리스도인들은 적이 아니고 친구구나' 하면서 우리를 도와 줄 것입니다. 그런데 그렇게 하는 대신 미리부터 믿지 않는 사람들과는 아예 신앙적인 대화가 되지 않을 것이라고 단정하고 정죄하는 바람에 상황이 훨씬 더 악화되는 경우가 많습니다.

겸손이 필요하다

그리스도인에게 겸손은 굉장히 중요한 것입니다. 그리스도인들은 기회가 올 때마다 나의 부족한 부분을 인정하고 도움을 청하든지, 그럴 자신이 없으면 인사라도 자주 해야 합니다. 우리는 자신에게 문제가 있을 때 사람들을 만나고 싶어하지 않습니다. 그리고 특징이 뭔가 하면 인사를 잘 안 합니다. 그럴 때 다른 사람들은 자신이 무언가 잘못해서 그러는 줄 오해하고 굉장히 상처를 받습니다. 그래서 그리스도인으로서 인사를 하지 않는 것은 죄를 짓는 것입니다. 예수님께서 제자들에게 하신 말씀이 무엇입니까? "또 너희가 너희 형제에게만 문안하면 남보다 더 하는 것이 무엇이냐? 이방인도 이같이 아니하냐?"(마

5:47)

무슨 뜻입니까? 모르는 사람들에게 문안을 좀 하라는 것입니다. 출근할 때 경비 아저씨에게 인사라도 하라는 것입니다. 그렇게 하면 사람들이 '아, 저 사람이 적어도 나에게 적대적이지는 않구나. 날 미워하고 있지는 않구나. 공격할 의사는 없구나. 저 사람이 회사 불지를 사람은 아니구나' 하면서 안도의 한숨을 쉬게 되는 것입니다.

경건은 따뜻한 것

심각한 것을 곧 경건한 것으로 생각해서는 안 됩니다. 심각한 것은 하나님 앞에서 하고, 다른 사람들 앞에서는 웃는 것이 좋습니다. 잘 웃어야 해요. 물론 웃음이 나오지 않는데도 억지로 웃는 척하느라고 웃는 것도 아니고 우는 것도 아닌 코미디를 연출할 필요는 없습니다. 그러나 '항상 웃지 않고 심각하게 보이는 것이야말로 거룩한 거야. 그리스도인은 늘 이렇게 심각해야 해' 하는 것은 웃기는 경건입니다. 우리가 주님께 배운 경건은 심각하고 우울하고 침체되어 있는 우울한 회색빛깔의 경건이 아닙니다. 다른 사람에게 따뜻하고 친절하고 겸손하면서도 거룩할 수 있는 이것이 우리가 주님께 배운 경건이지요.

아비멜렉이 아브라함의 말을 듣고 깨달은 것이 무엇입니까? 아브라함에게는 그랄 사람들을 공격할 의사가 없었으며, 지금 이런 피해를 입힌 것은 전혀 본의가 아니었고, 단지 자신의 내면적인 두려움과 강박 관념이 문제였다는 것입니다. 그래서 그는 아브라함의 전적인 무죄를 공식적으로 선언합니다.

> 아비멜렉이 양과 소와 노비를 취하여 아브라함에게 주고
> 그 아내 사라도 그에게 돌려보내고(20:14).

피해에는 보상이 따라야

아비멜렉은 아브라함에게 나쁜 의도가 없었다는 것을 인정했고, 명예 회복의 증표로 많은 가축과 노비를 주었습니다. 다른 사람에게 어떤 정식적인 피해를 주었을 때 우리는 반드시 보상을 해야 합니다. 요즘은 전후 내용만 밝히면 모든 것이 회복된다고 생각합니다. 그래서 사과 성명을 낸다든지 진상을 밝힘으로써 명예를 회복시키지요. 그러나 옛날에는 그런 식으로는 명예가 회복되지 않았습니다. 반드시 물질로 보상을 해 주어야만 했습니다. 돈은 이런 용도로 사용하라고 있는 것입니다. 이런 점에서 옛날 사람들이 현대인보다 훨씬 나았던 것 같습니다.

요즘은 남자가 여자에게 많은 정신적인 피해를 주고서도 그냥 미안하다면서 끝내는 경우가 많은데 그러면 안 됩니다. 상대방의 분노가 가라앉을 정도의 사과나 예의를 표시해야 합니다. 그렇게 하지 않으면 다른 사람의 명예를 손상시키거나 감정을 상하게 하는 것을 아무렇지 않게 생각해서 자꾸 그런 식으로 행동하려고 할 것입니다. 혹시 남편이 아내의 마음을 상하게 하거나 손찌검을 하거든 절대로 그냥 넘어가지 마십시오. 소나 양이나 낙타를 사가지고 와서 사과하지 않는 한 절대로 그냥 넘어가지 않겠다고 해야 합니다. 한 번 그대로 넘어가면 그 자리에서는 다시는 안 그러겠다고 하고서도 또 같은 짓을 반복합니다. 손찌검해 놓고 "여보, 미안해" 하거든 "낙타 한 마리 사가지고 오세요"라고 하십시오. 손찌검을 했다는 것은 그 인격을 완전히 파괴시킨 거예요. "그래도 어쩝니까? 이러나저러나 붙어 살아야지요." 그러면 안 됩니다. 그러면 계속 터지는 거예요. 낙타 사오기 전까지는 절대로 같이 살면 안 됩니다. 이혼을 조장하려는 것이 아닙니다. 남의 명예를 함부로 생각하면 안 된다는 것입니다. 그리스도인들끼리 친하다고 해서, 또 같은 친척끼리라 해서 아무 말이나 해도 되는 게 아닙니다. 다른 이의 마음에 상처를 입혔으면 정식으로 사과해야 하고, 그에 버금가는 예의를 표해야 됩니다. 16절을 보십시오.

> 사라에게 이르되 "내가 은 천 개를 네 오라비에게 주어서
> 그것으로 너와 함께한 여러 사람 앞에서 네 수치를 풀게
> 하였노니 네 일이 다 선히 해결되었느니라."

여기서 아비멜렉은 사라에게 아브라함을 "네 오라비"라고 말하고 있습니다. 사라를 부끄럽지 않게 하기 위해서 아주 정중하게 이야기하고 있는 것입니다. 처음에 '오라비' 라고 속였기 때문에 끝까지 '오라비' 라고 불러 주는 것이지요. 그는 사라가 부끄럽지 않도록 충분히 보상해 주었습니다. 그렇게 하지 않았더라면 사라의 마음속에 있는 상처는 없어지지 않았을 것입니다.

아비멜렉의 미덕

아브라함은 아비멜렉과는 신앙적인 대화가 되지 않을 것이라고 아예 처음부터 단정했지만, 알고 보니 그는 이야기가 되는 사람이었습니다. 그도 예의가 있는 사람이었고 분별력이 있는 사람이었어요. 그는 아브라함에게 자신들을 공격할 의사가 없다는 것을 알았을 때 그것을 모든 사람 앞에서 공포했습니다. 그리고 그랄 땅에서 추방시키지 않고 오히려 시민권을 주어서 살게 했습니다. 이것이 아비멜렉의 아주 아름다운 점입니다.

> 아브라함에게 이르되 "내 땅이 네 앞에 있으니 너 보기에 좋은 대로 거하라" 하고(20:15)

이것이 아비멜렉이 바로와 다른 점입니다. 바로는 아브라함을 추방했지만, 아비멜렉은 시민권을 주어서 살게 했습니다.

몇 년 전에 LA에서 흑인들의 폭동이 일어났습니다. 그 원인은 백인 경찰이 흑인을 두들겨 팬 데 있었습니다. 그런데 엉뚱하게도 불똥이 한국인들에게 튀었습니다. 그 이유가 어디에 있었습니까? 흑인들이 보기에 한국 사람들은 너무나도 이기적이어서 흑인 지역에서 돈만 벌어가지 흑인들을 위해서 해 주는 것이 아무것도 없다고 생각했기 때문입니다. 한국인들이 미국에 정착하기 위해서는 거기서 돈만 벌 것이 아니라 정말 거기에 한국 사람들이 꼭 있어야 된다는 인식을 심어 주어야 합니다.

적이 아니라 친구로서

그리스도인들은 자신이 원하든 원하지 않든 이 세상에서 살아야 합니다. 그런데 이 세상에서 불필요한 존재라는 오해를 받지 않고 살려면 그리스도인들이야말로 이 세상 사람들에게 꼭 필요한 이들이라는 인식을 심어 주어야 합니다. 그래서 세금도 열심히 내고, 맡겨진 일도 열심히 함으로써 그리스도인들은 이 사회에 참으로 유익한 사람들이며 사람들의 적이 아니라 친구라는 것을 분명히 보여 줄 필요가 있습니다. 저는 기독교 정당을 공식적으로 반대합니다. 그리스도인들이 집단 행동하는 것도 반대합니다. 왜냐하면 그리스도인들이 이렇게 집단적으로 행동하고 어떤 식으로든 정치세력화될 때, 신앙을 가지지 않은 사람들이 큰 위협감을 느끼기 때문입니다. 화란처럼 아예 기독교가 국

교로 되어 있으면 몰라도 여러 종교가 공존하는 사회에서 집단적으로 시위하듯이 전도할 때 사람들은 굉장히 두려워합니다. 그리스도인들은 그런 시위를 할 것이 아니라 구석구석에 파고 들어가 눈에 보이지 않는 곳에서 최선을 다해 이 사회에 이바지함으로써 '이 사람들은 이 사회에 꼭 필요한 사람들이고 합리적으로 대화가 되는 사람들' 이라는 것을 보여 주어야 합니다. 그럴 때 우리는 참된 축복의 통로로 사용될 수 있습니다.

4. 아비멜렉을 축복하다

하나님께서 아브라함을 그랄 땅으로 보내신 목적이 무엇입니까? 아브라함으로 하여금 아비멜렉과 그랄 땅 사람들을 축복하기 위해서입니다.

아브라함을
보내신 목적

> 아브라함이 하나님께 기도하매 하나님이 아비멜렉과
> 그 아내와 여종을 치료하사 생산케 하셨으니
> 여호와께서 이왕에 아브라함의 아내 사라의 연고로
> 아비멜렉의 집 모든 태를 닫히셨음이더라(20:17).

하나님께서는 결국 아브라함을 통해 모든 사람들이 복을 받게 하셨습니다. 성령 충만하지 못한 아브라함은 그랄 땅에서 '내가 과연 여기서 살 수 있을까?' 하며 두려워하고 강박 관념에 시달렸지만, 하나님은 그를 높여 왕을 축복하게 만드셨고 하나님이 막으셨던 그 모든 태를 열게 하셨으며, 그를 통해 그랄 사람들에게 복을 주셨습니다.

네 존귀함을 되찾으라

우리가 아브라함의 경험에서 볼 수 있는 것이 무엇입니까? 우리는 이 세상에서 자신의 존귀함을 잊어버리고 생존을 위해서 몸부림칠 때가 많습니다. 내가 얼마나 귀한 존재이며 하나님께 얼마나 사랑받는 존재인지를 잊어버린 채 '과거에 의지하던 것을 다 잃어버린 지금 과연 이 세상에서 살 수 있을까'를 고민하며, 여러 가지 편법을 생각하면서 어떻게 해서든지 적응해 보려고 애를 씁니다. 그러나 하나님께서는 우리 자신의 모습을 되찾으라고 말씀하십니다.

우리는 영적으로 사고하기 때문에 세상 사람들이 잘 이해하지 못합니다. 그것은 이상한 일이 아닙니다. 그래서 우리는 설명을 해 주어야 합니다. "저는 여러분들을 공격할 의사가 전혀 없습니다. 저는 이 회사를 공격할 의사가 전혀 없습니다. 저를 보십시오. 칼도 없고, 총도 없고, 손톱깎이도 없고 아무것도 없습니다. 그냥 주는 밥 먹고 열심히 일하겠습니다." 그렇게 할 때 사람들은 '아, 기독교인들이 우리를 공격할 의사를 가진 것은 아니구나' 하면서 신뢰해 줄 것입니다.

여러분, 그리스도인들이 믿지 않는 사람 앞에서 겸손한 것이 참 중요합니다. 안 그래도 좀 교만해 보이고 안 그래도 좀 심각해 보이는데 인사조차 하지 않을 때, 축복 없는 핍박을 불러일으키기 쉽습니다. 인사도 하지 않고 딱딱하게 굳은 얼굴로 출근하자마자 털썩 앉아서 성경책 펴 놓고 중얼거릴 때 '지가 하나님을 알면 얼마나 안다고 날 굉장히 무시하네' 하는 오해를 심어 주는 것이지요. 그것은 신앙을 가지지 않은 사람들을 불필요하게 공격하는 것이며 그들의 마음에 상처를 주는 것입니다. 우리에게는 그럴 권리가 없습니다. 신앙 가지지 않은 사람을 정죄하고 업신여길 권리가 없어요. 그들도 귀한 사람들입니다. 그렇기 때문에 우리는 이리 가운데 있는 양처럼 "저는 당신을 공격할 의사가 없습니다. 저는 당신을 도와 주고 축복하려고 여기 온 것입니다. 제 얼굴이 굳어 있는 것은 요즘 안면 마비 증세가 일어났기 때문이지 절대로 당신하고는 상관이 없습니다" 하고 설명해 줄 필요가 있는 것입니다.

사랑하는 여러분, 하나님께서 우리를 불안정하게 만드신 것은 이렇게 해서라도 우리를 끌어내려서 믿지 않는 사람과 접촉하게 하시고 그들을 축복하게 하기 위해서입니다. 만약 우리가 완벽하다면 우리는 믿는 사람들끼리만 담을 높이 쌓고 믿는 사람들끼리만 잘 먹고 잘 지내면서, 믿지 않는 사람들을 만나려고도 하지 않을 것입니다.

우리는 축복하려고 산다

기억하십시오. 우리가 여기 있는 것은 축복하기 위해서입니다. 할 수 있는 한 모든 사람을 축복하십시오. 모든 것을 지나치게 심각하게 생각하는 것은 결코 거룩한 것이 아닙니다. 다른 사람들의 말 한 마디 한 마디를 너무 의미심장하게 받아들이다가는 신경쇠약으로 쓰러지고 말 것입니다. 영적이지 않은 사람들의 말은 많은 부분 축소해서 들을 필요가 있습니다. 만약 그리스도인이 "널 죽이겠어" 했다면 거기에는 '여러 가지를 종합해 보고 검토해 본 결과 너는 정말 죽어야 해. 나는 너를 꼭 죽이고 말겠어' 라는 뜻이 있는 것입니다. 그러나 영적이지 않은 사람이 "널 죽이겠어" 하는 것은 그냥 화가 나서 한번 해 본 말일 가능성이 큽니다. 그래서 혹시 누가 나에 대해서 좋지 않은 말을 하면 '아, 지금 저 사람이 화가 났구나. 상태가 좋지 못한가 봐. 심기가 좀 불편한가 봐' 하는 정도로 생각해야지, 진짜 말 그대로 받아들이면 이 세상에 절대로 적응하지 못합니다. 모든 말의 원인을 찾아내고 모든 말의 동기를 찾다가는 결국 나 스스로 붕괴되어서 견디지 못해요. 그러면 남을 축복할 수가 없습니다. 오히려 저주가 나오지요. 좋은 쪽과 나쁜 쪽 두 가지 방향으로 해석이 가능하면, 할 수 있는 대로 좋은 쪽으로 해석하고 받아들이십시오. 우리가 파고들 것은 다른 사람의 말의 의도가 아니라 하나님의 말씀입니다. 하나님의 말씀은 아무리 파고들고 추론하고 오해해도 다 축복이 됩니다. 그러나 사람의 말을 파고들고 추론하고 오해하면 멸망이 옵니다.

하나님은 끝까지 우리를 지켜 주실 것입니다. 이 세상에서 중요한 것은 아직 내가 살아 있다는 사실입니다. 그리스도인들은 지금 살아서 숨쉬고 있다는 것이 얼마나 큰 복인지 알아야 합니다. 우리에게는 아직도 축복할 수 있는 시간이 있고 축복할 수 있는 힘이 있습니다. 하나님은 세상에 복을 주시기 위해서 우리를 보내셨습니다. 직장이 마음에 들지 않아도 거기에서 복을 주십시오. 시집 식구들이 이상적이지 않다고 하더라도 그들에게 복을 주십시오. 옆에 있는 사람들이 무슨 말을 하든지 그 입을 틀어막고 그냥 복을 줘 버리십시오. 그렇게라도 하지 않으면 우리는 단 한 명도 축복하지 못할 것입니다.

여러분이 자신의 문제에 빠져서 고민하고 자신의 콤플렉스에 사로잡혀서 시달릴 동안에 이 세상 사람들은 그 문제로 인하여 더 많은 상처를 받고 있습니다. 내 문제는 잠시 내려놓고 어느 형편, 어느 처지에 있든지 옆 사람들을 축복하십시오. 이것이 하나님께서 우리를 이 세상에 보내신 목적입니다.

8 이삭의 출생

여호와께서 그 말씀대로 사라를 권고하셨고
여호와께서 그 말씀대로 사라에게 행하셨으므로
사라가 잉태하고 하나님의 말씀하신 기한에 미쳐
늙은 아브라함에게 아들을 낳으니
아브라함이 그 낳은 아들, 곧 사라가 자기에게 낳은
아들을 이름하여 '이삭' 이라 하였고,
그 아들 이삭이 난 지 8일 만에
그가 하나님의 명대로 할례를 행하였더라.
아브라함이 그 아들 이삭을 낳을 때에 100세라.
사라가 가로되
"하나님이 나로 웃게 하시니
듣는 자가 다 나와 함께 웃으리로다."
또 가로되
"사라가 자식들을 젖먹이겠다고 누가 아브라함에게
말하였으리요마는 아브라함 노경에 내가 아들을
낳았도다" 하니라.

창 21:1-7

저는 우리 집 아이에게 항상 실현 가능한 꿈을 가지라고 당부하곤 합니다. 그것은 저뿐 아니라 자식을 가진 부모나 학교 선생님들의 공통된 심정일 것입니다. 괜히 실현 가능성도 없는 꿈을 가지고 애를 쓰다 보면 주위 친구들에게 조롱거리가 될 뿐만 아니라 자신의 삶도 망치게 되기 때문입니다. 애는 애대로 쓰고 남는 결과는 아무것도 없을 때 그 삶이 얼마나 허탈하겠습니까?

그러나 도저히 실현 불가능한 꿈을 아주 오래 오래 간직하고 산 늙은 부부가 있었습니다. 그들은 바로 오늘 본문에 나오는 아브라함 부부입니다. 그들이 가진 실현 불가능한 꿈이라는 것은 자식을 낳을 수 없는 늙은 나이인데도 불구하고 아이를 낳겠다는 것입니다. 아이에 대한 꿈을 처음 갖게 되었을 때에도 이들은 이미 늙은 나이였습니다. 그런데 더욱더 늙어 감에도 불구하고 이들은 아이에 대한 희망을 버리지 않았습니다. 그리고 오늘 본문에서 드디어 아이를 낳습니다.

우리가 알아야 할 것은 이 노부부가 아이에 대한 꿈을 가지게 된 것은 그들 자신이 너무나도 아이를 원했기 때문이 아니라는 사실입니다.

오히려 이들은 오래 전에 아이에 대한 꿈을 포기하려고 했습니다. 그런데 하나님께서 그 꿈을 포기하지 못하게 하신 것입니다. 하나님의 말씀이 그들을 붙들어서 이미 오래 전에 포기하려고 했던 이 꿈을 버리지 못하게 하셨습니다. 그들은 이 꿈 때문에 너무나 많은 고통을 받았고, 이 꿈 때문에 너무나 많은 시간을 울어야 했습니다. 만약 이들이 주위에 있는 사람들에게 이 꿈을 이야기했더라면 모두 미쳤다고 했을 것입니다. 사라가 사는 이유를 사람들이 들었다면 모두 입을 벌려 사라를 놀렸을 거예요.

"글쎄, 저 늙은이 말이 자기가 사는 목적은 자기 자식을 낳아서 젖을 물리는 거래요. 멀쩡한 사람이 참 안됐어. 너무 자식을 원하다 보니까 미쳐 버렸나 봐요. 저 쭈그러든 젖으로 어떻게 아기를 먹일 수 있겠어요?"

"부인만 미친 게 아니라우. 남편도 미쳤다구요. 남편도 그 나이에 아이를 가질 것이라고 말하지 않겠수?"

불가능한 꿈이 이루어지다

이 두 늙은 부부가 사는 목적은 아이를 낳는 데 있었지만, 점점 더 나이가 들어 가면서 이제 도저히 아이를 낳을 수 없게 되었습니다. 그럼에도 불구하고 이들은 하나님의 약속을 믿고 아기를 기다리고 있었습니다. 단지 옆에 있는 사람들이 너무 충격을 받을까 봐 자신들의 희망을 이야기하지 못하고 있었을 뿐입니다. 그런데 마침내 이들은 임신과 출산이 도저히 불가능한 나이에 아이를 낳아 기뻐하고 있습니다. 이들이 아이를 낳았을 때 아브라함은 100세였고 사라는 90세였습니다.

믿음으로 산다는 것은 사람의 생각으로는 도저히 실현될 수 없는 하나님의 약속을 붙들고 사는 것입니다. 만약 내가 붙들고 있는 이 약속을 옆에 있는 사람들에게 이야기하면 전부 놀라서 쓰러질 것입니다. 아니면 미쳤다고 말할지도 모릅니다. 그럼에도 불구하고 하나님의 백성들은 자기에게 주어진 하나님의 약속을 붙들고 삽니다. 하나님의 백성들은 현재를 전부라고 생각하지 않습니다. 현재가 중요하긴 하지만 결정적으로 중요한 것은 아닙니다. 참으로 중요한 것은 미래에 하나님의 약속이 어떻게 성취되느냐 하는 것입니다.

1. 말씀으로 낳은 아들

하나님께서는 아브라함에게 특별한 아들을 주셨습니다. 그 아들이 특별한 이유는 하나님의 말씀으로 낳았다는 데 있었습니다. 21장 1절을 보십시오.

> 여호와께서 그 말씀대로 사라를 권고하셨고
> 여호와께서 그 말씀대로 사라에게 행하셨으므로

그 말씀대로

오늘 본문은 하나님이 말씀대로 사라에게 권고하셨고, 말씀대로 사라에게 행하셨다는 사실을 두 번이나 반복해서 강조하고 있습니다. 여기서 '권고하셨다'는 것은 하나님께서 찾아오셨다는 것입니다. 사라의 몸은 이미 늙어서 정상적으로는 아이를 낳을 수가 없었습니다. 그러나 하나님은 그를 찾아오셔서 어떤 일을 행하셨습니다. 이미 죽은 것이나 마찬가지였던 그의 몸에 변화를 주셔서 그로 하여금 잉태하여 아이를 낳게 하신 것입니다. 그러므로 사라가 이 늙은 나이에 낳은 아들은 말씀으로 낳은 아들이라고 말할 수 있습니다.

보통 아이들은 모두 자연적으로 출생합니다. 물론 아이가 태어날 때마다 하나님께서는 새 생명을 창조하십니다. 사람의 영혼은 어딘가 다른 곳에 있다가 오는 것이 아닙니다. 사람의 영혼은 어머니 뱃속에서 창조되는 것입니다. 모든 아이들이 생길 때마다 하나님께서는 새 생명을 창조하고 계십니다. 그래서 모든 아이는 다 소중하고 귀합니다. 그럼에도 불구하고 우리는 이 아이들을 말씀으로 태어났다고 말하지는 않습니다.

이삭이 말씀으로 태어난 이유

하나님의 말씀으로 태어난 아이는 둘밖에 없습니다. 하나는 사라가 90세에 낳은 이 아들이고, 다른 하나는 마리아가 처녀 때 낳은 예수 그리스도입니다. 이 점에서 사라가 낳은 아이는 예수 그리스도를 예표하고 있습니다. 원래 하나님께서 우리들에게 주시려고 한 것이 무엇입니까? 그것은 부귀나 건강이나 영화나 재물이 아닙니다. 하나님께서 주시고자 하신 것은 그분의 아들입니다. 하나님은 그 아들과 우리의 모든 허물을 바꾸고자 하셨습니다. 우리의 죄와 우리의 비참함과 우리의 연약함과 우리의 모든 어려움을 아들과 바꾸려고 하신 것입니다. 그러나 하나님의 아들이 사람이 되어서 왔다고 하면 누가 믿겠습니까? "보자보자하니까 이제는 별소리 다하는구나" 하면서 아무도 믿으려 하지 않을 것입니다. 그래서 하나님께서는 우리가 가지고 있는 이 완강한 생각의 문턱을 낮추시기 위해 이 노부부를 사용하신 것입니다.

하나님의 아들이 사람이 되어 온다는 것은 말도 되지 않는 소리입니다. 그러나 비슷하게 말이 안 되기는 하지만 조금은 말이 되는 것이 있습니다. 그것은 100세 된 노인 부부가 아이를 낳는 것입니다. 처녀의 몸에서 하나님의 아들이 태어난다는 것은 말도 되지 않는 소리입니다. 그러나 비슷하게 말이 안 되기는 하지만 조금 말이 되는 것이 있습니다. 그것은 90세 된 할머니가 아이를 낳는 것입니다.

하나님께서 우리에게 주시려고 하는 것은 너무나 말도 되지 않는 것이기 때문에 우리는 받아들이지 못합니다. 우리의 모든 허물과 연약함과 가난과 이 모든 불행들을 하나님의 아들과 바꾼다는 말을 누가 믿겠습니까? 그래서 하나님께서는 100세와 90세 된 이 노부부를 징검다리로 사용하셔서 우리를 예수 그리스도께 나아오게 하신 것입니다. 강을 건널 때 한 걸음에 뛰어 건널 수 없습니다. 그러나 중간에 징검다리가 있으면 뛰고 또 뛰어서 강을 건너 갈 수가 있습니다. 아브라함 부부가 노년에 낳은 이 아들은 예수 그리스도에게까지 갈 수 있게 하는 징검다리였습니다.

성경에서 '말씀으로 낳은 아이'는 정상적으로는 도저히 낳을 수 없는데 하나님의 말씀이 여자의 몸 속에 어떤 변화를 일으켜서 임신하여 낳은 아이를 말합니다. 그런 아이는 사라가 낳은 이삭과 마리아가 낳은 예수 그리스도 두 명밖에 없습니다. 그 외에 '말씀으로 태어난 사람'이라는 것은 모두 이미 이 세상에 태어났지만 하나님의 말씀이 그 영혼 속에 어떤 작용을 해서 새롭게 된 사람을 가리킵니다.

예수께서
말씀으로
태어나신 이유

예수께서 이 세상에 말씀으로 태어나신 이유가 바로 여기에 있습니다. 자연적으로 태어난 사람들은 모두 하나의 중요한 결함을 가지고 있습니다. 그 중요한 결함은 바로 하나님과의 관계에 있습니다. 즉 마음속으로부터 하나님을 좋아하지 않는 것입니다. 하나님을 느끼지도 못하고 그 음성을 듣지도 못합니다. 하나님께 순종할 수 있는 능력도 없습니다. 그의 말씀을 듣고 그 뜻대로 살아야 영원히 살 텐데, 말씀을 들을 수도 없고 순종할 수도 없을 뿐 아니라 아예 하나님의 존재를 지각할 수도 없는 상태에서 태어나는 것입니다.

우리를 말씀으로 태어나게 하시려고

사람에게 가장 중요한 것은 바로 이 고장난 부분을 치료받는 것입니다. 이미 늙어서 고장난 사라의 뱃속에 하나님의 말씀이 작용하고 치료해서 아이를 낳을 수 있게 만들었던 것처럼, 우리의 속에 고장난 부분을 말씀이 치료해서 하나님의 말씀을 듣고 그분을 경험하며 그 뜻대로 살게 되는 것을 성경은 '말씀으로 태어난다' 고 표현하고 있습니다.

처음 예수를 믿으려고 교회에 나온 분들이 경험하는 어려움이 바로 이것입니다. 교회에 나오는 것은 쉬운 일이 아닙니다. 보통 결심을 하고 나온 게 아니에요. 다른 사람이 보기에는 그냥 하루 나온 것 같지만 당사자는 몇 달 전부터 벼르고 별러서 나온 것입니다. 그렇게 어렵게 나와서 앉아 있는데, 도대체 앞에서 무슨 말을 하는지 알아들을 수가 없습니다. 어려워서 알아듣지 못하는 것이 아닙니다. 모두 한국말로 하니까 말은 알아듣지요. 그런데 그 개념이 머리 속에 들어오질 않는 것입니다. 다른 사람들은 알아듣는 것 같아요. 고개도 끄덕거리고 눈물도 닦습니다. 그런데 나는 못 알아듣는 것입니다. 이것이 제일 큰 어려움입니다.

전문가들의 모임에 가면 그들의 용어를 모르기 때문에 알아듣기 어렵습니다. 그러나 성경 말씀은 용어를 몰라서라기보다는 개념 자체가 입력되어 있지 않기 때문에 알아듣기가 어렵습니다. 예를 들어서 텔레비전에서 NHK 같은 외국 방송을 들으면 일본말이 나오기 때문에 못 알아듣습니다. 그러나 텔레비전 수상기 자체가 고장이 나면 아예 전파가 잡히지 않습니다. 오늘 사람들의 문제는 하나님께서 일본말이나 영어로 말씀하시기 때문에 못 알아듣는 것이 아니라, 아예 하나님이라는 존재 자체가 잡히지 않는 것입니다. 즉 하나님의 말씀을 못 알아듣는 것이 아니라 그의 존재 자체를 모르는 것입니다. 소경은 빛 자체를 느끼지 못합니다. 아무리 햇빛이 아름다워도 햇빛을 느끼지 못해요. 또 귀머거리는 음악을 듣지 못합니다. 음악을 이해하지 못해서가 아닙니다. 아예 들리지 않기 때문에 듣지 못하는 것입니다.

하나님께서 예수 그리스도를 사람으로 보내신 것은 우리 안에 있는 이 고장난 부분을 고치기 위해서입니다. 하나님의 말씀의 능력으로 이 고장난 부분을 고쳐서 하나님의 존재를 느끼고 그의 말씀을 들으며 그 말씀대로 살 능력을 주기 위해서 예수 그리스도는 말씀으로 태어나셨습니다.

사라의 몸을 고치셨듯이

하나님의 말씀으로 사라의 늙은 몸을 치료하는 일은 대단히 복잡하고 어려운 과정을 통해 이루어졌습니다. 의학이 발달한 현대에도 가장 알지 못하는 영역이 산부인과 계통인 것 같습니다. 그런데 사라 자신이나 주위에 있는 사람들이 알지 못하는 가운데 하나님의 말씀은 사라의 늙고 고장난 몸을 고쳐서 아이를 가질 수 있게 했습니다. 그와 마찬가지로 하나님의 말씀은 우리 의식 속에 작용하여 그 고장난 부분을 고칩니다. 우리는 어떤 과정을 통해 그 부분이 고쳐지는지 알지 못합니다. 처음에 교회 와서 말씀을 들을 때에는 한 마디도 알아들을 수가 없습니다. 뭔가 분위기가 진지한 것 같기는 하고 중요한 이야기가 오고가는 것 같기는 한데 알아들을 수가 없어요. 그런데 어느 한 순간부터 들리기 시작하는 것입니다. 하나님의 말씀이 마음에 와닿으면서 자신이 하나님 앞에서 얼마나 큰 죄인이었는지, 하나님이 자신을 얼마나 사랑하시는지 깨닫기 시작합니다. 그 사람의 삶은 그 때부터 달라지기 시작하고, 의미를 가지기 시작합니다. 얼굴이 달라집니다. 다른 사람을 대하는 방식이 달라집니다. 모든 것이 싹 변해 버립니다. 마치 다시 태어난 것 같습니다. 이름은 같고 얼굴은 비슷한데도 다른 사람 같습니다. 이것이 말씀으로 태어나는 것입니다.

가장 큰 복

모세의 설교를 듣고 있던 이스라엘 백성들은 광야를 헤매고 있었습니다. 아직 땅 한 평 없고 집 한 채 없습니다. 자신의 포도원과 감람원도 없습니다. 그저 계속 뜨거운 사막을 여행하고 있을 뿐입니다. 이들에게 모세가 말하고 있는 것이 무엇입니까? 사람의 행복은 자연적인 상태에서 많은 부귀와 영화를 누리는 데 있지 않다는 것입니다. 하나님의 말씀이 이 노예 민족 속에 작용해서 하나님을 느끼게 하고 그의 말씀을 듣게 하며 그의 사랑을 경험하게 하는 이것이야말로 참된 행복이라는 것을 모세는 설교하고 있습니다. "너희는 말씀으로 이삭이 특별하게 태어난 것처럼 말씀으로 다시 태어난 자들이기 때문에 이 세상에서 가장 복된 자들이다. 아직 노예 티도 벗지 못한 너희야말로 이 세상에서 가장 행복한 사람이다."

우리는 이 세상에서 모든 행복의 조건을 다 가지고 있지 않습니다. 다른 사람들의 행복과 비교할 때 오히려 불행한 요인들이 더 많을지도 모릅니다. 그러나 진정한 축복은 하나님의 말씀으로 다시 태어나는 데 있습니다. 내 의식 가운데 하나님의 말씀이 작용해서 하나님이 느껴지고 하나님의 존재가 믿어지며 하나님의 뜻대로 살고 싶은 생각이 드는 이것이야말로 인류가 누릴 수 있는 최고의 축복이라고 성경은 오늘 우리에게 말씀하고 있습니다.

하나님의 말씀은 지금도 내 안에 비상하게 작용해서 고장난 부분을 치료하고 있습니다. 그것은 나이가 몇 살이든지 간에 완전히 다시 태어나는 것과 같은 새로운 경험을 우리에게 가져다 줍니다.

2. 정해진 기한에 태어난 아들

앞에서 살펴본 것처럼 아브라함의 아들은 기적적으로 잉태되었습니다. 그러나 잉태만 기적적으로 이루어진 것이지, 그 후에 뱃속에서 자라고 출생하는 일은 모두 정상적인 과정에 따라 이루어졌습니다. 2절을 보십시오.

잉태 이후

사라가 잉태하고 하나님의 말씀하신 기한에 미쳐
늙은 아브라함에게 아들을 낳으니

여기서 "기한에 미쳐"라는 것은 정상적인 기간이 다 지난 후에 아이가 태어났다는 것입니다. 이삭은 특별하게 잉태되었다고 해서 특별하게 출생하지 않았습니다. 그도 임신 기간을 다 채우고 태어났습니다. 예수 그리스도의 탄생도 그렇습니다. 그가 잉태된 과정은 절대적인 신비입니다. 어떤 의학 지식으로도 마리아의 임신을 설명할 수 없습니다. 그러나 잉태되고 난 후의 출산이나 성장 과정은 모두 정상적인 과정에 따라 이루어졌습니다.

하나님은 정상적으로 일하신다

오늘날 우리는 신앙을 정상적으로는 설명할 수 없는 신비로운 영역으로 생각할 때가 많습니다. 기도로 병이 낫는다든지 볼 수 없는 것을 환상 가운데서 보는 것과 같은 신비로운 영역, 무언가 말로 설명할 수 없는 이상한 세계를 종교의 세계로 생각할 때가 많아요. 물론 그런 요소가 아주 없는 것은 아닙니다. 그러나 신앙의 세계 안에서도 정상적인 것을 전제로 하는 경우가 너무나도 많습니다. 이 세상의 질서를 만드신 분은 하나님이십니다. 그래서 하나님께서는 정상적인 자연 법칙을 사용해서 일하시는 경우가 더 많습니다. 물론 때때로 자연 질서를 초월하여 초자연적으로 일하시기도 하지만, 더 많은 경우에는 정상적인 방법으로 그 뜻을 이루어 가십니다.

우리는 성령의 역사를 비정상적인 특별한 체험으로 생각할 때가 많습니다. 요즘 우리 그리스도인들의 특징은 강한 성령의 역사를 갈망한다는 것입니다. 이 세상이 너무나도 악해졌고, 우리의 믿음으로는 이 세상에서 믿음을 지킬 수가 없기 때문입니다. 물론 이런 갈망은 정상적이고 좋은 것입니다. 그러나 많은 사람들이 '아주 오랫동안 기도에 열중하다 보면 성령이 나를 어디론가 신비적인 세계로 데리고 갈 것'이라고 믿곤 합니다. 마치 밧모 섬에 있는 사도 요한에게 성령이 임하셔서 그를 어디론가 데리고 가셨던 것처럼 자신을 어디로 데리고 가시리라고 생각하는 것이지요.

그러나 여러분, 성령의 강한 역사를 체험하는 길은 오래 기도하는데 있는 것이 아닙니다. 하나님의 말씀을 듣고 하나님과의 바른 관계로 돌아올 때야말로 강한 성령의 역사가 나타납니다. 물론 산에서 기도하는 가운데 성령이 임하는 경우도 있을 것입니다. 그러나 대개는 정상적인 공동체에서 예배드리는 가운데 성령의 강한 역사를 체험할 수 있습니다.

신비적인 신앙의 약점

신비적인 신앙의 약점은 이 세상에서 할 수 있는 것이 아무것도 없다는 것입니다. 우리가 이 세상에서 바른 그리스도인으로 살기 위해서는 아주 정상적인 분별력이 필요합니다. 많은 그리스도인들이 이 세상에서 실패하는 것은 믿음이 없어서라기보다도 상식이 없어서인 경우가 더 많습니다. 얼마나 많은 경우에 신앙을 현실에서 도피하기 위한 수단으로 사용합니까? 얼마나 많은 경우에 자신이 마땅히 져야 할 책임을 면하기 위해서 신앙의 세계로 도망칩니까? 그것은 바른 신앙이 아닙니다.

우리 속에 믿음이 생기는 과정을 우리는 이해할 수 없습니다. 정말 신비한 과정을 통해서 도저히 그리스도인이 될 수 없었던 사람이 그리스도인이 됩니다. 그러나 일단 그리스도인이 된 후에는 정상적으로 밥 먹고, 직장생활 하고, 가정생활 하면서 살아야 합니다. 이처럼 믿지 않는 사람들 가운데서 정상적으로 아름답게 살 수 있는 것이 복음의 능력입니다.

3. 그 이름을 '이삭'이라고 하다

아브라함은 사라의 몸에서 태어난 이 아들의 이름을 '이삭'이라고 지었습니다.

> 아브라함이 그 낳은 아들, 곧 사라가 자기에게 낳은 아들을 이름하여 '이삭'이라 하였고(21:3).

'이삭' 이라는 이름은 아브라함이 생각해 낸 이름이 아닙니다. 이것은 이 아이가 생기기도 전에 하나님께서 미리 지시하신 이름입니다. 보통 어떤 사람의 이름이 가지는 의미가 무엇입니까? 대개 부모의 희망이나 아이가 태어났을 때의 특별한 상황에 따라 이름을 짓거나, 혹은 아름다운 뜻이나 듣기 좋은 발음에 따라 이름을 짓습니다. 그래서 별 특별한 상황 없이 평범하게 태어난 아이들의 이름을 짓는다는 것은 보통 어려운 일이 아닙니다. 우리 나라에서도 아이가 태어나면 젊은 부모들이 이름을 못 짓고 부모님께 부탁드리는 일이 많습니다. 그러면 부모님도 옥편을 펴 들고 한 사흘 정도 씨름하고 난 후에 이름을 짓지요.

쓴 웃음에서

'이삭' 이라는 이름은 '웃음' 이라는 뜻을 가지고 있습니다. 이것은 아마도 하나님께서 아브라함에게 아이를 주시겠다고 했을 때 아브라함이 속으로 웃은 데서 연유한 이름 같습니다. 아브라함은 이 말씀을 선뜻 받아들이지 못하고 웃었습니다. 그러니까 이 '이삭' 이라는 이름 속에는 부정적인 의미가 들어 있는 것입니다. 하나님께서 아들을 주시겠다고 말씀하셨지만, 상황을 볼 때 그 말씀이 성취될 것 같지가 않았습니다. 그래서 아브라함은 아주 쓴웃음, 받아들일 수 없는 웃음, 고통스러운 웃음을 웃었습니다.

그러나 '이삭'이라는 이름 속에 그렇게 부정적인 의미만 들어 있는 것은 아닙니다. 처음에 아브라함과 사라는 하나님의 말씀을 받아들일 수 없어서 쓴웃음을 지었지만, 이 말씀이 성취되었을 때에는 엄청난 기쁨으로 마음껏 웃을 수 있었습니다. 그래서 사라는 6절에서 이렇게 말하고 있습니다.

> 또 가로되 "하나님이 나로 웃게 하시니 듣는 자가
> 다 나와 함께 웃으리로다" 하고

하나님의 말씀은 처음에 아브라함이나 사라 모두를 웃게 했습니다. 그러나 그것은 기뻐서 웃은 것이 아니었습니다. 너무나도 기가 막혀서, 어이가 없어서 웃은 것이었습니다. 100세나 된 할아버지가 무슨 아이를 낳습니까? 90세나 된 할머니가 어떻게 아이를 해산할 수 있습니까? 혹시 100세에 아이를 낳는다 해도, 그러면 아이를 낳자마자 바로 죽어야 된다는 것입니까?

승리의 웃음으로

처음에 아브라함과 사라가 웃었던 웃음은 이와 같은 인간의 어쩔 수 없는 한계에서 나온 웃음이었습니다. 인간은 이런 하나님의 약속을 들을 때 웃을 수밖에 없습니다. 이것은 기가 막혀서 웃는 것입니다. 그러나 나중에 웃은 웃음은 전능하신 하나님의 능력을 맛본 후에 나온 온전한 웃음이었습니다. '하나님께서 웃게 하시니 웃으리로다!' 여기에서 사라가 웃는 것은 개그맨들이 말도 안 되는 소리로 웃겨서 웃는 것과 다릅니다. 사라는 도저히 성취될 수 없는 하나님의 약속이 성취되었을 때 그 약속을 믿었던 사람들만이 기뻐할 수 있는 승리의 웃음을 웃은 것입니다.

복음, 한계와 승리의 소식

이처럼 이삭의 이름 속에는 이 두 가지 의미가 모두 들어 있습니다. 하나는 인간의 한계에서 나오는 불가능의 웃음입니다. 그리고 또 다른 하나는 하나님의 능력에서 나오는 승리의 웃음입니다. 우리가 복음에서 발견하는 것이 무엇입니까? 이 두 가지 모두입니다. 복음은 인간의 한계를 먼저 보여 줍니다. '인간은 할 수 없다' 고 이야기합니다. '그러나 하나님은 할 수 있다' 고 이야기하는 것이 복음입니다.

예수님께서 어느 부자의 예를 들어서 말씀하신 후에, 부자가 하늘나라에 들어가기가 얼마나 어려운지 낙타가 바늘귀에 들어가는 것보다 더 어렵다고 하셨습니다. 제자들은 그 이야기를 듣고 큰 충격을 받았습니다. 제자들이나 그 시대 사람들은 전부 '천국에 들어가기 위해서는 일단 부자가 되어야 된다. 돈을 많이 벌어야 된다. 그리고 이 돈으로 선한 일을 많이 해야 한다' 고 생각했습니다. 그러나 예수님께서는 돈을 많이 벌어서 선행을 많이 한다고 해서 천국에 들어갈 수는 없다고 말씀하셨습니다. 오히려 그런 생각을 가진 사람이 천국에 들어가는 것은 마치 낙타가 바늘귀에 들어가는 것처럼 어렵다고 말씀하셨습니다. 예수님께서 말씀하신 것이 무엇입니까? 사람으로서는 안 된다는 것입니다. 그래서 제자들이 물었습니다.

"그럼 어떻게 해야 됩니까? 그렇게 돈을 많이 벌어서 자선사업 많이 하고 남을 많이 도와 준 사람이 천국에 들어가지 못한다면 도대체 누가 들어가겠습니까? "

"사람은 할 수 없지만 하나님은 하실 수 있다."

복음이 이야기하는 것이 무엇입니까? 사람은 아무리 노력해도 스스로의 힘으로는 구원을 얻을 수 없다는 것입니다. 사람으로서는 절대로 불가능합니다. 아브라함과 사라가 자기들의 힘으로 아이를 낳는다는 것은 불가능하다 못해 웃기기까지 한 이야기였습니다. 미쳤다고 할 수밖에 없는 일이었어요. 그러나 그들이 하나님의 말씀을 믿고 이 아들의 문제를 하나님께 맡겼을 때 하나님께서는 그 웃기는 일을 정말 해내셨습니다. 하나님께서는 그 약속을 믿고 기다리는 자들을 웃게 만드십니다. '하나님이 웃게 하시니 웃으리로다!'

이것은 기가 막혀서 웃는 것이 아닙니다. 하나님의 능력과 신실하심을 맛본 자만이 웃을 수 있는 큰 웃음입니다. 사라 스스로 웃은 것이 아닙니다. 하나님께서 웃게 하신 것입니다. 또 7절을 보십시오.

> 또 가로되 "사라가 자식들을 젖 먹이겠다고 누가
> 아브라함에게 말하였으리요마는 아브라함 노경에
> 내가 아들을 낳았도다" 하니라.

사라가 자기 아기에게 젖을 먹일 꿈을 가지고 있다고 이야기했다면 사람들이 전부 다 미쳤다고 욕을 했을 것입니다. 사라는 "내가 언젠가는 이 늙어 쭈그러든 젖으로 아기를 먹일 겁니다"라는 말을 할 수 없었습니다. 그러나 이제는 어떻게 되었습니까? 모든 사람들 앞에서 마음껏 웃을 수 있게 되었고 자기의 꿈과 비전을 분명히 말할 수 있게 되었습니다.

나는 할 수 없지만

이 세상은 사람이 무엇이든 할 수 있다고 이야기합니다. 열심히 공부하면, 사회적인 계단을 하나씩 올라가면, 무엇이든 할 수 있다고 이야기합니다. 끝이 어딘지 모르겠지만 갈 데까지 가 보자고 이야기합니다. 그러나 성경은 그렇게 말하지 않습니다. 사람은 아무것도 할 수 없다고 말합니다. 인간으로서는 불가능하다고 말합니다. 그래서 우리는 웃습니다. 예수 믿는 사람들은 전부 웃습니다. 이 웃음은 슬픈 웃음입니다. 내가 할 수 없기 때문에, 내가 할 수 없는 능력의 한계를 보았기 때문에 눈물에 젖은 웃음을 짓습니다. 이것은 쓴웃음입니다. 내가 할 수 있는 것이 너무나 없어서 웃는 웃음입니다.

하나님은 하실 수 있다!

그러나 하나님은 하실 수 있습니다. 나는 할 수 없지만 하나님은 하실 수 있습니다. 내 속에 있는 이 소망을 이야기하면 사람들은 전부 미쳤다고 말할 것입니다. 그러나 때가 되면 하나님께서 그 놀라운 약속을 이루어 주십니다. 그 때 마음껏 웃을 수 있습니다. 수십 년 간 웃지 못했던 것, 수십 년 간 참고 있었던 것, 수십 년 간 눈물에 젖었던 것을 다 털어 버리고 마음껏 웃을 수 있습니다. "하나님께서 웃게 하시니 내가 모든 사람으로 더불어 함께 웃으리로다! 사라가 자기 아이에게 젖을 먹이리라고 누가 생각했겠는가? 그러나 내가 노년의 아브라함에게 아들을 낳아 주었다!"고 큰 소리로 간증하면서 웃을 것입니다.

그러나 지금 웃는 사람은 나중에 울게 될 것입니다. 지금 자기 힘으로 성공했다고 웃는 사람, 자기 만족에 빠져서 웃는 사람은 나중에 아주 쓴 고통 가운데 "바위야, 내 위에 무너져라! 산아, 내 위에 무너져라!" 하며 몸부림칠 때가 올 것입니다. 그러나 내가 아무것도 할 수 없기 때문에 쓴웃음을 웃은 사람, 눈물에 젖은 웃음을 웃은 사람은 하나님의 능력을 맛보고 큰 승리의 웃음을 웃게 될 것입니다.

4. 무엇을 믿을 것인가?

오늘 우리는 마지막으로 무엇을 믿을 것인가 하는 질문을 제기해야 합니다. 아브라함과 사라의 생애는 불가능한 아들을 낳는 희망으로 이루어졌습니다. 그들의 삶에서 가장 중요한 테마는 아들이었습니다. 물론 우리 성도들 가운데서도 가정의 가장 중요한 주제가 아이인 집안이 있습니다. 지금도 하나님께서 아이를 주실 것을 기다리면서, 또 여러 가지 검사를 해 보면서 아이에 관한 주제를 가지고 기도하는 분들이 있습니다. 그러나 거의 대부분의 성도들에게는 아이가 중요한 주제는 아닙니다.

지금 우리의 가장 중요한 관심거리는 무엇입니까? 아마도 가장 궁금한 것은 미래의 내 모습일 것입니다. 10년 후, 20년 후 내가 무엇이 되어 이 땅에서 살고 있을 것인가가 우리의 가장 중요한 관심거리입니다. 우리가 잠시도 가만히 있지 못하고 무언가 배우기 위해서, 무언가 하기 위해서 수시로 뛰어 다니는 이유가 무엇입니까? 미래의 내 모습이 비참해지지 않기를 바라기 때문입니다.

내 능력인가,
그의 능력인가

이 세상에서 그리스도인들만큼 미래 지향적인 사람들도 없을 것입니다. 그리스도인들은 미래의 소망이 있어야 살 수 있는 사람들입니다. 현재의 어려움은 견딜 수 있습니다. 그러나 미래의 소망이 없거나, 소망이 있다 하더라도 그 소망을 실현할 수 있는 방법이 보이지 않을 때, 그리스도인들은 굉장한 영적 침체를 경험하게 되어 있습니다. 우리는 무엇을 믿고 있습니까? 아직도 나 자신의 젊음과 학벌과 힘을 믿고 있습니까? 아니면 말씀 안에 있는 하나님의 능력을 믿고 있습니까?

하나님의 말씀에는 치료하는 능력이 있습니다. 말라기 선지자는 하나님의 말씀을 '치료하는 광선'이라고 불렀습니다. 하나님의 말씀은 치료하는 광선입니다. 마치 헤드라이트가 깊은 곳 구석 구석을 살피는 것처럼 하나님의 말씀은 우리 속 깊은 곳까지 추적해 들어와서 고장난 부분을 치료해 놓습니다. 그래서 정상적으로는 할 수 없는 것을 할 수 있게 합니다. 나이와 연령과 성별과 학벌에 상관없이 하나님의 말씀이 약속한 것을 이루어 놓고야 맙니다.

하나님의 말씀은 우리 안에 역사해서 우리가 전혀 생각지 못했던 하나님의 존재를 느끼게 만들었고 말씀을 알아듣게 했으며 지금 그 말씀대로 살 수 있는 힘을 주고 있습니다. 그리고 그 하나님의 말씀은 오늘도 우리 속에 있는 연약한 부분을 치료해서 사람이 할 수 없는 위대한 삶을 살게 하십니다. 말씀의 능력을 믿는 사람은 독수리가 날개치며 올라가는 것과 같은 새 힘을 얻을 것입니다. 메마른 땅을 하루 종일 걸어가도 피곤치 않는 힘을 얻을 것입니다. 그에게는 연령의 제한이라는 것이 새로운 문제가 될 수 없습니다. 70, 80, 90, 100세가 되어도 지치지 않을 것입니다.

말씀을 믿으라!

여러분, 이 세상에서 위대한 삶을 살 수 있는 딱 한 가지 비결이 있습니다. 어느 누구도 흉내낼 수 없는 가장 위대한 삶을 살 수 있는 유일한 비결이 있습니다. 그것은 아브라함처럼 하나님의 말씀을 믿는 것입니다. 처음에는 이것이 너무나도 어처구니없어서 옆에 있는 사람에게 말조차 할 수 없습니다. 말하면 아마 미쳤다고 조롱받을 것입니다. 그러나 장차 크게 웃을 때가 옵니다. 지금은 내 힘으로 할 수 있는 것이 없어서 모든 것을 포기했습니다. 학벌도 포기하고 꿈도 포기하고 인간관계도 포기했습니다. 그래서 아주 쓴웃음을 짓고 있습니다. 그 웃음에는 눈물이 젖어 있습니다. 그러나 하나님께서 웃게 하실 날이 옵니다.

성경은 아브라함의 믿음에 대하여 결론적으로 이렇게 평가하고 있습니다. 아브라함처럼

아브라함이 바랄 수 없는 중에 바라고 믿었으니
이는 네 후손이 이 같으리라 하신 말씀대로
많은 민족의 조상이 되게 하려 하심을 인함이라.
그가 백 세나 되어 자기 몸의 죽은 것 같음과 사라의 태의
죽은 것 같음을 알고도 믿음이 약하여지지 아니하고
믿음이 없어 하나님의 약속을 의심치 않고 믿음에
견고하여져서 하나님께 영광을 돌리며 약속하신 그것을
또한 능히 이루실 줄을 확신하였으니(롬 4:18-21).

이것이 아브라함의 믿음에 대한 성경의 평가입니다. 여러분, 우리에게는 놀라운 약속이 있습니다. 그것은 하나님이 사랑하시는 자, 곧 그 뜻대로 부르심을 입은 자에게는 모든 것이 합력하여 선을 이룬다는 것입니다. 이 세상에서 우리가 겪는 쓰라린 고생 가운데 헛된 것은 하나도 없습니다. 성경은 우리가 이 세상에서 분명히 천사보다 더 나은 모습으로 하나님을 섬기게 될 것이라고 약속하고 있습니다. 그리고 우리에게는 다시 새로운 몸으로 부활하여 하나님의 모든 영광과 능력을 소유하게 될 약속이 있습니다. 그 때에는 온 우주가 새로워질 것이며, 우

리는 그리스도의 신부로서 모든 영광 가운데 하나님의 축복을 누릴 것입니다.

사랑하는 형제 자매 여러분, 아브라함과 사라가 도저히 불가능한 가운데서도 이 약속을 믿고 크게 웃었다는 것은 바로 우리에게 주시는 말씀입니다. 젊음을 믿지 마십시오. 우리는 금방 늙습니다. 학벌을 믿지 마십시오. 우리의 학벌은 금방 쓸데없어질 것입니다. 아브라함처럼 하나님의 말씀을 믿으십시오. 하나님의 말씀 가운데 있는 약속을 붙드십시오. 성경이 무엇을 입을까, 무엇을 먹을까 염려하지 말라고 하면 염려하지 마십시오. 성경이 모든 것이 합력하여 선을 이룬다고 하면 현재의 쓰라린 고난 가운데서도 기뻐하십시오. 나의 모든 필요를 채워주시겠다고 하면 인간적인 방법으로 그 필요를 채우려 들지 말고 기다리십시오. 그러면 크게 웃을 날이 올 것입니다.

하나님이 웃게 하시니 내가 웃으리로다!

쓰라린 눈물의 웃음이 아니라 큰 기쁨으로 웃는 웃음의 날이 이 땅에 올 것입니다. 그리고 그 날은 영원히 계속될 것입니다.

9 이삭이 젖을 떼던 날

아이가 자라매 젖을 떼고, 이삭의 젖을 떼는 날에
아브라함이 대연을 배설하였더라.
사라가 본즉 아브라함의 아들 애굽 여인
하갈의 소생이 이삭을 희롱하는지라.
그가 아브라함에게 이르되
"이 여종과 그 아들을 내어쫓으라.
이 종의 아들은 내 아들 이삭과 함께 기업을 얻지
못하리라" 하매, 아브라함이 그 아들을 위하여
그 일이 깊이 근심이 되었더니
하나님이 아브라함에게 이르시되
"네 아이나 네 여종을 위하여 근심치 말고
사라가 네게 이른 말을 다 들으라.
이삭에게서 나는 자라야 네 씨라 칭할 것임이니라.
그러나 여종의 아들도 네 씨니 내가 그로 한 민족을
이루게 하리라" 하신지라.
아브라함이 아침에 일찍이 일어나 떡과 물
한 가죽부대를 취하여 하갈의 어깨에 메워 주고
그 자식을 이끌고 가게 하매
하갈이 나가서 브엘세바 들에서 방황하더니

창 21:8-14

우리는 아기들의 첫 번째 생일을 아주 중요하게 생각합니다. 특히 옛날에는 워낙 유아 사망률이 높았기 때문에 첫돌이 지나기 전에는 안심할 수가 없었습니다. 그래서 태어난 지 1년이 되면 '이제부터는 이 아이가 제대로 살아서 인간 구실을 할 수 있겠구나' 라고 생각해서 아주 큰 잔치를 열곤 했습니다.

그러나 유목민들은 우리와 문화가 좀 달랐던 것 같습니다. 유목민들은 늘 움직이는 생활을 하기 때문에 첫돌보다는 엄마 젖 떼는 일을 아주 중요하게 생각했습니다. 그래서 아이가 젖을 떼기까지는 사람 취급을 하지 않았습니다. 그들은 아이가 엄마 젖을 떼고 어른의 음식을 먹으며 제 발로 걸어다니기 시작할 때에야 비로소 제대로 된 사람으로 취급했습니다. 그래서 성경 시대에는 아이가 자라서 젖을 뗄 때 아주 큰 잔치를 열어 손님들을 초청했습니다. 우리 나라에도 이미 어른이 되었지만 아직 일을 제대로 하지 못하고 겁을 집어먹는 사람에게 "집에 가서 엄마 젖을 더 먹고 오라"고 하는 말이 있지만, 유목민들은 더욱이 아이가 어른 음식을 먹고 말귀를 알아듣고 자기 발로 걸을 수 있는 것을 중요하게 생각했습니다.

아브라함이 100세에 낳은 아들 이삭이 자라서 드디어 젖을 떼게 되었습니다. 젖을 떼는 시기는 시대나 문화에 따라서 상당한 차이가 있는 것 같습니다. 요즘은 이유식이 많이 발달해서 한 살도 되기 전에 젖을 뗍니다. 그러나 먹을 것도 별로 없고 간식도 없던 시절에는 초등학교 다닐 때까지 젖을 먹는 아이들이 있었습니다. 학교 갔다 와서 한바탕 빨고 숙제하는 아이들이 있었어요. 이삭이 젖을 뗀 시기는 대략 4, 5세 내지는 6, 7세 정도였으리라고 추정됩니다.

젖 떼던 날에 일어난 일

이삭이 젖을 떼게 되자 아브라함은 관례에 따라 아주 큰 잔치를 베풀고 사람들을 초청했습니다. 그러나 이삭이 젖을 뗀 이 날은 단순히 그가 다른 사람들로부터 사람 취급을 받기 시작한 날이 아니었습니다. 이 날은 이삭의 생애에서 가장 중요한 날 가운데 하나였습니다. 어떤 의미에서 이삭이 이삭 될 수 있었던 것은 바로 이 날부터였다고 말할 수 있을 것입니다.

우리가 생각할 때 이삭은 아브라함이 100세나 되었을 때 낳은 아들이었기 때문에 아무 어려움 없이 편안하게 잘 자랐을 것 같습니다. 그러나 실상은 그렇지 못했습니다. 그것은 아브라함의 또 다른 아들 이스마엘 때문이었습니다. 이스마엘은 사람들이 보지 못하는 곳에서 이삭을 괴롭히고 못살게 굴었습니다. 그런데 물증이 없는 거예요. 그래서 아무도 뭐라고 말할 수 없었습니다. 이삭은 아들의 지위를 가지고 있었지만 실제로는 아들이 아니라 이스마엘의 종으로 자라고 있었습니다.

그런데 바로 이 날, 사라가 결정적인 장면을 목격한 것입니다. 사라는 이스마엘이 이삭을 괴롭히는 현장을 목격했습니다. 그 결과 어떻게 되었습니까? 사라는 정식으로 이삭의 권리를 요구하고 나섰고, 이스마엘은 아브라함의 집에서 쫓겨나게 되었습니다. 이처럼 이삭이 이삭될 수 있었던 것은 단순히 젖을 뗐기 때문이 아니라, 남이 보지 못하는 곳에서 이삭을 그처럼 괴롭히고 노예처럼 대우했던 이스마엘이 쫓겨나고 아들의 위치를 되찾게 되었기 때문입니다.

1. 이삭이 당한 고통

갈등의 관계

이스마엘이 이삭을 별로 좋아하지 않았으리라는 것은 쉽게 짐작할 수 있는 일입니다. 그러나 사실은 그 이상이었습니다. 이스마엘은 이삭을 단순한 경쟁 대상이 아니라 원수로 생각했습니다.

이 당시 법에 따르면 본부인의 아들이 없을 때 노예의 아들이 재산을 상속받을 수 있었습니다. 그러나 본부인에게서 아들이 태어날 경우에는 하나도 상속받지 못하고 집을 떠나게 되어 있었습니다. 옛날 우리 나라에서 본부인의 아들과 첩의 아들을 어떻게 차별하였던가를 생각하면 이 관계를 이해하는 데 별 어려움이 없을 것입니다. 아버지가 같다고 해서 신분이 같은 것이 아닙니다. 중요한 것은 어머니가 누구냐 하는 것입니다. 이삭이 젖을 뗐을 때 어떤 일이 있었습니까?

아이가 자라매 젖을 떼고, 이삭의 젖을 떼는 날에
아브라함이 대연을 배설하였더라.

사라가 본즉 아브라함의 아들 애굽 여인 하갈의 소생이
이삭을 희롱하는지라(21:8, 9).

사라가 목격한 것

사라는 이스마엘이 자기 아들 이삭을 희롱하는 것을 보았습니다. 여기서 중요한 것은 '희롱하다'는 것이 도대체 무엇이냐 하는 것입니다. 여기서 희롱은 단순히 장난을 치면서 짓궂게 괴롭히는 것이 아닙니다. 여기서 '희롱하다'는 의미로 사용된 히브리 단어는 '메사학'인데, 이것은 창세기에서 몇 군데 사용되고 있는 단어입니다. 나중에 이삭이 자라서 결혼했을 때 흉년이 들어서 블레셋 땅으로 가게 되었습니다. 그런데 그는 거기에서 자기 아내 리브가를 누이라고 속였습니다. 그래서 사람들은 진짜 오누이 관계인 줄 알았는데, 어느 날 블레셋 왕 아비멜렉이 창문으로 내다보니까 이삭이 자기 아내를 '껴안고' 있었습니다. 여기서 '껴안다'에 사용된 단어가 바로 '메사학'입니다. 이것은 단순히 껴안은 것을 의미하지 않습니다. 더 정확한 번역은 '애무했다'는 것입니다. 그러니까 아비멜렉은 이삭이 아내를 애무하고 있는 것을 본 것입니다. 그래서 그는 이삭에게 "왜 당신의 아내를 누이라고 속였느냐?"고 하면서 따지게 됩니다. 이처럼 '메사학'은 장난을 치는 것이 아닙니다. 본격적인 성행위는 아니지만 성행위에 가까운 애무를 하는 것입니다.

또 이 단어가 사용된 부분은 보디발의 아내가 요셉을 유혹하는 장면입니다. 보디발의 아내는 요셉이 자신의 유혹을 거절하고 도망치자 앙심을 품고, 남편에게 요셉이 자기를 '희롱했다'고 말합니다. 이 때 '희롱했다'는 것이 바로 이스마엘이 이삭에게 한 것과 같은 짓입니다. 갈은 동사가 사용되고 있는 것입니다. 그러므로 이스마엘이 이삭을 '희롱했다'는 것은 단순히 이스마엘이 같이 놀기 싫어하는 이삭을 데리고 놀면서 짓궂게 그를 괴롭혔다는 뜻이 아닙니다. 이스마엘은 그 당시 가나안 사람들로부터 아주 못된 버릇을 배워서 이 아이에게 써먹고 있었습니다. 다른 말로 표현하면 이삭에게 아동 성 학대 행위를 하고 있었던 것입니다.

아들이면서도 노예의 삶을 살다

아마도 이 말을 들을 때 너무 지나친 비약이 아니냐고 생각할지도 모르겠습니다. "아니, 아직 젖도 떼지 않은 아이를 상대로 무슨 성 학대란 말입니까?" 그러나 히브리 단어 '메사학'은 분명히 장난을 의미하는 말이 아닙니다. 이것은 아주 깊은 성적인 행동을 의미하는 단어입니다. 이삭이 젖을 떼지 않았다고 하지만 이 당시에는 젖 떼는 시기가 지금보다 훨씬 더 늦었습니다. 그래서 앞서 말했듯이 4, 5세나 5, 6세 정도로 보아야 합니다. 그리고 유목 사회에서는 모두가 바쁘기 때문에 어린아이를 전혀 돌볼 수 없는 때가 있습니다. 그래서 이삭은 언제부터인가 어른들이 알지 못하는 시간에 이스마엘로부터 지속적으로 성 학대를 당해 왔다고 생각할 수 있습니다.

사실 이 성 학대는 이스마엘이 이삭에게 준 고통의 일부에 불과했습니다. 아마도 이스마엘은 어린 이삭을 자기 노예처럼 부렸던 것 같습니다. 이삭은 아들이지만 전혀 아들답지 못한 삶을 살고 있었습니다. 아무도 없는 곳에서 온갖 못된 짓을 당했습니다. 남들이 알지 못하는 시간, 남들이 다 바쁜 시간, 남들이 보지 못하는 곳에서 어린 이삭은 아주 비인간적인 취급을 당하고 있었습니다.

이해를 돕기 위해 다른 예를 하나 들어보겠습니다. 지금은 군대가 많이 달라졌다고 합니다. 그러나 예전에는 군대가 그리 좋지 못했습니다. 군대 생활을 가장 힘들게 하는 존재는 적군이 아니라 고참이었습니다. 남들이 알지 못하는 시간에, 남들이 다 자고 있을 때 고참이 조용하게 "비상소집!" 하면서 불러 냅니다. 그리고 나서는 허름한 창고 안에서 차렷, 열중 쉬엇, 원산 폭격에서부터 시작해서 온갖 짓을 다 시켰습니다. 졸병들은 만일 부모님들이 본다면 입에 거품을 품을 수밖에 없을 정도의 취급을 고참들에게 당했습니다.

요즘 사람들을 경악하게 하는 문제가 무엇입니까? 유아를 상대로 한 성 학대가 세계적으로 많이 일어나고 있다는 사실입니다. 유아들을 납치해서 지하에 가두고 성 학대를 하거나 굶겨 죽이는 충격적인 일들이 벨기에를 비롯하여 세계 도처에서 일어나고 있습니다. 보통 사람들은 어린 유아들이 성 학대의 대상이 되리라고 생각하지 못합니다. 그러나 그렇지 않습니다. 많은 어린아이들이 아주 악한 사람들의 성 학대 대상이 되고 있습니다. 어린 이삭이 이스마엘로부터 당했던 '메사학' 은 바로 그런 일을 의미합니다.

이스마엘, 극복할 수 없는 적

이삭이 이스마엘로부터 당한 고통을 이렇게 자세히 설명하는 데에는 이유가 있습니다. 신약성경에서 사도 바울은 그리스도인들이 다른 사람에게 당하는 모든 핍박을 바로 이삭이 당한 이 굴욕적인 일에 연결하여 설명하고 있기 때문입니다. 그리스도인들을 괴롭히는 사람들의 입장에서는 장난일지도 모릅니다. 그러나 당하는 사람의 입장에서는 사느냐 죽느냐 하는 문제가 달려 있습니다. 이스마엘은 장난으로 이삭을 데리고 놀았는지 모르겠지만 이삭에게는 생명이 달린 문제였습니다. 어린 이삭은 아무도 알지 못하는 가운데 이스마엘로부터 노예

취급을 당하면서도 이스마엘이 무서워서 아무 소리도 못 했습니다. 혹시 일러바치면 죽여 버리겠다고 위협했을지도 모릅니다.

이처럼 이삭에게 이스마엘은 극복할 수 없는 난관이었고, 자기 힘으로 풀기에는 너무나도 강한 적이었습니다. 힘으로나 기질로나 그 밖에 모든 면에서 볼 때 이삭과 이스마엘은 상대가 되지 않았습니다. 그러나 이스마엘이 극복되지 않는 이상 이삭은 절대로 이삭이 될 수가 없었습니다.

풍성한 삶을 살 수 없다!

우리는 어떻습니까? 그리스도인이 된 우리는 하나님이 나의 아버지가 되신다는 것을 알고 있습니다. 또 예배를 드리는 가운데, 기도하는 가운데 하나님의 아들이 되는 영광스러운 체험도 합니다. 그러나 실제 생활에서는 어떻습니까? 하나님의 아들답게 살지 못할 때가 많습니다. 매일 나에게 비참한 굴욕감을 안겨 주는 이스마엘이 있습니다. 이스마엘 때문에 도대체 풍성한 삶을 살 수가 없어요. 이 이스마엘은 직장의 상사일 수도 있습니다. 혹은 가까운 집안 사람일 수도 있습니다. 어떤 경우에는 사업의 거래 대상자일 수도 있습니다. 이 이스마엘은 대화가 통하지 않습니다. 그 사람 앞에 서기만 하면 마치 고양이 앞에 선 쥐 같습니다. 꼼짝 못 하고 당합니다. 그리고 그 당한 이야기는 창피하기도 하고 보복이 두렵기도 해서 다른 사람들에게 알릴 수조차 없습니다.

그러나 그 문제가 극복되지 않으면 우리는 하나님의 아들로서 도저히 풍성한 삶을 살 수가 없습니다. 하나님의 아들이 다 무엇입니까? 그냥 비참한 노예지요. 오늘 우리들도 이삭과 같은 문제를 안고 생활하고 있습니다. 그러나 하나님은 이러한 나의 이런 어려움을 도무지 모르시는 것 같습니다.

하나님을 두려워하지 않는 사람들

이스마엘은 왜 이삭을 괴롭혔을까요? 우선 그가 이삭보다 힘이 셌기 때문입니다. 이스마엘은 이삭에 비해서 훨씬 더 힘이 세고 기질이 강했습니다. 기질이 강한 사람과 약한 사람이 함께 있으면 약한 사람이 절대로 대항하지 못합니다. 항상 당하게 되어 있어요. 그러나 더 중요한 것은 이스마엘이 하나님을 두려워하지 않았다는 것입니다. 만약 이스마엘이 하나님을 두려워했다면 이삭을 이렇게 대할 수가 없습니다. 이 언약의 자손은 자신에게도 중요한 존재였습니다. 그런데 그의 마음속에는 하나님을 두려워하는 마음이 조금도 없었기 때문에 이삭을 그토록 업신여김으로써 하나님께 굴욕감을 드리고 있었습니다.

오늘날 세상 사람들이 그리스도인들을 그토록 업신여기는 것은 물론 그리스도인들이 가진 것이 없기 때문입니다. 가난하기도 하고, 무식하기도 하고, 때로는 집도 없이 여기저기 떠돌아다니니까 아주 우습게 아는 것입니다. 그러나 더 중요한 것은 세상 사람들이 하나님을 두려워하지 않는다는 것입니다. 하나님을 두려워한다면 그들에게도 그리스도인들은 중요한 존재입니다. 그러나 그들은 그리스도인들을 무시함으로써, 그들의 마음에 아픔을 안겨다 줌으로써 하나님께 반항합니다.

2. 사라의 반응

겉으로 보기에 이삭은 이스마엘의 노예인 것 같았습니다. 그러나 그

관계가 영원히 지속되지는 않았습니다. 이삭이 자기의 권위와 지위를 되찾을 시기가 온 것입니다. 그 시기는 바로 그가 젖을 떼는 잔치 때였습니다. 그 날, 이삭의 모친 사라는 이삭이 이스마엘에게 성 학대 당하고 있는 장면을 우연히 목격하게 되었습니다. 그래서 어떻게 했습니까? 사라는 감정적으로 대처하지 않고 정식으로 문제를 제기했습니다.

그가 아브라함에게 이르되
"이 여종과 그 아들을 내어쫓으라. 이 종의 아들은
내 아들 이삭과 함께 기업을 얻지 못하리라" 하매(21:10)

되찾아야 할 권리

사라는 이스마엘이 이삭을 성 학대했다는 말은 입에 담지도 않았습니다. 그 대신 정식으로 이삭의 권리를 요구하고 나섰습니다. "이 여종의 아들은 내 아들과 함께 기업을 얻지 못할 것입니다. 이들을 내쫓으십시오." 우리가 잘못 생각하면 어머니의 지나친 욕심 때문에 배다른 아들에 대해 지나친 반응을 하고 있는 것은 아닌가 싶을 수도 있습니다. 그러나 이것은 이삭이 되찾아야 할 당연한 권리였습니다. 그 당시 법으로도 여종의 아들은 재산을 상속할 수 없었습니다. 단지 종으로 팔지 않고 그냥 자유인으로 내보내게 되어 있었습니다. 하나님의 말씀도 그랬습니다. 이처럼 그 당시의 법으로나 하나님의 말씀으로나 이삭은 되찾아야 할 권리가 있었습니다. 사라는 바로 그 권리를 주장하고 나선 것입니다.

여기서 '기업'이라는 것이 무엇입니까? 그것은 재산 상속권을 의미합니다. 아브라함은 거부였습니다. 그의 모든 재산이 다 기업입니다. 그러나 아브라함이 가졌던 것은 단순히 많은 재산만이 아니었습니다. 족장이 가지고 있는 권한 중에는 재판권이 있었습니다. 가정의 아주 중요한 일들을 결정할 수 있는 권리가 있었던 것입니다. 유다는 족장으로서 며느리 다말이 간음을 했다는 소식을 들었을 때 불에 태워 죽일 것을 결정했습니다. 그것은 그가 족장이었기 때문에 가능한 일이었습니다.

그러나 이보다 더 중요한 것은 무한히 하나님께 나아갈 수 있는 특권이 있었다는 것입니다. 이 장자의 명분에는 단순히 재산이나 재판권이 아니라 무한히 하나님께 가까이 나아갈 수 있는 자격증과 같은 의미가 있었습니다. 가장 중요한 것은 바로 이것이었습니다. 하나님께서는 이러한 자격을 가진 자에게 나타나셔서 하나님의 뜻을 보여 주시고 설명해 주셨습니다. 이것이야말로 축복 중에서도 가장 중요한 축복이었습니다.

이스마엘이 한계를 지켰다면

처음에 사라는 이스마엘을 내쫓을 생각이 없었던 것 같습니다. 사라는 대단히 덕이 많은 여자입니다. 그러나 이스마엘이 자신의 한계를 지키지 않고 오히려 정식 상속자를 노예로 삼는 것을 보면서 그를 내쫓지 않고서는 이삭이 절대로 자신의 권리를 누릴 수 없다는 것을 알게 되었습니다. 만일 이스마엘이 이삭이야말로 하나님이 세우신 정식 상속자라는 것을 알고 그의 종이 되며 보호자가 되고자 했다면, 그렇게 자신의 한계를 지켰다면 내쫓길 이유가 전혀 없습니다. 그러나 그는 자기 교만 때문에 누릴 수 있는 축복도 누리지 못하고 쫓겨나고 말았습니다.

아브라함의 가정은 아주 중요한 축복을 가진 가정이었습니다. 그것은 그들이 하나님께 무한히 가까이 나아가며 또 하나님께서 그들에게 계속 찾아오셔서 말씀하시는 특권입니다. 이것이야말로 재산을 상속받는 것보다 더 중요한 축복이었습니다. 사라는 이 축복은 이삭에게 가야 하며, 이스마엘은 이것을 차지하거나 나누어 가질 수 없다고 주장했습니다.

그 백성의 권리는 아무도 빼앗을 수 없다

하나님께 나아가는 그 특권은 어느 누구도 빼앗을 수가 없습니다. 하나님의 백성으로 하여금 하나님께 나아가게 해야 합니다. 그 백성으로 하여금 자기 언어로 기도할 수 있게 해야 하며, 자기 언어로 하나님을 찬송할 수 있게 해야 합니다. 어떤 제도나 조직이나 물리적인 힘도 그 택한 백성이 하나님께 나아가는 것을 막을 수가 없습니다.

오늘날에도 우리에게는 하나님께 무한히 나아갈 수 있는 축복이 있습니다. 하나님께서는 그 축복을 교회 공동체에 주셨습니다. 그것은 어느 개인이 가지고 있는 축복이 아닙니다. 무한히 하나님께 나아가며, 기도하고, 찬양하며, 하나님께서 찾아오셔서 말씀하시는 것은 교회에 공동체적으로 주신 특권입니다. 교회는 하나님 앞에서 공동체적인 장자입니다.

오늘날 우리들은 하나님의 아들임에도 불구하고 이 세상에서 비참하고 굴욕적인 취급을 당할 때가 있습니다. 또 너무나도 힘이 없어서 이 문제를 스스로 해결할 수 없을 때도 있고, 누구에게도 말할 수 없을 때도 많습니다. 주님께서 우리에게 약속하신 것이 무엇입니까? "내가 온 것은 양으로 생명을 얻고 더 풍성히 얻게 하려는 것이라"(요 10:10하). 주님은 우리에게 풍성한 삶을 주기 위해서, 존귀한 삶을 주기 위해서 오셨습니다. 그런데 실제로는 우리의 존귀함을 빼앗는 것들이 너무나도 많습니다. 그것은 가난일 수도 있고, 질병일 수도 있고, 대인관계에서 오는 불리한 위치일 수도 있습니다. 우리에게도 사라 같은 어머니가 있어서 이러한 우리의 문제들을 하나님께 말씀드려 주었으면 좋겠습니다.

여러분, 우리에게도 사라 같은 어머니가 있습니다. 갈라디아서에서 사도 바울은 '하늘에 있는 예루살렘이 우리 어머니' 라고 말하고 있습니다만, 우리에게는 우리의 사정을 알아서 기도해 줄 수 있는 분이 누가 있습니까?

이스마엘의 문제를 놓고 기도하라

주님은 우리의 모든 사정을 남김없이 다 알고 계십니다. 특히 성경은 성령을 가리켜 '일곱 눈을 가진 영' 이라고 말씀하고 있습니다. 물론 성령님은 우리가 당하고 있는 모든 고통을 다 알고 계십니다. 그러나 우리는 이 어려움들을 가지고 기도하고 간구할 필요가 있습니다. 이삭처럼 자신의 권리 위에서 잠자는 것은 현명하지 못한 행동입니다. 생명과 경건에 속한 모든 능력을 우리에게 주셨는데도 불구하고 더럽고 추한 모습으로 사는 것은 합당치 않은 일입니다. 우리가 마땅히 누려야 할 풍성한 삶을 오늘 되찾아야 합니다. 무엇이 나를 굴욕적인 모습으로 만듭니까? 그것을 기도로 하나님께 말씀드릴 특권이 우리에게 있습니다.

그런 의미에서 저는 교회가 참으로 도움이 된다고 생각합니다. 물론 교회가 곧 사라 같은 어머니라고 말할 수는 없지만, 우리가 서로에게 사라가 되어 함께 기도할 수 있습니다. 사라가 그 당시의 법을 아주 잘 알고 있었고 하나님의 뜻을 깊이 이해하고 있었으며 그것을 가지고 바로 아브라함에게 나아갔을 때 아브라함이 거절할 수 없었던 것처럼, 오늘 우리들은 우리가 당면하고 있는 문제들을 서로에게 내놓고 함께 기도할 필요가 있습니다.

사라의 간구에 힘이 있었듯이

기도 중에서 가장 힘 있는 기도가 무엇입니까? 다른 사람을 위하여 드리는 중보기도입니다. 오늘 본문을 보면 사라가 이삭을 위해 간구한 것이 얼마나 힘이 있었습니까? 마찬가지로 자기의 어려움을 주 안에서 함께 형제와 자매 된 자들에게 알려서 함께 간구하는 것은 어려움을 이기는 가장 중요한 방법입니다. 우리가 다른 교인을 위해서 기도한 것 중에서 이루어지지 않은 것이 있습니까? 다 놀랍게 이루어지게 되어 있습니다. 하나님께서는 사라를 통하여 역사하셨던 것처럼 우리가 함께 기도할 때 우리를 지켜 주시고, 우리의 풍성한 삶을 회복시켜 주십니다.

요즘 교인이 약간 늘었습니다. 그러니까 서로 관계가 조금 겉도는 것 같습니다. 서로 진실을 이야기하지 않고 그냥 자기 일에만 분주합니다. 여러분, 이것은 자기의 특권 위에서 잠자는 것과 같습니다. 자기의 문제를 이야기해야 합니다. 특권이 있는데도 멸시당하고 욕을 얻어먹을 필요가 없습니다. 우리는 하나님 앞에서 가장 존귀한 자들입니다. 나의 풍성한 삶을 빼앗아 가는 것이 무엇입니까? 그것을 붙들고 기도하십시오. 그리고 교회에 기도를 부탁하십시오. 그러면 풍성한 삶을 얻게 될 것입니다.

3. 하나님의 말씀이 임하다

아브라함은 사라의 말을 듣고 아주 깊이 근심했습니다.

아브라함이 그 아들을 위하여 그 일이
깊이 근심이 되었더니(21:11).

아브라함의 고민

여기서 '그 아들' 은 누구입니까? 이스마엘입니다. 이스마엘은 아브라함이 사랑하는 큰아들이었습니다. 다른 부분에서는 그렇게 현명하고 똑똑하고 하나님의 뜻을 잘 분별하던 아브라함도 이스마엘 문제만큼은 눈 뜬 장님처럼 깨닫지 못했습니다. 그 이유가 무엇입니까? 이스마엘은 아브라함이 포기하지 못한 마지막 인간적인 고집이요 오만이었기 때문입니다.

우리는 아브라함을 이해할 수 있습니다. 그에게 얼마나 아들이 필요합니까? 작은아들만 아들이고 큰아들은 아들이 아닙니까? 큰아들도 분명히 아브라함의 아들입니다. 그러나 아브라함은 단순한 유목민이 아니었습니다. 그에게는 하나님의 말씀이 있었고 구원의 약속이 있었기 때문에 평범한 삶을 살 수가 없었습니다. 하나님의 말씀이 임한 후에 아브라함의 삶은 자기의 삶이 아니라 하나님의 삶이 되었습니다. 그래서 다른 사람들에게는 다 통하는 것도 아브라함에게는 통하지 않았습니다.

아브라함은 큰아들을 포기할 수가 없었습니다. 그래서 사라의 말을 들었을 때 깊이 근심했습니다. 사라의 말이 맞기는 하지만 너무 지나친 것 같았습니다. 이스마엘과 이삭이 형과 아우로서 사이좋게 지낼 수는 없을까 고민이 되었습니다.

이것만큼은 포기할 수 없다

하나님을 믿는다고는 하지만 사실 모든 부분을 다 맡기고 믿는 것은 아닙니다. 원칙적으로는 하나님을 믿고 의지하지만 결코 포기하고 싶지 않은 자기만의 영역이 있습니다. 완강한 고집이 있습니다. 그 부분이 바로 우리를 눈멀게 합니다. 옆에서 보면 말도 안 되는 것을 자기는 포기하지 못하고 끝까지 붙드는 것입니다. 바로 그 포기하지 못하는 부분이 우리를 바보로 만들고 눈멀게 만들며 하나님께 나아가는 것을 주저하게 만듭니다.

어떤 사람에게는 그것이 결혼 문제일 수 있습니다. 평소에는 그렇게 현명한데 결혼 문제만 나오면 완전히 눈먼 소경이 되어서 이성도, 신앙도, 사도신경도 다 잊어버리는 사람이 있어요. 또 어떤 사람에게는 자녀의 공부 문제일 수 있습니다. 그렇게 신앙 좋고 봉사 잘 하는 사람도 자녀의 공부 문제만 나오면 완전히 눈먼 소경이 되어 버립니다. 때로는 사업하는 방식이나 남편이나 아내의 문제일 수도 있습니다. 다른 문제에는 그렇게 똑똑하고 현명한 사람이 그 포기하지 못한 문제만 나오면 완전히 불신자가 되어 버립니다.

이 부분에서 사라는 굉장히 큰 도움이 되었습니다. 사라는 참으로 아브라함의 돕는 배필이었습니다. 돕는 배필이라는 것이 무슨 의미입니까? 돕는 배필은 배우자를 잘 도와서 출세시키고 배우자가 하고 싶은 일을 다 하게 하는 것이 아닙니다. 서로의 약한 부분을 보완해서 온전한 인격체가 되게 하는 존재가 돕는 배필입니다. 그것은 성격이나 기질의 문제일 수도 있고 사회적인 약점일 수도 있습니다. 그래서 사람들은 자신의 약한 부분을 보완해 줄 수 있는 결혼 상대를 찾습니다.

그러나 부부에게 가장 중요한 것은 무엇보다 영적인 보완입니다. 사람들마다 하나님 앞에서 블랙홀을 하나씩 다 가지고 있습니다. 그 블랙홀은 하나님 앞에서 포기하지 못한 자기의 욕심이요 고집입니다. 하나님의 주권을 거부하는 자기만의 세계가 모든 사람에게 다 있어요. 부부는 바로 그 부분에 하나님의 빛이 비치도록 도와 주는 배필입니다. 만약 돕는 배필이 그 부분을 도와 주지 못한다면, 그 블랙홀에 하나님의 말씀이 비치게 못한다면 사표까지는 못 쓴다 해도 시말서 정도는 써야 합니다. 부부라고 하면서도 완강한 그 부분에 슬기로운 조언을 하지 못한다면 시말서를 써야 합니다.

사라의 직언

사라는 아브라함이 결코 포기하지 못하는 마지막 고집이 이스마엘이라는 것을 알았습니다. 그것은 섣불리 건드릴 수 없는 아브라함의 세계였습니다. 그래서 사라는 기다렸습니다. 계속 기다렸습니다. 그런데 이삭이 젖을 떼는 날, 결정적인 순간이 왔습니다. 사라가 현장을 본 것입니다. 그 전에도 무언가 느낌은 있었습니다. '얘가 왜 이리 풍성한 삶을 살지 못할까? 왜 자꾸 말라 가고 기쁨이 없을까?' 그 이유를 알 수가 없었는데 그 날 봐 버린 거예요. 그 결정적인 순간이 왔을 때 사라는 더 이상 주저하지 않고 바로 아브라함에게 나아가서 문제를 제기했습니다. "이 문제를 거론하는 것을 당신이 굉장히 싫어한다는 걸 알아요. 지금도 내가 이 이야기를 하면 당신은 싫어하겠지요. 그래도 오늘은 안 되겠어요. 이 여종과 그 아들을 내쫓으세요. 그 아이는 내 아들과 함께 기업을 차지하지 못할 것입니다."

하나님께서는 사라를 도우셔서 아브라함으로 하여금 마지막 고집을 포기하게 하셨습니다. 12절을 보십시오.

> 하나님이 아브라함에게 이르시되 "네 아이나 네 여종을 위하여 근심하지 말고 사라가 네게 이른 말을 다 들으라. 이삭에게서 나는 자라야 네 씨라 칭할 것임이니라"(21:12).

마지막 고집을 버리다

하나님께서는 아브라함에게 사라의 말을 다 들으라고 하셨습니다. 아마 남자들 중에 이 말씀을 듣고 흥분을 감추지 못하는 분들도 있을 것입니다. "사내자식이 얼마나 못났으면 부인이 하는 말을 다 듣고 자기 첩과 아이를 내쫓아? 난 절대로 그렇게는 못 해." 성경은 사라가 하는 모든 말이 곧 하나님의 말씀이라고 하지 않습니다. 그리고 아브라함에게 항상 사라의 말을 듣고 모든 것을 결정하는 공처가가 되라고 하지도 않습니다. 그러나 적어도 아브라함이 포기하지 못하고 있는 이 이스마엘의 문제에 대해서만큼은 아브라함보다 사라가 훨씬 더 정확하고도 예민하게 하나님의 뜻을 알고 있다는 것입니다.

지금 하나님께서는 이 문제를 통해 아브라함을 부끄럽게 하시려는 것이 아닙니다. 남편들에게 항상, 언제나, 무슨 일이든지 아내에게 물어 봐서 결재를 받은 후에 하라고 말씀하시는 것도 아닙니다. 그러나 하나님께서 아내를 허락하신 이유가 어디에 있습니까? 나의 욕심, 나의 고집 때문에 보지 못하는 이 완강한 부분에서는 나의 배필이 훨씬 더 정확하게 실상을 보며, 훨씬 더 예민하게 하나님의 뜻을 깨달을 수 있기 때문입니다.

아브라함이 이미 오래 전에 결단을 내려야 했음에도 불구하고 오랫

동안 머뭇거리고 있던 문제가 이스마엘의 교만을 통해 드러났습니다. 이제 더 이상 기다릴 수가 없습니다. 사라는 보았습니다. 이스마엘이 얼마나 더럽고 추잡한 방식으로 이 하나님의 상속자를 괴롭히는지 보았습니다. 상황이 이런데도 더 참는다면 그것은 사랑이 아닙니다. 사라는 이것이 죄라는 것을 알고 있었습니다.

남편이 아내로부터 신앙적인 조언을 얻는다고 해서 못난 것이 아닙니다. 하나님께서는 바로 그렇게 하라고 아내를 주셨습니다. 나의 고집과 이기심 때문에 보지 못하는 문제를 아내가 보고 그 부분에 하나님의 주권이 행사될 수 있도록 하시려고 아내를 허락하신 것입니다. 남편을 주신 이유도 같습니다. 여자들도 자기의 영역, 자기의 세계에서만큼은 절대로 포기하지 않는 부분이 있습니다. 바로 그 부분을 옆에서 보고, 하나님이 그 부분에 찾아오셔서 일하실 수 있도록 조언해 주고 바로잡아 주는 것이 신앙 안에 있는 남편이 할 일입니다.

나의 '이스마엘'을 보게 하소서

오늘 한번 생각해 봅시다. 아브라함처럼 하나님이 주신 것이 아닌데도 완강하게 붙들고 있는 것이 무엇입니까? 평소에는 그렇게도 현명한데 그 문제가 나오기만 하면 완전히 이성을 잃어버리고 정상적인 분별력을 잃어버리는 영역이 어떤 것입니까? 그것이 하나님의 축복을 방해하고 있고, 그것이 우리를 영적으로 아주 미련하게 만들고 있습니다. 우리를 예민하지 못하게 하는 것은 하나님이 나에게 주신 것이 아닌데도 불구하고 인간적인 고집으로 붙들고 있는 이스마엘입니다.

아브라함은 어떻게 했습니까? 여기에 그의 믿음이 나타나고 있습니다.

아브라함이 아침에 일찍이 일어나
떡과 물 한 가죽 부대를 취하여 하갈의 어깨에 메워 주고
그 자식을 이끌고 가게 하매(21:14)

아브라함은 처음부터 하나님의 말씀을 다 깨닫지는 못해도, 일단 하나님의 뜻이 분명해지면 곧바로 결단을 내리는 신앙을 가지고 있었습니다. 그는 하나님의 뜻이 분명할 때는 꼭 아침 일찍 일어나서 행동에 옮겼습니다. 고민할 때는 고민하더라도 하나님의 뜻이 분명해지면 잠시도 머뭇거리지 않고 행동하는 것이 믿음의 조상 아브라함의 모습이었습니다. 그는 인정 사정 없이 그 아들과 여종을 내쫓았습니다.

하나님께서는 아브라함에게 이스마엘만 내보내라고 말씀하시지 않으시고 더 중요한 말씀을 하십니다.

"이삭에게서 나는 자라야 네 씨라 칭할 것임이니라"(21:12하).

이삭에게서 나올 '씨'가 있다

여기서 가장 중요한 것은 '씨' 입니다. 인간이 타락함으로 낙원에서 쫓겨난 후 계속 기다리고 있는 숙제가 하나 있었습니다. 그것은 바로 이 씨입니다. 뱀의 머리를 깨고 우리에게 하나님의 영광을 회복해 줄 이 씨가 누굽니까? 하나님께서는 이삭이 아니라고 말씀하고 계십니다. 이삭에게서 날 자가 그 씨라고 말씀하십니다. 이삭은 그 씨가 이 세상에 오는 통로에 불과합니다. 그렇다면 이 씨는 누구입니까? 이삭처럼 말씀으로 태어날 또 다른 분입니다. 아브라함과 이삭은 또 다른 분을 기다려야만 합니다. 그분은 바로 우리에게 오신 예수 그리스도이

십니다. 그가 사탄의 권세를 깨뜨리고 우리에게 하나님의 영광을 회복해 주실 이 영원한 씨입니다.

하나님께서 말씀하고 계신 것이 무엇입니까? 이삭은 죽지 않는다는 것입니다. "이삭에게서 나는 자라야 네 씨라 칭하리라." 이삭이 사느냐 죽느냐 하는 문제가 여기에서는 별로 중요하지 않습니다. 그러나 얼마 있지 않으면 하나님께서 아브라함에게 또 하나의 큰 시험을 주실 것입니다. 그것은 이삭을 모리아 산에서 제물로 바치라는 것입니다. 아브라함은 이 시험을 말씀으로 이깁니다. 어떤 말씀입니까? 바로 "이삭에게서 나는 자라야 네 씨라 칭하리라"는 이 말씀입니다.

이삭은 아직 결혼을 하지 않은 소년이었습니다. 그런데 이삭에게서 태어날 자가 씨가 될 것이고, 그 씨가 사탄의 세력을 쳐부수고 우리에게 하나님의 영광을 회복해 주리라고 말씀하신 것입니다. 아브라함은 이삭을 제물로 바치라고 하시자 고민했습니다. 그런데 그 때 바로 이 말씀을 가지고 결단을 내렸습니다. '이삭은 죽지 않는다. 만약 이삭이 죽는다 하더라도 하나님은 그를 다시 살리실 것이다. 하나님은 이삭에게서 나는 자라야 네 씨라 칭하리라고 하시지 않았는가.'

"왜 저만 이렇게 살아야 합니까?"

오늘 말씀에서 알 수 있는 것이 무엇입니까? 평범한 상식으로는 도무지 아브라함의 생애를 이해할 수 없다는 것입니다. 하나님의 언약을 모른다면 아브라함의 생애는 미친 사람의 생애요 인정도 눈물도 피도 없는 사람의 생애라고 말할 수밖에 없습니다. 이것은 오늘 우리들에게도 그대로 적용됩니다. 우리가 그리스도를 안 순간부터 이미 평범한 삶은 끝이 나 버렸습니다. 우리의 삶은 이제 우리 자신의 삶이 아니요 하나님의 삶입니다. 그런데 나의 고집, 나의 생각, 나의 체면이 하나님의 뜻을 거역하게 만들고 있습니다. "제 친구들은 이렇게 살지 않는데 왜 저는 이렇게 살아야 합니까?" 세상에 이보다 더 어리석은 질문이 없습니다. 우리가 던진 이 우문에 하나님은 현명한 대답을 주십니다. "그리스도를 안 순간부터 이제 너의 삶이라는 것은 없다. 너는 예수 믿기 전의 그 삶의 방식을 버려야 한다. 오늘 당장 이스마엘을 내쫓아라."

그러나 하나님께서는 이스마엘도 한 민족이 될 것이라고 말씀하십니다.

> "그러나 여종의 아들도 네 씨니 내가 그로 한 민족을
> 이루게 하리라" 하신지라(21:13).

이스마엘을 염려치 말라

'이스마엘도 한 민족이 될 것이고 이스마엘에 대해서도 생각이 있으니까 너는 거기에 대해서 염려하지 말라'는 것입니다. 이 세상에 하나님을 모르는 수많은 사람들, 복음을 듣지 못하고 죽은 수많은 사람들의 문제는 우리가 걱정할 일이 아니라고 말씀하십니다. 하나님께서 알아서 하실 것입니다. 그들에게는 그들의 길이 있고, 그들의 삶이 있으며, 그들의 최후가 있습니다. "다른 사람은 다른 사람이고 너는 이스마엘을 내보내라." 이것이 하나님의 요구였습니다.

우리는 모든 문제를 다 알 수 없습니다. 하나님의 영원한 작정이 드러날 때까지 풀리지 않는 의문도 있을 것입니다. 그러나 이것이 오늘 당장 내가 하나님께 순종해야 할 일에 순종하지 않을 이유는 되지 못합니다. 하나님께서는 아브라함에게 결단을 요구하셨고, 아브라함은

결단을 내렸습니다. 아침 일찍 일어나서 무자비하게 내쫓는 것, 이것이 그의 믿음이었습니다.

말씀을 듣고도 가만히 있는 것은 믿음이 아닙니다. 듣고 가만히 있는 것은 누가 못 하겠습니까? 아브라함은 아침 일찍 일어났습니다. 말씀을 듣자마자 결단을 내려서 행동하는 것, 모르는 것은 모르는 것이고 이스마엘은 어떻게 되든지 간에 하나님께서 내게 요구하시는 것을 그대로 실천하는 것, 이것이 아브라함의 믿음이었습니다.

오늘 본문은 이삭이 당한 굴욕적인 학대를 보여 주고 있습니다. 이삭은 하나님의 아들이면서도 너무나도 비참한 취급을 당했고 굴욕적인 취급을 당했습니다. 우리도 이런 취급을 당하고 있다면 하나님께서 주신 우리의 권리 위에서 잠자고 있는 것과 마찬가지입니다. 주님께서는 우리에게 풍성한 삶을 주시겠다고 약속하셨고, 그것은 우리가 마땅히 되찾아야 할 권리입니다. 그것을 가지고 기도하십시오. 오늘 우리가 이렇게 모인 것은 그것을 위해서입니다. 그저 한번 예배드리고 돌아가라고 모인 것이 아닙니다. 지금 나를 비참하게 만드는 것이 무엇이든지 간에 그것을 하나님 앞에 내어놓고 그것을 극복함으로써 풍성한 삶을 되찾으라고 이 영광스러운 예배를 허락하신 것입니다.

사랑하는 여러분, 아브라함처럼 믿는다고 하면서도 결코 포기하지 못한 나의 영적인 블랙홀이 있다면 그 부분에 대해서 하나님의 주권을 인정합시다. 내가 보지 못하는 문제를 보고 조언하는 아내나 남편의 말을 듣는 것은 절대로 부끄러운 일이 아닙니다. 부부는 서로 포기하지 못하는 영역에 대해 조언할 책임이 있습니다. 성도도 마찬가지입니다. 우리가 교회로 모이는 이유가 무엇입니까? 서로의 블랙홀을 건드릴 수 있을 때 비로소 성도이고 교회인 것입니다. 블랙홀은 건드리지도 못하면서 "머리 스타일이 바뀌었네요. 얼마짜리 파마예요?" 같은 이야기나 한다면 그게 무슨 교회입니까? 마땅히 해야 할 조언도 못한다면 뭐 한다고 함께 기도하고 함께 예배를 드립니까? 그런데 실제로 그 부분을 건드리면 원수가 되어 버립니다. 그러면 안 됩니다. 그런 식으로 믿으면 안 됩니다. 내가 완강하게 붙들고 있는 그 부분에 대해 다른 사람이 말할 수 있게 해야 하고, 거기에 하나님의 빛이 비치게 해야 합니다.

오늘 내가 포기하지 못하고 고집스럽게 붙들고 있는 부분이 무엇입니까? 그 부분을 하나님께 맡기십시오. "이스마엘 일은 네가 관여할 문제가 아니다. 네가 할 일은 이스마엘을 내보내는 것이다." 이것이 하나님께서 아브라함에게 하신 말씀입니다. 얼마나 많은 경우 믿지 않는 가족 때문에 하나님께 나오기를 주저하고 있습니까? 얼마나 많은 경우 풀리지 않는 의문 때문에 내가 당장 순종해야 될 일을 거부하고 있습니까? 그것은 믿음이 아닙니다.

사랑하는 성도 여러분, 오늘 하나님께서 우리를 여기에 모으신 것은 하나님이 약속하신 이삭의 특권을 되찾게 하시려는 것입니다. 하나님께서 우리에게 주고자 하시는 그 신령한 은혜를 되찾게 하시려는 것입니다. 우리는 하나님께 무한히 나아갈 수 있어야 합니다. 우리에게는 우리의 언어로써 기도하고, 우리의 언어로써 찬양하며, 우리의 언어로써 하나님의 말씀을 들을 특권이 있습니다. 다른 사람들에게 축복하는 그 영광스럽고 존귀한 위치를 되찾읍시다.

10 쫓겨나는 이스마엘

가죽부대의 물이 다한지라.
그 자식을 떨기나무 아래 두며 가로되
“자식의 죽는 것을 참아 보지 못하겠다” 하고
살 한 바탕쯤 가서 마주 앉아 바라보며
방성대곡하니, 하나님이 그 아이의 소리를
들으시므로 하나님의 사자가 하늘에서부터
하갈을 불러 가라사대
“하갈아, 무슨 일이냐? 두려워 말라.
하나님이 저기 있는 아이의 소리를 들으셨나니
일어나 아이를 일으켜 네 손으로 붙들라.
그로 큰 민족을 이루게 하리라” 하시니라.
하나님이 하갈의 눈을 밝히시매 샘물을 보고 가서
가죽부대에 물을 채워다가 그 아이에게
마시웠더라.
하나님이 그 아이와 함께 계시매 그가 장성하여
광야에 거하며 활 쏘는 자가 되었더니
그가 바란 광야에 거할 때에 그 어미가 그를 위하여
애굽 땅 여인을 취하여 아내를 삼게 하였더라.

창 21:15-21

어느 아버지에게 아주 골치 아픈 아들이 하나 있었습니다. 이 아들은 하라는 공부나 일은 하지 않고 허구한날 술만 퍼 마시고 다른 사람들과 싸움질이나 하는 데다가 집에 들어오기만 하면 동생들을 두들겨 팼습니다. 심지어는 어머니를 때린 적도 있었습니다. 결국 아버지가 어떻게 했겠습니까? 이 아들을 집에서 내쫓았습니다. 아주 간단한 옷가지만 챙겨서 나가게 했습니다. 그리고 다시는 집 근처에 얼씬도 하지 말라고 엄명을 내렸습니다. 아버지가 이런 식으로 이 아들을 내쫓은 이유가 무엇일까요? 아들을 미워해서가 아닙니다. 지금 이 상태로는 도저히 이 아들을 감당할 수 없기 때문입니다. 그래서 아들을 내쫓아 실컷 고생시켜서 정신을 차리면 다행이고 그렇지 않으면 포기하려고 내쫓은 것입니다.

사람은 다른 사람들과 어울려 살면서 그들의 인정과 사랑을 받을 때 자신의 가치를 찾을 수 있습니다. 그래서 남자가 갑자기 직장을 잃으면 자존감을 가지기 어렵습니다. 또 직장을 잃고 지내는 기간이 지속될 때 '이 사회가 나를 필요로 하지 않는구나' 하는 생각 때문에 자신에게 굉장한 열등감을 가지게 됩니다.

오늘 우리가 읽은 성경 말씀에는 아브라함이 자기 아들 이스마엘을 내쫓는 내용이 나옵니다. 아브라함이 이스마엘을 내쫓은 것은 단순히 그가 첩의 아들이었기 때문이 아닙니다. 그것은 이스라엘의 죄에 대한 징계였습니다. 죄를 지었을 뿐만 아니라 그것을 인정하지 않는 완강한 고집 때문에 이스마엘을 감당할 수 없어서 내쫓은 것입니다.

아브라함의 집은 언약 공동체

아브라함의 가정은 단순한 가정이 아니라 작은 하나님의 나라요 교회였습니다. 아브라함은 이스마엘이 그 상태로 이 언약의 공동체 안에 있는 것이 부적당하다고 생각했습니다. 왜냐하면 그의 생각과 기질과 행동이 이 가정의 정신과 맞지 않았기 때문입니다. 그래서 이스마엘을 내보냈습니다.

그러나 오늘 말씀은 거기에서 그치지 않습니다. 아브라함의 가정에서 내쫓긴 이스마엘은 광야를 방황하다가 거의 쓰러져 죽게 되었습니다. 그 때 하나님께서 나타나셔서 이스마엘을 도와 주십니다. 그리고 쓰러져 정신을 차리지 못하는 그를 세워 놓고 큰 민족을 이루게 하겠다는 약속을 하십니다. 이 체험이 있고 난 후에 이스마엘은 굉장한 힘을 얻어 활 쏘는 것으로 유명한 자가 되었습니다.

오늘 우리들의 관심은 아브라함의 가정이 무엇을 의미하며, 또 아브라함의 가정 밖에서 이스마엘이 체험한 것은 어떠한 것이고, 아브라함의 가정과 세상은 어떤 관계에 있는가 하는 점에 있습니다.

1. 신앙의 공동체

이스마엘이 아브라함의 집에서 추방된 의미를 알려면 아브라함의 집이 어떤 집인지 알 필요가 있습니다. 21장 14절을 보십시오.

> 아브라함이 아침에 일찍이 일어나 떡과 물 한 가죽 부대를 취하여 하갈의 어깨에 메워 주고 그 자식을 이끌고 가게 하매 하갈이 나가서 브엘세바 들에서 방황하더니

아브라함은 이스마엘이 단순히 첩의 아들이기 때문에 내쫓은 것이 아닙니다. 아브라함의 집은 작은 하나님의 나라요 교회였습니다. 하나님의 집의 특징은 그 곳이 바로 거룩한 언약의 공동체라는 데 있습니다. 그 언약은 사람 사이의 언약이 아닙니다. 우리 각자와 하나님 사이의 언약입니다. 하나님께서는 공동체에 있는 한 사람 한 사람과 언약을 세우셨습니다. 그 언약의 공동체 안에 있는 사람에게 하나님께서 요구하시는 것은 한마디로 말해서 '거룩' 입니다.

언약 공동체는 거룩해야 한다

이 거룩에는 두 가지 요소가 있습니다. 하나는 하나님께 대한 거룩으로서, 절대로 다른 신을 섬기지 않는 것입니다. 하나님의 백성은 어떤 절망과 어려움이 닥쳐도 우상에게 가서 복을 구걸하거나 점을 치거나 미신적인 행동을 해서는 안 됩니다. 왜냐하면 그렇게 하지 않기로 하나님과 언약을 세웠기 때문입니다. 이처럼 하나님 외에 다른 신을 절대로 섬기지 않고 다른 이름을 부르지 않으며 우상에게 절하지 않고 안식일을 지키는 것이 하나님께 대한 거룩입니다. 두 번째는 다른 사

람과의 관계에서 나타나는 거룩입니다. 그래서 다른 사람을 죽이거나 간음하거나 도둑질하거나 거짓 증거해서는 안 됩니다. 이것은 출애굽 때 십계명이라는 형태로 분명하게 나타납니다. 물론 아브라함의 시대에는 이것이 십계명처럼 명문화되지는 않았지만, 아브라함과 그의 식구들의 마음속에 담겨 있었습니다.

거룩을 지키는 공동체에게 주시는 약속

하나님께서는 이스라엘 백성들에게 이 두 가지 거룩을 요구하셨습니다. 하나는 하나님께 대한 거룩이요 다른 하나는 이웃에 대한 거룩입니다. 만일 이 거룩이 지켜지지 않으면 하나님은 그들을 떠나실 것입니다. 그러나 그들이 여러 가지 미신들에 대한 호기심을 버리며, 위기 때 다른 신을 붙들고 싶은 마음을 버리고, 다른 사람의 아내나 물건을 탐내지 않고, 다른 사람에게 분노로 행동하지 않으며 자기의 거룩을 지킬 때 하나님께서 어떻게 하십니까? 그들을 지켜 주십니다. 이 세상이 어떻게 되든지 간에 그들을 지켜 주십니다. 그들을 인도해 주십니다. 어느 길로 가야 하며 어떻게 살아야 하는지 가르쳐 주십니다. 그리고 치료해 주십니다. 마음속에 있는 상처를 일일이 치료해 주십니다.

그래서 신앙은 개인적인 것이 아니라 공동체적인 것입니다. 처음 내가 예수를 믿을 때에는 개인적으로 믿습니다. 그러나 일단 신앙의 공동체에 들어오고 나면 하나님께서 그들 전체를 지켜 주시고 그들의 갈 길을 인도해 주십니다. 물론 설교는 하나의 말씀으로 나오지만 듣는 사람은 굉장히 다양하게 듣습니다. 각자 자기 형편에 맞는 구체적인 하나님의 말씀을 듣는 것입니다. 그리고 실제로 그 말씀대로 해 보면 길이 열립니다. 혼자서 백방으로 뛰고 온갖 계획을 다 세울 때는 마치 모래성을 쌓는 것처럼 진전이 없었는데, 하나님의 백성들 가운데서 함께 신실하게 말씀을 들으니까 하나님께서 함께하시고 축복하시며 마음속 깊은 곳에 있는 상처를 치료해 주십니다.

저는 과거에 한때 술을 마신 적이 있습니다. 그러나 지금은 술을 아주 싫어합니다. 왜냐하면 술은 사람에게서 일관성을 빼앗아 가기 때문입니다. 그래서 술을 마신 사람은 그 자녀들에게도 많은 상처를 줍니다. 술 마신 사람은 술을 마셨을 때와 술을 마시지 않았을 때의 태도가 다릅니다. 술 마신 사람 본인은 모릅니다. 하지만 자식들은 그 중에 어느 아버지가 진짜 아버지인지, 아내는 어떤 사람이 진짜 남편인지 혼동이 됩니다. 그래서 결국은 남편이나 아버지를 믿지 않고 '내가 나 자신을 지켜야겠다' 고 생각하게 됩니다.

이처럼 다른 사람은 아무도 믿을 수 없고 내가 스스로를 지켜야 한다고 생각할 때 사람에게는 두 가지 현상이 나타납니다. 하나는 다른 사람을 절대로 어느 선 안으로 받아들이지 않는 것입니다. 마음이 마치 철문 같습니다. 좀 친하게 지내다가도 더 친해지려고 하면 무슨 트집을 잡아서라도 화를 내서 관계를 끊어 버립니다. 왜냐하면 이미 사람을 마음껏 받아들였다가 상처를 받았던 경험이 있기 때문입니다. 그래서 누구와 좀 친해지려고 하면 완강하게 내 마음에서 밀어내 버리는 것입니다. 이것은 신앙생활과 사회생활에 치명적인 영향을 끼칩니다. 이런 사람에게는 친구가 없습니다.

또한 자기 스스로를 지켜야 한다고 생각하는 사람에게는 유치한 성향이 남습니다. 그래서 어른인데도 게임에 한번 빠지면 새벽 네시, 다섯시까지 헤어나오질 못합니다. 어른인데도 비디오를 줄기차게 빌려 봅니다. 어른이라면 텔레비전을 보다가도 딱 끌 줄 알아야 합니다. 그런데 마냥 텔레비전 앞에 붙어 있는 것은 그 사람 안에 아주 유치한 부분이 남아 있기 때문입니다. 이런 사람은 결혼생활을 해도 굉장히 유치하게 합니다. 그리고 자녀에게도 일관성 없는 태도를 보입니다. 좋을 때는 굉장히 잘해 주지만 싫을 때는 마구 때리고 화풀이를 합니다. 그래서 그 아들도 '좋다. 내가 나를 지키겠다' 고 다짐하게 되는 것입니다.

공동체에서 일어난 치유

사실 제가 목회하면서 어려움을 느꼈던 부분이 바로 이런 부분입니다. 저는 다른 사람을 저의 마음속으로 완전히 받아들이기를 굉장히 두려워합니다. 그래서 목회하는 데 어려움이 많았습니다. 평소에는 사람을 차별하지 않고 잘 지내지만, 어느 선 안으로는 좀처럼 받아들이지 않습니다. 그리고 제 기질에도 어떤 부분에는 굉장히 유치한 점이 있습니다. 우리는 순진한 것과 유치한 것을 구분할 수 있어야 합니다. 순진한 것은 좋지만 유치한 것은 보기 싫은 것입니다. 그런데 그것이 우리 교회 안에서 치료가 되었습니다. 우리 교회 안에서 형제와 자매들이 나를 한없이 받아 주며, 내가 어떤 말을 하고 행동을 해도 받아 주고 유치한 말과 행동까지 용납해 주었을 때, 제 마음이 많이 열렸습니다. 이것은 공동체 안에서 일어난 치유입니다.

내 안에 있는 유치한 부분은 나를 용납해 주는 공동체가 아니면 절대로 치료가 되지 않습니다. 그래서 현명한 형제와 자매들은 그런 공동체를 찾게 되어 있습니다. 나를 마음껏 개방해도 공격당하지 않는, 설사 좀 실수를 했다고 하더라도 용납해 주는, 좀 경솔하고 부족해도 애교로 봐 주는 그런 열린 공동체야말로 어느 누구도 다룰 수 없으며 한 번도 햇빛이 비친 적이 없는 나의 깊은 곳 어두운 세계를 밝혀 주고 치료해 줍니다.

우리가 함께 하나님의 말씀을 붙들 때, 부족하지만 하나님만 섬기고 서로를 진정한 사랑으로 대하고자 할 때 하나님은 우리 전부를 지켜 주십니다. 전쟁이 터지든지 지진이 나든지 어떤 일이 생기든지 우리 전부와 개인 한 사람 한 사람의 삶을 지켜 주시기로 약속이 되어 있습니다. 우리는 하나님의 말씀을 붙들고 하나님은 우리의 삶을 책임져 주시는 이것이 거룩한 언약의 특징입니다. 그래서 교인들은 혼자 살기 위해서 각개 약진하지 않습니다. 예수님께서는 이것을 양의 우리를 통하여 표현하셨습니다.

언약의 공동체에 속하라

> "또 이 우리에 들지 아니한 다른 양들이 내게 있어
> 내가 인도하여야 할 터이니 저희도 내 음성을 듣고
> 한 무리가 되어 한 목자에게 있으리라"(요 10:16).

들판에 있는 양들에게 가장 위험한 것이 무엇입니까? 밤손님입니다. 이 밤손님 중에는 사람도 있고 들짐승도 있습니다. 그래서 밤이 되면 양들은 반드시 우리 안에 들어가서 문을 잠가 놓아야 안전합니다. 그 우리가 무엇입니까? 하나님의 언약을 지키는 이 언약의 공동체입니다.

우리에게 중요한 것은 이 언약의 공동체 안에 있는 것입니다. 아무리 세상이 어렵고 불안해도 언약의 공동체 안에 있으면 삽니다. 오늘날 사람들은 21세기를 두려워하고 있습니다. 21세기가 어떻게 될지 아

무도 장담하지 못합니다. 그러나 주님이 약속하고 계시는 것이 무엇입니까? 이 언약의 공동체 안에서 하나님의 약속을 지킨다면, 우리가 하나님만 믿으며 서로 해치지 않고 진실로 사랑으로 연합한다면 21세기가 아니라 30세기가 되어도 지켜 주시겠다는 것입니다.

공동체로서 하나님의 말씀을 함께 붙들고 있습니까? 아무것도 두려워하지 마십시오. 먹을 것이 없으면 서로 좀 나누어 주면 될 것 아닙니까? 집이 없으면 데려다가 마루에 재우면 될 것 아닙니까? 공동체 안에서 신실하게 말씀을 붙들고 있을 때 목자의 음성이 들립니다. 그리고 그 음성이 모든 유혹을 모두 물리쳐 줍니다.

영혼의 도둑을 경계하라

도둑 중에서도 가장 무서운 도둑은 사람의 영혼을 훔치는 도둑입니다. 물론 물건을 훔쳐가는 도둑도 굉장히 기분이 나쁩니다. 이불을 펼쳐 놓고 집 안의 물건들을 그 위에 다 쏟아 놓기도 하고 이불 밑에 껌을 붙여 놓기도 하고 뭘 싸놓고 가기도 하면서 엄청나게 상처를 주지요. 그러나 그보다 더 무서운 도둑은 영혼을 빼앗아 가는 도둑입니다. 사람의 생명을 지켜 줄 수 없는데도 지켜 줄 수 있는 것처럼 가르치는 거짓된 가르침보다 더 위험한 것이 없습니다.

저는 우리 사회의 많은 학생들이 아직도 마르크시즘을 붙들고 있는 것을 굉장히 안타깝게 생각합니다. 마르크시즘은 전세계적으로 이미 검증된 이론입니다. 그럼에도 불구하고 아직도 많은 젊은이들이 현실에 대한 불만을 이 급진적인 이론으로 해결하려고 자신의 삶을 바치고 있는 이유가 무엇입니까? 힘 없는 진리보다는 힘 있는 악이 더 낫다는 생각을 가지고 있기 때문입니다. 그래서 마르크시즘이 이제는 아니다 싶으면서도 이 급진적인 이론을 받아들이고 있는 것입니다. 마르크시즘은 영혼의 도둑입니다. 왜 이런 마르크시즘이 안 된다는 것입니까? 마르크시즘은 인간의 죄성을 간과하고 있습니다. 그 이론이 실제가 되지 못하는 이유는 마르크시즘이 놓치고 있는 이 인간의 죄성 때문입니다. 인간의 부패한 본성을 충분히 이해하지 못하는 이론은 그 어떤 것이라도 절대로 현실화되지 못합니다.

기독교가 진리인 이유는 기독교보다 인간의 본성을 더 철저하게 파헤친 가르침이 없기 때문입니다. 성경을 읽어 보면 성경이야말로 심리학 중의 심리학이라는 것을 알게 됩니다. 그리스도인들은 남을 꿰뚫어 봅니다. 성경만큼 사람의 깊은 본성을 꿰뚫어보고 그에 대한 분명한 치료책을 보여 주는 것이 없습니다. 기독교는 단순한 이론이 아닙니다. 기독교는 삶입니다. 이미 그렇게 사신 분이 제시하신 것입니다.

또한 오늘날 많은 청소년들은 자신의 젊음을 입시의 제단에 바치고 있습니다. 물론 사람은 미래의 행복을 위하여 당장의 행복을 포기할 수 있습니다. 그러나 입시는 우리를 보장해 줄 만한 미래가 되지 못합니다. 그것은 끝없는 경쟁의 한 부분에 불과합니다. 우리의 젊음은 다시 오지 않습니다. 입시의 제물이 되기에는 너무 아깝습니다. 그래서 어떤 학생들은 이 젊음을 퇴폐적으로 누리기도 합니다. 그러나 그것 역시 영혼을 도둑질당하는 것입니다. 성경은 매순간을 하나님 앞에서 아름답게 사는 것이야말로 신앙이라고 말씀하고 있습니다.

마귀의 책략

마귀는 어떻게 해서라도 우리의 영혼을 망치려고 합니다. 이 세상의 화려한 영광을 보여 주면서 아름답지 못한 것을 위하여 우리의 젊음이나 시간을 낭비하게 합니다. 그래서 마침내 그 사람의 모래시계가 다 끝났을 때 조물주 앞에 빈손으로 서게 만드는 것이 바로 마귀가 하는 짓입니다. 그 때 마귀는 뒤에서 낄낄거리고 웃으며 말할 것입니다. "이놈의 영혼을 말아먹었으니 나는 성공했다!"

여러분, 영혼을 도둑질당하지 마십시오. 지금 이 순간은 다시 오지 않습니다. 저는 우리 교회에서 어린아이들이 마구 떼쓰지 못하게 합니다. 애라고 해서 예배 시간에 마구 뒹굴고 탐욕스럽게 남의 것을 빼앗게 내버려 두지 않습니다. 왜냐하면 그 어린 시절은 다시 되돌아오지 않기 때문입니다. "예배 시간에 영광스럽게 자든지 장난감을 영광스럽게 나누어 주든지 어떻게 하든지 너의 어린 시절을 하나님 앞에서 영광스럽게 보내라"고 해야 합니다. 사람들은 아이들이 어리니까 앞으로 기회가 많으리라고 생각하지만 어린 시절은 다시 오지 않습니다. 그 순간을 참으로 아름답고 가치있게 할 수 있게 하는 것은 복음뿐입니다.

공동체 안에 있을 때 안전하다

공동체는 영원한 천국의 기쁨을 지켜 줍니다. 공동체 안에 하나님이 계시기 때문입니다. 하나님께서 우리 안에 계셔서 참으로 가치있는 것이 무엇인지 보게 하십니다. 교회 안에 들어와 보면 다른 영혼이 얼마나 아름답고 가치있는지 깨닫게 됩니다. 우리 가운데 행복할 권리가 없는 사람은 아무도 없습니다. 해치고 욕하고 무시해도 되는 사람은 아무도 없습니다. 하나님께서 우리에게 깨닫게 하시는 것은 우리 한 사람 한 사람이 모두 행복할 권리를 가지고 있으며, 서로 더 행복하고 풍성하도록 수고해 주는 이것이야말로 복음이요 신앙이라는 것입니다. 그래서 저는 교회에서의 종교적인 체험이 이 세상의 재미보다 훨씬 더 좋아야 한다고 생각합니다. 그렇지 않으면 누가 교회에 남아 있으려고 하겠습니까?

교회가 재미있어야 할 이유

오늘날 청소년들의 문제가 바로 여기에 있습니다. 세상에는 청소년들을 거의 돌게 만들 정도로 재미있는 것들이 많습니다. 오락실에 가면 너무너무 재미가 있습니다. 마음껏 때리고 죽일 수 있습니다. 음악도 신나고 재미가 있습니다. 그러나 교회 안에는 재미가 없습니다. 모일 때마다 엄숙하게 성경공부하고 요절 외우게 하니까 누가 교회에 남아 있으려고 하겠습니까? 저 같아도 안 다니겠습니다. 그렇게 재미없는 교회에 뭐하려고 다니겠습니까? 세상이 이렇게 재미있는데요.

여러분, 교회가 더 재미있어야 합니다. 오늘날은 보는 시대이기 때문에 설교 듣기가 굉장히 힘듭니다. 설교 듣고 앉아 있는다는 것이 쉬운 일이 아니에요. 특히 설교가 길어져서 50분 정도까지 되면 거의 초인적인 능력이 있어야 해요. 설교에 새로운 능력이 필요합니다. 설교가 마치 눈으로 볼 수 있고 만질 수 있는 것처럼 생생하게 전달될 때, 설교 듣는 것이 어떤 다른 것을 보는 것보다 더 재미있어집니다. 컬러 텔레비전이 나왔을 때 사람들은 "라디오의 시대는 갔다"고 이야기했습니다. 그러나 지금은 라디오를 굉장히 많이 듣고 있습니다. 마이카 시대가 오면서 텔레비전보다 오히려 라디오를 더 듣고 있는 것입니다. 듣는 것이 재미있으면 보는 것보다 훨씬 더 좋습니다.

진짜 종교적인 체험을 맛보기만 하면 세상으로 가지 않습니다. 세상이 너무 재미없어져요. 세상에서 춤추는 것이 재미있는 것 같지요? 그러나 다 똑같은 동작의 반복입니다. 손을 올리고 허리를 틀고 엉덩이를 돌리고 찍고 돌고……. 지겹습니다. 술 마시는 것도 처음에는 재미있지만 나중에는 굉장히 고통스럽습니다. 제대로 깨닫기만 하면 설교를 듣는 가운데 하나님을 체험하는 것이 세상에서 최고라는 것을 알게 됩니다. 하나님을 찬양하면서 하나님을 만나는 것이야말로 최고의 경험입니다. 기도할 때 이슬비처럼 다가오시는 하나님을 체험할 때 느끼는 기쁨은 세상의 기쁨과 비교할 수 없는 것입니다.

공동체성을 회복하라

오늘날 교회가 잃어버린 가장 중요한 것이 있다면 그것은 바로 교회의 공동체성입니다. 교회가 점점 극장이나 시장 같아지고 있습니다. 사람들은 많이 모이지만 거기에서 하나님의 인도하심을 느낄 수 없습니다. 내 마음속 깊은 곳에 한평생 간직해 온 응어리가 치료되는 것을 경험하지 못합니다. 그 이유는 교회가 기업화되면서 공동체성을 잃고 있으며, 가족성을 잃고 있기 때문입니다.

교회는 거룩한 하나님의 공동체입니다. 우리가 함께 거룩을 위하여 노력할 때, 비록 완전하지는 못하더라도 함께 노래할 때, 하나님이 임재하십니다. 그리고 이 세상 어느 곳에서도 경험할 수 없는 하늘의 축복을 맛보게 하십니다. 우리는 완전하지 못합니다. 만약 완전해야 공동체 안에 남아 있을 수 있다면 우리 모두 쫓겨 나가야 할 것입니다. 그러나 자신의 부족함을 인정하고 "하나님, 새로워지고 싶습니다. 변하고 싶습니다" 하고 기도할 때 하나님은 아무도 쫓아내지 않으십니다. 그 마음의 소원대로 변화시켜서 지극히 놀라운 체험을 하게 하십니다. 낮아졌던 것만큼 높여 주십니다. 비참했던 것만큼 영광스럽게 해 주십니다.

그리스도인들에게 가장 무서운 벌은 신앙의 공동체 안에서 쫓겨나는 것입니다. "이제 당신은 더 이상 형제와 자매가 아닙니다. 우리는 당신을 위해 기도하지 않겠습니다." 이보다 더 비극적인 일이 없습니다. 이것은 하나님의 모든 축복을 다 포기하게 만드는 일이기 때문입니다.

아브라함이 이스마엘을 내쫓은 것은 단순히 그가 죄인이었기 때문이 아닙니다. 아브라함을 통하여 다스리고 말씀하시는 이 하나님의 통치를 인정하지 않았기 때문입니다. 그래서 성경은 이스마엘의 기질을 들나귀 기질이라고 말씀하고 있습니다. 그는 아무에게도 구속당하기 싫어했습니다. 하나님은 사람을 통하여 일하십니다. 신앙의 공동체를 유지하는 데 가장 중요한 것은 하나님이 사람을 통해서 일하시고, 사람을 통해서 말씀하시며, 사람을 통해서 나의 기질을 통제하신다는 것을 인정하는 것입니다. 그래서 다른 사람을 나보다 낫게 여기는 이 겸손이 없으면 절대로 신앙 공동체 안에 있을 수가 없습니다.

이스마엘이 인정하지 않은 것

저는 요즘 많은 성령 운동과 평신도 운동에 우려를 가지고 있습니다. 이런 운동들은 필요합니다. 그런데 사람을 통하여 일하시는 하나님을 인정하지 않고 자꾸 하나님께로 직행하려 드는 경우가 있습니다. 곧장 하나님께 전화를 걸어서 직통하려고 하는 경향이 있어요. 그러나 그렇게 하는 것은 바른 성령 운동이 아닙니다. 그저 자기 기질의 잔치일 뿐입니다. 성령은 절대로 그렇게 일하시지 않습니다. 그래서 에베소서에서는 "오직 성령의 충만을 받으라"고 하면서 남을 나보다 낫게 여기고 피차 복종하라고 했습니다. 성령이 역사하면 역사할수록 사람을 통해서 일하시고, 사람을 통해서 역사하시며, 사람을 통해서 권면하시고, 사람을 통해서 붙잡아 주시고, 사람을 통해서 말씀하십니다.

2. 나타나신 하나님

아브라함의 집에서 나온 하갈과 이스마엘은 길을 잃고 방황했습니다. 그러다가 결국 가지고 있던 물이 다 떨어져서 생명이 위협받는 아주 어려운 지경에 처하게 되었습니다. 그 때 하나님께서는 이들에게 나타나셔서 이들을 격려하시며 붙들어 주시고 아주 놀라운 체험을 주셨습니다. 15절과 16절을 보십시오.

가죽 부대의 물이 다한지라.
그 자식을 떨기나무 아래 두며 가로되
"자식의 죽는 것을 참아 보지 못하겠다" 하고
살 한 바탕쯤 가서 마주 앉아 바라보며 방성대곡하니

쓰러진 이스마엘

오늘 우리가 이 말씀에서 풀어야 할 숙제가 있습니다. 그것은 이스마엘이 나이로는 분명히 하갈보다 더 힘이 센 청년일 텐데 어째서 그가 더 빨리 쓰러져 죽게 되었느냐 하는 점입니다. 그래서 실제로 이스마엘이 쫓겨났을 때 청년이 아니라 나이가 어렸으며, 따라서 성경의 진실성이 의심스럽다고 보는 학자들도 있습니다. 그러나 반드시 남자가 여자보다 더위에 더 잘 적응하라는 법은 없습니다. 한계상황에 봉착했을 때 여자가 훨씬 더 강할 수도 있습니다. 제 생각으로는 이스마엘이 힘은 셌지만 이런 더위에 여행하는 데는 익숙하지 않았던 것 같습니다. 하갈은 여종 출신이기 때문에 더위에 다니는 데 굉장히 숙련되어 있었을 것입니다. 또 집에서 쫓겨났다는 분노가 이스마엘을 훨씬 더 빨리 지치게 했을 수도 있습니다. 사람이 화가 나면 일부러 자신을 더 지치게 만들고 학대하기 때문입니다.

이스마엘의 소리를 들으시다

마침내 이스마엘은 쓰러지고 말았습니다. 아들이 쓰러지는 것을 본 하갈은 "내 아들이 죽는다!" 하면서 방성대곡을 합니다. 이런 장면을 보면 이스마엘이나 하갈이 다른 면에서는 몰라도 성질 하나는 대단했다는 것을 알 수 있습니다. 길을 가다가 성질이 나니까 애가 그냥 쓰러져 버립니다. 그러니까 엄마는 좀 떨어진 곳에서 땅을 두드리면서 애 잡는다고 울어 댑니다. 그 때 하나님께서 나타나셨습니다.

> 하나님이 그 아이의 소리를 들으시므로
> 하나님의 사자가 하늘에서부터 하갈을 불러 가라사대
> "하갈아, 무슨 일이냐? 두려워 말라.
> 하나님이 저기 있는 아이의 소리를 들으셨나니
> 일어나 아이를 일으켜 네 손으로 붙들라.
> 그로 큰 민족을 이루게 하리라" 하시니라(21:17-18).

우리가 보기에 놀라운 것이 바로 이 부분입니다. 이삭의 입장에서 보면 이스마엘이나 하갈이 어디 가서 굶어 죽든지 목말라 죽든지 하는 것이 좋을 것 같습니다. 그들은 이삭을 괴롭혔던 사람들입니다. 또 살아도 남에게 유익을 끼칠 사람들 같지 않습니다. 그러나 오늘 본문 말씀을 보면 '하나님께서 그 아이의 소리를 들으셨다'는 말이 여러 번 나옵니다. 사실 방성대곡을 한 것은 이스마엘이 아니라 하갈이었습니다. 그러나 하나님께서는 어미의 소리가 아니라 아이의 소리를 들으셨다고 말씀하고 있습니다. 그 이유는 이스마엘의 이름에 바로 '하나님께서 들으신다'는 뜻이 있기 때문입니다.

이스마엘이나 하갈이 소리를 지른 것은 기도가 아니었습니다. 그것은 자신들의 속에 있는 분노에서 나온 원망이었습니다. 기도는 내 속에서 나오는 대로 내뱉는 것이 아닙니다. 기도는 반드시 하나님의 말씀에 대한 반응이어야 합니다. 하나님께서 말씀하시지 않으면 기도가 나올 수 없습니다. 하나님께서 나에게 말씀하시는 것을 내 나름대로 다시 소화해서 적용하는 것이 기도입니다. 또한 하나님께서 나에게 말씀하신 것을 적용하려고 할 때 생기는 어려움과 장애들을 제거해 달라는 것이 기도입니다. 그런데 이스마엘이나 하갈의 소리는 원망이나 신음하는 소리였지 기도가 아니었습니다. 그래도 하나님께서는 그들의 소리를 들으셨습니다.

하나님은 공동체 밖도 다스리신다

그 이유가 어디에 있을까요? 한 가지는 아브라함의 공동체 밖에도 하나님은 계신다는 것을 보여 주기 위해서입니다. 이들은 하나님의 말씀을 거역함으로써 아브라함의 교회에서 쫓겨난 자들입니다. 그러나 아브라함의 교회에서 쫓겨났다고 해서 그들 마음대로 살고 싶으면 살고 죽고 싶으면 죽어도 되는 것이 아닙니다. 설사 하나님의 공동체에서 나갔다고 하더라도 여전히 하나님은 이 세상을 다스리고 계시며, 거기서 그들의 생명을 지켜 주고 계십니다.

지금 이스마엘과 하갈은 어떤 상태에 있습니까? 둘 다 죽으려고 하고 있습니다. 이스마엘은 성질이 나서 죽으려고 하고 있고 하갈은 아들이 죽으려고 하니까 죽으려고 하고 있습니다. "자식의 죽는 것을 참아 보지 못하겠다"는 말이 무슨 뜻입니까? 아들이 죽으면 나도 같이 죽겠다는 뜻입니다. 아마 그들은 거기서 자살하려고 했는지도 모릅니다. 너무 덥고 신경질 나니까 자살하려고 했는지도 모르겠어요.

요즘 사람들은 자살을 너무 쉽게 합니다. 어떤 학생들은 성적이 제대로 나오지 않으면 자살을 합니다. 또 어떤 학생들은 가수가 죽으면 자기도 죽어 버립니다. 남자들은 직장이 부도나면 자살하려고 합니다. 젊은 여자들은 남자가 변심을 하면 자살하려고 합니다. 무슨 말입니까? 자신의 생명을 너무나도 무가치하게 생각한다는 것입니다. 성질만 나면 그냥 죽어 버려요. 사람들은 죽는 것을 너무 쉽게 생각합니다. 그러나 생명은 굉장히 귀한 것입니다. 설사 안 믿는 사람이라고 하더라도 아직은 하나님께서 사랑하고 계십니다. 그렇게 쉽게 죽으면 안 돼요. 아무리 무서운 죄를 지었다고 하더라도 그렇게 쉽게 죽으면 안 됩니다.

이스마엘도 소중하다

하나님께서는 이스마엘의 소리를 듣고 계셨습니다. 이스마엘은 죄인으로서 하나님의 교회에서 쫓겨나 절망적인 상황에 처해 있었습니다. 이스마엘은 모든 신앙 없는 사람의 대명사입니다. 그런데도 하나님께서는 그의 소리를 들으셨고 그의 생명을 소중히 여기셨습니다. 아무리 큰 어려움 중에 있다고 하더라도 자기 생명을 소중하게 생각해야 합니다. 죽기 전에 하늘을 향해 소리라도 한번 질러 보고 죽어야 합니다. "거기 하늘에 누구 없습니까? 저는 지금 죽어 가고 있습니다. 내 소리 듣는 사람 없습니까? 제발 저를 좀 도와 주십시오." 그 때 하나님께서 "내가 듣고 있다"고 하시면서 살 길을 주실 것입니다.

우리는 신앙이 없는 사람들의 생명을 무가치하게 생각하기 쉽습니다. 그러나 하나님께서는 그렇지 않으십니다. 신앙이 없는 여성들의 특징은 현대로 오면 올수록 자신의 몸을 너무 쉽게 생각한다는 것입니다. 그렇게 하면 안 됩니다. 하나님은 우리의 생명과 우리의 몸을 굉장히 소중하게 생각하십니다. 하나님을 믿지 않는 사람도 하나님께서 그에게 허락하신 시간까지 행복하게 살 권리가 있습니다. 그것을 인정해 주어야 합니다.

아브라함의 믿음 때문에

또 한 가지 생각해야 할 것이 있습니다. 이스마엘이 이렇게 하나님의 도움을 받은 것은 역시 그가 아브라함의 아들이었기 때문입니다. 사막에서 이런 식으로 방황하다가 목말라 죽은 사람이 어디 한두 명이겠습니까? 그럼에도 불구하고 유독 이스마엘에게만 하나님이 나타나신 것은 그래도 그가 아브라함의 가족이었기 때문입니다. 하나님께서 아브라함에게 언약하신 것이 무엇입니까? 하나님의 말씀에 순종하기만 하면 그가 생각하지 못하는 많은 부분들, 그의 믿지 않는 가족들까지 책임져 주시겠다는 것입니다. 아브라함은 모든 가능성을 다 생각하지 않았습니다. 아브라함이 모든 가능성을 다 생각했다면 절대로 신앙생활 못 했을 것입니다. 아브라함은 하나님의 말씀이라고 생각하면 그냥 해 버렸어요. 그러니까 그가 못 하는 부분에 하나님께서 찾아오셔서 만나 주시고 지켜 주시고 그 생명을 살려 주셨습니다. 이스마엘을 내보내면 어디서 어떻게 죽게 될지 모르면서도 아브라함이 그를 내보낸 것은 '내가 하나님의 말씀에 순종하면 하나님이 이스마엘을 지켜 주실 것이다. 내가 하지 못하는 것을 해결해 주실 것이다' 라는 믿음이 있었기 때문입니다.

그리스도인들의 삶의 특징이 무엇입니까? 그것은 단순하다는 것입니다. 단순하다고 해서 머리가 나쁜 것이 아닙니다. 머리가 나쁜데도 복잡하게 생각하는 사람은 아주 복잡하게 생각합니다. 단순한 사람의 특징은 무언가 믿는 것이 있다는 것입니다. 아이들에게 참고서를 주고 독방을 주고 영어 공부할 수 있는 테이프를 사 준다고 해서 공부하는 것이 아닙니다. 믿음이 있는 아이가 공부합니다. '내가 오늘 공부하는 것이 시험에 나올 것이다. 내가 오늘 열심히 공부하면 미래가 보장될 것이다' 하는 믿음이 있는 아이는 책이 없고 독방이 없어도 밥상에 쭈그리고 앉아서 공부를 합니다. 엄마들이 참 잘못 생각하고 있어요. 책만 잔뜩 사 주고 비싼 재료만 사 주면 다 공부할 줄 생각하는데 그렇지 않습니다. 머리 좋다고 해서 공부하는 게 아닙니다. 불안하고 자신감이 없으면 책상에 오래 앉아 있어도 엉뚱한 생각만 하고 있게 되지요.

그가 책임지신다

그리스도인들이 단순한 것도 머리가 나쁘기 때문이 아닙니다. '내가 하지 못하는 많은 부분을 하나님께서 책임져 주신다. 내가 말씀을 붙들 때 하나님께서 나의 결혼과 직장과 믿지 않는 식구들의 안전까지 모든 것을 책임져 주신다'는 믿음이 있기 때문에 단순하게 신앙생활하는 것입니다.

아브라함은 하나님의 말씀을 믿었습니다. 그러니까 하나님이 광야에서 쓰러져 죽으려고 하는 이스마엘을 찾아가셔서 지켜 주시고 보호해 주셨습니다. 이것은 아브라함 때문입니다. 그러므로 믿지 않는 식구들 때문에 신앙생활 못 한다는 것은 거짓말입니다. 내가 신앙생활을 제대로 하는 것이 믿지 않는 사람들을 보호하는 길입니다.

하나님께서는 하갈에게 특별한 명령을 내리셨습니다. 그것은 쓰러져 있는 이스마엘을 붙들어 세우라는 것입니다. 지금 정신도 차리지 못하고 있는 아이를 억지로 세워 놓게 하신 후에, 하나님께서는 이스마엘이 아주 강한 민족이 될 것이라고 말씀하셨습니다. 이스마엘의 평생에 이 때보다 더 감동적이고 더 큰 체험은 없었을 것입니다. 정신도 못 가누고 있는 자신에게 앞으로 큰 민족을 이루리라는 약속을 주셨으니 말입니다.

> 하나님이 그 아이와 함께 계시매 그가 장성하여
> 광야에 거하며 활쏘는 자가 되었더니(21:20)

이스마엘과 함께 계시다

하나님께서 이스마엘과 함께 계셨다는 것은 그의 삶을 특별히 보호하시고 축복하셨다는 뜻입니다. 그러나 이것은 이삭과 함께 계시듯이 함께 계셨다는 뜻은 아닙니다. 단지 다른 사람들보다는 특별하게 이스마엘의 길을 열어 주셨다는 것입니다. 그 당시에 가장 유명한 영웅은 활을 잘 쏘는 사람이었던 것 같습니다. 이스마엘은 유명한 궁사가 되었습니다. 이스마엘은 우리가 생각하는 것보다는 이 세상에서 성공한 삶을 살았던 것 같습니다. 우리가 이 당시에 살았더라면 이삭은 몰라도 이스마엘은 알았을 것입니다. 유명한 정치가들을 보면 참으로 신의 도움을 받았다고 말할 수 있을 만한 순간들이 많은 것을 볼 수 있습니다. 그것은 하나님께서 그를 도와 주신 것입니다. 그러나 그렇다고 해서 그가 하나님의 아들이 된 것은 아닙니다. 이삭과 같은 방식으로 함께하신 것은 아니라는 것입니다.

우리가 알아야 할 것은 이 세상이 무주공산(無主空山)이 아니라는 사실입니다. 하나님께서는 교회 밖에도 계시며 교회 밖에서도 여러 인물들을 통해서 이 세상을 다스려 나가십니다. 단지 통치하시는 원리가 다를 뿐입니다. 교회 안에서는 말씀과 성령으로 다스리십니다. 한 사람 한 사람의 마음속에 말씀으로 찾아가시고 감동을 주셔서 그들로 하여금 자진해서 하나님의 일을 하게 하십니다. 교회 안에는 절대로 강제력이 동원되지 않습니다. 교회에서 쓸 수 있는 가장 무서운 강제력, 가장 무서운 벌은 형제와 자매의 공동체에서 내보내는 것입니다.

그러나 이 세상은 강제적인 법을 통해 다스려집니다. 이 법을 지키지 않으면 사회적인 처벌을 받게 됩니다. 이스마엘의 화살이 그의 염통을 뚫을 것입니다. 아무리 좋지 않은 정부라 하더라도 무정부 상태보다는 낫다는 말이 있습니다. 정부가 없으면 인간이 자연 상태처럼 더 평화롭게 살 것 같지만 실제로 정권이 없으면 굉장히 무서운 혼란과 함께 이 세상은 완전히 지옥이 되고 맙니다.

세상과 교회의 관계

하나님께서는 이 세상에 대한 통치를 한 번도 포기하신 적이 없습니다. 교회 안에서는 말씀과 성령을 통해서 자발적인 순종으로 다스리시지만, 이 세상에서는 영웅적인 사람들을 세워서 그들에게 힘과 활과 주고 칼을 들려 주어서 이 세상의 죄를 다스리십니다. 그래서 교회는 하나님의 직접적인 통치 아래 있고 세상은 간접적인 통치 아래 있습니다. 세상은 자기 권력만 믿고 스스로를 절대시하려고 하는 경향이 있습니다. 그 때마다 교회는 그렇게 하면 안 된다는 것을 가르쳐 줄 필요가 있습니다.

이 세상은 이상적인 사회가 될 수 없습니다. 이 세상에서는 산상설교가 통하지 않습니다. 오른뺨을 맞았을 때 왼뺨도 돌려 대라고 한다고 해서 교도소도 없애고 사형제도도 없애 버리면 죄가 더욱 기승을 부릴 것입니다. 이 세상은 칼에는 칼, 눈에는 눈, 이에는 이로 다스립니다. 이것은 하나님께서 세상을 다스리시는 원리입니다. 그러나 그 세상을 지키는 것은 교회에서 흘러 나가는 사랑이요 은혜입니다. 이것이 흘러 나가지 않으면 이 세상은 법만으로는 지킬 수 없는 사나운 상태가 되고 맙니다. 교회에서 은혜와 사랑이 세상으로 항상 흘러 나가야만 세상은 그나마 건전하고 이성적인 판단에 의해서 유지될 것입니다. 그리고 교회가 하나님의 뜻을 떠나서 이상한 광신자 집단이 될 때, 가정도 파괴하고 직업도 버리고 아주 이상한 비윤리적인 집단으로 타락할 때 정부는 거기에 개입해서 그런 비도덕적인 광신자 집단을 체포하고 흩어 버릴 임무가 있습니다. 이 두 개의 나라는 때로는 보호하고 때로는 도와 주고 때로는 견제하면서 예수 그리스도가 오실 때까지 지속되어 나갈 것입니다.

3. 하갈의 눈을 밝히시다

샘물을 보게 하시다

하나님께서는 이 말씀을 하신 후 하갈의 눈을 밝혀 주셨습니다. 말씀만으로 그치지 않고 그들이 살 수 있도록 눈을 밝혀서 샘물을 보게 하신 것입니다.

> 하나님이 하갈의 눈을 밝히시매 샘물을 보고 가서 가죽 부대에 물을 채워다가 그 아이에게 마시웠더라(21:19).

하나님께서 우리에게 어떤 말씀을 하실 때는 반드시 대안이 있습니다. 어른이 자녀를 훈계하고 난 후에 자녀가 살 수 있는 돈을 주고 재산을 주는 것과 같습니다. 하나님은 말씀만 하시고 아무 조치도 해 주지 않는 분이 아닙니다. 아무리 어려운 지경에 처했다 하더라도 하나님의 말씀이 귀에 들리면 그 사람은 살아나게 되어 있습니다. 여기에서 하나님이 어떻게 하셨습니까? 하갈의 눈을 밝혀서 가까운 곳에 있는 샘물을 보게 하셨습니다.

샘물은 가까운 곳에 있다

오늘 우리의 문제가 무엇입니까? 아주 가까운 곳에 있는 많은 하나님의 축복을 보지 못하는 것입니다. 지금 하갈과 이스마엘은 가까운 곳에 샘물을 둔 채 죽어 가고 있습니다. 이스마엘은 성질이 나서 "에이, 나 죽어 버릴래!" 하고, 하갈은 "차마 눈 뜨고 못 보겠네!" 하면서 둘이서 통곡했는데, 사실은 가까운 곳에 샘물이 있었습니다. 다만 그들의 눈이 어두워서 보지 못한 것입니다.

전에 만난 어떤 분은 예전부터 알고 지내던 여성과 결혼했습니다. 그런데 전에는 한 번도 그 여성이 자기 아내가 될 사람이라는 생각을 못 했습니다. 그래서 '나는 이대로 노총각으로 죽는가 보다' 생각했는데, 어느 날 주님이 눈을 밝히시니 늘 그 자리에 앉아 있던 그 여성이 보이더라는 것입니다. 그래서 그 여성과 결혼해서 지금 굉장히 잘 살고 있습니다. 이처럼 사람의 눈이 얼마나 어두운지 모릅니다.

하나님은 일을 어렵게 하시는 법이 결코 없습니다. 하나님은 이미 우리에게 필요한 모든 것을 주셨습니다. 우리 주위는 하나님이 주신 것들로 가득합니다. 그러나 문제는 우리 눈이 어두워서 그것들을 보지 못한다는 것입니다. 그런데 주님이 눈을 밝히기만 하시면 하나 둘 보이기 시작합니다. 우리 옆에 있는 세상은 마치 숨은 그림찾기와 같습니다. 아무리 찾아도 안 보이다가 어느 한순간 눈이 뜨이면 숨은 그림들이 눈에 들어오기 시작합니다.

더 귀한 샘물

하나님께서 하갈의 눈을 밝히신 것은 한편으로는 축복이었지만 다른 한편으로는 책망이었습니다. "너희에게는 지금 옆에 있는 샘물이 아니라 영혼을 살릴 샘물이 있었는데 너희의 더러운 성질 때문에 그 귀한 샘물을 박차고 나온 거야!" 그 더 귀한 샘물이 무엇입니까? 아브라함을 통하여 주신 말씀입니다. 그 안에는 그들을 영원히 살릴 샘물이 들어 있었습니다. 이스마엘이 그 말씀을 들었더라면 활 쏘는 자가 되는 것이 아니라 그 자신이 하나님의 화살이 되어 정확한 과녁을 향해 날아갈 수 있었을 것입니다.

이 때는 활을 잘 쏘는 사람이 유명한 사람이었습니다. 세상을 정복하는 사람은 활을 잘 쏘는 사람이었어요. 이스마엘은 이 샘물을 마시고 활을 잘 쏘는 사람이 되었습니다. 오늘날에는 활을 잘 쏘는 사람보다는 경영을 잘 하는 사람이 유명합니다. 정치인들도 힘을 쓰는 사람보다는 국가 경영을 잘 하는 사람으로 바뀌고 있습니다.

오늘 우리는 성경에서 두 개의 샘물과 두 사람의 영웅을 봅니다. 한 영웅은 눈에 보이는 샘물을 마심으로써 활 쏘는 자가 된 정치적인 영웅 이스마엘입니다. 또 다른 한 사람은 눈에 보이지 않는 말씀의 샘물을 마신 신앙의 지도자 이삭입니다. 분명히 이삭보다는 이스마엘이 더 유명한 사람이었습니다. 그러나 이스마엘은 육신을 살리는 샘물을 마신 사람이요 이삭은 영혼을 살리는 샘물을 마신 사람입니다. 이스마엘은 자신이 마신 샘물보다 더 귀한 샘물이 아주 가까운 곳에 있다는 것을 몰랐습니다.

우리 주위에는 엄청나게 많은 샘물들이 있습니다. 그것을 먼저 발견하기만 하면 유명한 사람이 될 수 있습니다. 한 가지 아이디어를 발견해서 세계적인 갑부가 된 사람들도 많습니다. 그런 사람들이 하는 말이 무엇입니까? 어느 날 눈이 갑자기 밝아져서 보니까 돈 벌 아이디어가 생각나더라는 것입니다. 그러나 영혼을 살리는 샘물의 가치를 아는 사람은 별로 없습니다.

이스마엘의 샘물은 어느 곳에나 있습니다. 어느 한순간 정신을 차리면 그냥 좋은 아이디어가 떠올라서 돈을 버는 사람들이 많습니다. 그러나 아브라함의 샘물은 이 세상 어느 곳에도 없습니다. 오직 하나님의 말씀이 있는 곳, 아브라함의 가정, 그 언약의 공동체 외에는 이 샘물을 얻을 수 있는 곳이 없습니다.

말씀의 샘물을 주소서

여러분은 어느 샘물을 더 원하십니까? 이스마엘처럼 어느 날 갑자기 아이디어가 떠올라서 떼부자가 되고 유명한 궁사가 되는 샘물을 원하십니까? 아니면 말씀의 샘물을 원하십니까? 하나님은 이 세상에 대한 통치를 한 번도 포기하신 적이 없습니다. 이 세상 전체는 하나님의 샘물로 가득합니다. 아이디어만 살리면 얼마든지 살 수 있습니다. 하나님께서는 정치적인 영웅들을 특별하게 관리하시고 키워서 이 세상을 다스리게 하십니다. 그러나 그 정치적인 영웅을 키우는 목적은 현상유지를 위해서입니다. 이 세상이 더 악해지지 않도록, 더 무질서해지지 않도록 이스마엘 같은 영웅을 키우십니다. 그러나 그보다 더 귀한 사람들이 있습니다. 그들은 말씀의 샘물을 통해 하나님의 은혜가 이 세상으로 흘러가게 하고, 그들로 하여금 자신의 진정한 가치를 깨닫게 하며, 하나님 앞에서 새로운 삶을 시작하게 하는 사람들입니다.

사랑하는 형제 자매 여러분, 이스마엘이 발견한 샘물보다 더 귀한 샘물이 우리 가까이 있습니다. 그것은 언약의 공동체에서 흘러 나오는 샘물입니다. 그 샘물을 마실 때, 어떤 위기가 오더라도 하나님께서 우리의 삶 전부를 책임져 주실 것입니다. 우리의 믿지 않는 식구들까지, 내가 손을 댈 수 없는 부분까지 간섭하시며 우리의 삶을 지켜 주실 것입니다.

11 브엘세바의 맹세

때에 아비멜렉과 그 군대 장관 비골이
아브라함에게 말하여 가로되
“네가 무슨 일을 하든지 하나님이 너와 함께
계시도다. 그런즉 너는 나와 내 아들과 내 손자에게
거짓되이 행치 않기를 이제 여기서 하나님을
가리켜 내게 맹세하라. 내가 네게 후대한 대로
너도 나와 너의 머무는 이 땅에 행할 것이니라.”
아브라함이 가로되 “내가 맹세하리라” 하고
아비멜렉의 종들이 아브라함의 우물을 늑탈한 일에
대하여 아브라함이 아비멜렉을 책망하매
아비멜렉이 가로되
“누가 그리하였는지 내가 알지 못하노라.
너도 내게 고하지 아니하였고 나도 듣지
못하였더니 오늘이야 들었노라.”
아브라함이 양과 소를 취하여 아비멜렉에게 주고
두 사람이 서로 언약을 세우니라.
아브라함이 일곱 암양 새끼를 따로 놓으니
아비멜렉이 아브라함에게 이르되
“이 일곱 암양 새끼를 따로 놓음은 어찜이뇨?”
아브라함이 가로되
“너는 내 손에서 이 암양 새끼 일곱을 받아
내가 이 우물 판 증거를 삼으라” 하고,

두 사람이 거기서 서로 맹세하였으므로
그 곳을 '브엘세바' 라 이름하였더라.
그들이 브엘세바에서 언약을 세우매
아비멜렉과 그 군대장관 비골은 떠나
블레셋 족속의 땅으로 돌아갔고
아브라함은 브엘세바에 에셀나무를 심고 거기서
영생하시는 하나님 여호와의 이름을 불렀으며
그가 블레셋 족속의 땅에서 여러 날을 지내었더라.

창 21:22-34

처음 고향을 떠나서 가진 것 하나 없이 빈손으로 도회지에 이사 온 사람들은 도시에서 끝없이 이동하는 떠돌이 생활을 해야만 합니다. 직장도 안정되어 있지 않을 뿐 아니라 집도 자기 집이 아니기 때문입니다. 만일 직장을 다른 곳으로 옮기게 되면 식구들은 또 직장 가까운 곳으로 전부 다 이사를 해야 하고, 살고 있던 집의 집세가 너무 올라도 집세가 싼 곳을 찾아서 이사를 해야 합니다. 이런 떠돌이 생활을 하는 사람들의 특징은 끝없는 긴장과 불안 가운데 사느라 생활의 여유가 전혀 없다는 것입니다. 나무를 심는다거나 화초를 키운다거나 음악을 들을 수 있는 여유가 전혀 없습니다.

믿음의 조상 아브라함은 하나님의 부르심을 받은 후 끊임없이 떠도는 떠돌이 생활을 했습니다. 물론 그의 직업이 목축업이었기 때문에 떠돌이 생활을 한 것이 당연했는지도 모릅니다. 그러나 그가 계속적으로 그런 유랑생활을 한 것은 자기가 원해서가 아니었습니다. 하나님께서 그에게 땅을 주시지 않았기 때문에 안정된 생활을 하고 싶어도 할 수가 없었습니다. 그뿐 아니라 아브라함을 끊임없이 긴장하게 만든 것은 하나님의 뜻이 무엇인지 도무지 알 수 없다는 점이었습니다. 그는 처음 흉년이 들었을 때 쉽게 애굽으로 내려갔다가 아내를 빼앗기는 큰 곤욕을 치르고 돌아왔습니다. 또 아들을 낳기 위해 하갈이라는 애굽 여종을 첩으로 취했다가 결국은 그 아들을 내쫓는 결과를 맞고 말았습니다.

그랄에서 안정을 얻다

이처럼 아브라함은 하나님의 뜻을 알 수가 없어서 끊임없이 긴장하고 방황하는 삶을 살다가, 그랄 땅에 와서 모처럼 편안한 생활을 하게 되었습니다. 이제는 더 이상 무엇에 쫓길 필요가 없습니다. 또 하나님의 뜻을 찾기 위해서 그렇게 고민하고 밤을 새워야 할 이유도 없습니다. 하나님께서는 이 그랄 땅에서 그를 아주 편안하게 해 주셨습니다. 아브라함은 모처럼의 안식과 여유를 찾게 되었습니다. 어느 정도로 안정이 되었는가 하면 그랄 왕이 직접 찾아와서 상호 불가침 협정을 맺자고 제안할 정도였습니다. 그리고 옛날에 아비멜렉의 종들에게 빼앗겼던 우물을 도로 되찾을 만큼 인정도 받았습니다. 그래서 이 우물은 영원히 아브라함의 것이라는 증거로 암양 새끼 일곱 마리를 두고 맹세를 하게 되었습니다.

더 놀라운 것은 아브라함이 이 그랄 땅에 에셀 나무를 심었다는 것입니다. 에셀 나무가 어떤 나무인지는 잘 모르겠지만 아브라함이 그랄 땅에서 나무를 심었다는 것은 그가 얼마나 마음의 안정을 찾았는지를 잘 보여 줍니다. 나무를 키우고 화초를 가꾼다는 것은 지금까지의 아브라함에게는 완전히 사치스러운 이야기였습니다. 그러나 그랄 땅에서 아브라함은 안정을 누리고, 나무를 심고, 마음껏 하나님께 예배드리고 있습니다.

아브라함의 안정이 오늘 우리들에게 중요한 이유가 무엇입니까? 바로 우리 그리스도인들의 생활이 끝없는 방황과 긴장의 연속이기 때문입니다. 예수를 믿는 형제나 자매들이 그렇게도 원하는 것은 안정된 생활입니다. 자기 집을 가지고, 감원되거나 명예퇴직을 당할 염려가 없는 직장에서 좀 편안하게, 취미생활도 좀 해 가면서, 여유 있게 교회 봉사해 가면서 살았으면 좋겠다는 것이 모든 그리스도인들의 바람일 것입니다. 그러나 그러한 평안은 좀처럼 오지 않습니다. 결혼을 하려고 해도 결혼 대상이 누구이며 언제쯤 할 수 있는지, 집은 언제 장만할 수 있는지, 안정된 직장은 언제 가질 수 있는지가 좀처럼 눈에 들어오지 않습니다.

이 끝없는 긴장이 버겁다

그리고 그것보다 더 나를 힘들게 하는 것은 나에 대한 하나님의 뜻이 무엇인지 도무지 알 수 없다는 것입니다. 하나님의 뜻을 알면 선교사를 하든, 목회를 하든, 무엇을 하든 할 텐데 그 하나님의 뜻을 도대체 알 수가 없습니다. 군대를 가면 언제 가야 하는지, 졸업을 하고 가야 하는지, 장교로 가야 하는지, 공익 근무 요원으로 근무해야 하는지 분명한 것이 하나도 없습니다. 끝없는 영적 전투의 연속입니다. 산 너머 산이라고 하나의 문제가 끝나면 또 다른 문제가 기다리고 있습니다. 집안의 문제가 좀 잠잠해지면 그 다음에는 직장에서의 문제가 기다리고 있습니다. 그리고 그것이 해결되면 또 다른 문제가 생깁니다. 그 때 우리 입에서 나오는 말이 무엇입니까? "도대체 이 터널의 끝은 어디일까?" 하는 것입니다. 끝이 보이지 않습니다.

이런 끝없는 긴장과 불안의 연속은 우리 그리스도인들을 대단히 자기 중심적이고 유치하게 만듭니다. 마치 훈련소 생활을 하는 사람들

같습니다. 훈련소에서는 긴장이 계속됩니다. 그래서 훈련받는 사람들의 기질이 아주 유치해져서 남의 말을 너무나도 잘 믿고, 먹는 것을 밝히고, 아주 어린애 같은 행동을 하게 됩니다. 외국에서 박사 과정 밟고 온 사람도 빵을 빼앗기지 않으려고 화장실에 가서 먹습니다. 어느 날 부대장이 말합니다. "산 너머에 공비가 나타났다. 가족이 두려워서 못 나갈 사람은 나오라." 그러면 막 앞으로 나갔다가 죽도록 맞습니다. 공비가 나타나긴 어디 나타납니까? 그러나 훈련받는 사람들은 그 말을 믿습니다. 김일성이 죽었을 때 북한 사람들이 그토록 운 것은 정상적인 현상입니다. 몇십 년 긴장하고 나면 완전히 애가 되어 버려요.

그런데 이런 모습이 오늘날 그리스도인들에게도 나타나고 있습니다. 그리스도인들은 계속 하나님의 뜻을 찾기 위해서 긴장합니다. 그리고 이렇게 긴장된 생활의 연속은 아주 유치하고 자기 중심적인 성향을 가지게 만듭니다. 그러나 오늘 말씀이 이야기하는 것은 이것이 신앙생활의 전부가 아니라는 것입니다. 하나님께서 우리를 궁극적으로 부르신 목적은 풍성한 삶을 주시기 위해서이지, 죽을 때까지 끝없는 긴장과 불안에 시달리는 삶을 위해서가 아니라는 것을 본문은 보여 주고 있습니다.

안식을 주실 때가 온다

하나님께서 우리에게 놀라운 안식을 주실 때가 있습니다. 그렇게 이 집 저 집 이사다녔는데, 어느 날 내 집이 생겨 버립니다. 그렇게 안정된 직장을 찾아다녔는데, 어느 날 직장이 생겨 버립니다. 그렇게 돈이 없어서 고생했는데, 어느 날 은행에 돈이 막 들어옵니다. 그러나 우리는 이렇게 안식이 올 때 더 자기 중심적이 되어서 이제는 자기 생활을 즐기려고 하기가 쉽습니다. 모처럼 주어진 풍성한 삶이 다른 사람들과 나누는 것이 되기보다는 문을 닫아걸고 자기 혼자 즐기는 탐욕스러운 삶이 되기 쉬워요.

저는 오늘 본문 말씀을 통하여 그리스도인들에게 불안과 긴장이 연속되는 것은 이상한 일이 아니며, 하나님께서 그런 삶을 통하여 우리를 훈련시키신 후에 풍성하고 편안한 삶을 주신다는 것을 살펴보고자 합니다. 그러나 그것은 자기만을 위한 탐욕스러운 삶을 위해서가 아닙니다. 더 나은 섬김과 참된 책임을 다하게 하기 위해서입니다.

1. 아브라함을 찾아온 아비멜렉

아브라함의 기대와 달리

처음 그랄 땅에 이사해 왔을 때 아브라함은 자기가 이 지방에서 그토록 오랫동안 평안하게 살리라고는 꿈에도 생각하지 못했습니다. 아브라함은 이 그랄 땅에 아주 짧게 살 생각이었습니다. 이 지방 사람들은 하나님을 알지 못하기 때문에 나쁜 사람들일 것이라고 생각했고, 아예 대화도 통하지 않는 무지몽매한 백성일 것이라고 단정했습니다. 그러나 하나님께서는 아브라함을 통해 하나님을 전혀 모르는 이 사람들 가운데서 놀라운 일을 많이 행하셨습니다. 21장 22절을 보십시오.

> 때에 아비멜렉과 그 군대 장관 비골이 아브라함에게
> 말하여 가로되 "네가 무슨 일을 하든지
> 하나님이 너와 함께 계시도다."

왜 이 나라 왕이 아브라함을 찾아와서 이런 말을 하는지 구체적인 사정은 알 수 없지만, 어쨌든 아비멜렉은 아브라함이 하는 모든 일에서 하나님께서 그와 함께하시는 것을 보았다고 말하고 있습니다. 하나님을 믿는 백성이 안 믿는 사람들에게 이런 이야기를 들을 때보다 더 기쁠 때가 없습니다.

세상에서 인정받기 어려운 이유

하나님을 믿으면 이 세상에서 갑자기 이방인이 되어 버립니다. 왜 그렇게 되는지는 잘 모르겠지만, 하나님을 믿고 나면 이 세상이 더 이상 옛날 같지 않다는 것만큼은 분명합니다. 이전까지는 사람들만 눈에 보였습니다. 사람들과 잘 지내기만 하면 문제 될 것이 하나도 없었어요. 그런데 하나님을 믿고 나니까 이 모든 사람들보다 더 큰 주인이 있다는 것이 보이고, 이 큰 주인의 뜻에 맞추려고 하다 보니 사람들과의 관계가 갑자기 생소해져 버립니다. 그래서 이 세상에 잘 적응이 되지 않습니다. 마치 여자가 시집을 가는 것과 같습니다. 옛날에는 친정 식구들과 옛날 친구들밖에 없었습니다. 그런데 시집을 가고 나니까 새로운 가족들이 많이 생겼습니다. 그래서 옛날 친정 식구들이나 옛 친구들을 보면 이상하게 낯설게 느껴집니다. 마치 내가 이방인이 된 것 같아요. 하나님의 백성들이 그렇습니다. 하나님을 알고 나면 갑자기 이 세상이 낯설게 느껴집니다.

하나님을 믿는 사람들이 이 세상에서 인정받는다는 것은 보통 어려운 일이 아닙니다. 마치 외국인이 우리 나라에 와서 우리 나라 사람들로부터 인정을 받는 것과 같습니다. 처음에 우리 나라에 온 외국인 선교사들은 하나님의 사람으로서 인정받지 못했습니다. 그들의 이상한 외모나 옷차림에는 관심을 가졌을지 모르지만, 그들이 하는 모든 일마다 하나님이 함께하신다는 생각은 하지 않았습니다.

그럼에도 아브라함이 인정받은 것은

그런데 만약 우리 나라 사람들이 외국에서 온 어떤 선교사를 보고, 그 사람이 하는 모든 일에 하나님이 함께하신다고 믿게 되었을 뿐 아니라 고종 황제까지 친히 그 사람을 찾아가서 "당신이 하는 모든 일에 하나님이 함께 하시는군요"라고 이야기했다면, 그 사람이 우리 나라에서 과연 어떤 일을 했으며 얼마나 놀라운 인격을 가진 사람일는지 능히 짐작할 수 있을 것입니다. 그는 참으로 영혼을 사랑하는 마음을 가졌을 것이며 처음부터 끝까지 헌신적인 삶을 통하여 하나님의 모습을 나타냈을 것입니다. 또한 우리 나라 사람들이 하지 못하는 어떤 일을 했을 것입니다. 예를 들어서 어느 누구도 고칠 수 없는 병을 고쳐 주었거나 위기에 처한 사람들을 도와 주었거나, 한 사람의 힘으로는 도저히 불가능한 선한 일들을 거의 초인적인 능력으로 해냈을 것입니다. 그렇지 않다면 자기 나라에 온 외국인을 '하나님이 함께하시는 사람'으로 인정하기 어렵습니다.

마찬가지로 그랄 왕이 아브라함을 찾아와서 이런 말을 할 정도라면 아브라함이 이 그랄 사람들의 눈에 얼마나 위대하게 비쳤으며 얼마나 큰 사람으로 보였을지 짐작할 수 있습니다. 그가 처음에 그랄 땅에 들어왔을 때의 모습이 어떠했습니까? 심히 두려워하고 불안에 떨었습니다. 그는 이 곳 사람들이 자기를 죽이고 아내를 차지할 것이라는 두려움에 빠져서 아내를 누이라고 속였고, 그 바람에 하마터면 그랄 왕 아비멜렉에게 아내를 빼앗길 뻔했습니다. 그런데 그런 일이 있고 난 후에는 어떻게 지냈습니까? 그 자세한 사정은 알 수가 없습니다. 그러나 그랄 왕의 말에 따르면 아브라함이 하는 일마다 하나님께서 함께하셨고, 그가 하는 일마다 하나님의 능력이 나타났습니다.

저는 아비멜렉이 아브라함을 인정하게 된 것이 단순히 그가 물질적으로 엄청난 부자가 되었기 때문이라고 생각하지 않습니다. 누군가 자기 나라에 와서 큰 부자가 되었을 때 사람들은 "우리 덕분에 저 사람이 부자가 되었다"고 말하지 "저 사람이 하는 일마다 하나님이 함께하신다"고 말하지 않습니다. 어떤 일본 사람이 우리 나라에 와서 큰 부자가 되었을 때 "저 사람은 우리 나라 사람들을 벗겨 먹어서 부자가 된 거야"라고 말하지 "하나님이 저 사람이 하는 일마다, 여는 가게마다 함께하시는구나"라고 말하지 않는 것과 같습니다.

아브라함이 그랄 사람들에게 그토록 위대하게 보였던 것은 그가 참으로 그 곳에서 선한 사업에 힘썼기 때문입니다. 그는 참으로 일관성이 있는 인격자였습니다. 그는 그 곳 사람들이 할 수 없는 많은 일들을 했습니다. 예를 들어 병자를 고쳐 주었거나 어려운 위기에 처해 있는 사람들을 도와 주었거나 도저히 사람의 힘이라고 말할 수 없는 초인적인 능력으로 그랄 사람들에게 선한 사업을 많이 베푼 것이 분명합니다. 그렇지 않다면 그랄 왕이 아브라함을 직접 찾아와서 이런 말을 하지 않았을 것입니다.

긴장의 삶은 훈련이다

그리스도인들이 이 세상에서 계속되는 불안과 긴장의 연속 가운데 사는 이유가 무엇입니까? 이런 훈련 과정이 없으면 다른 사람에게 일관되게 사랑을 베풀지 못하기 때문입니다. 조금 헌신하다가 다른 계획이 생기면 금방 떠나 버립니다. 머리 좋은 사람의 특징은 조금 하다가 갑자기 떠나 버린다는 것입니다. 조금 일하다가 더 좋은 일이 생기면 그냥 팽개치고 갑니다. 하나님의 사람이 되기 위해서는 자기가 철저히 죽어야 합니다. 자신을 희생하지 않은 채 기술이나 다른 방법으로 남을 돕는 것은 아무 소용이 없습니다. 하나님께서는 우리의 삶 전체를 다른 사람을 복되게 하는 수단으로 헌신하기를 원하십니다. 나의 행복도 추구해 가면서 남을 도울 생각을 하는 사람은 온전하게 사용될 수 없습니다.

그래서 하나님께서는 어려운 과정을 통해서 우리 자신을 버리는 훈련을 시키십니다. 그리스도인들은 처음에 많은 훈련을 받습니다. 하나님께서 안정된 삶을 주시지 않습니다. 결혼이 되지 않거나, 결혼이 되었다 하더라도 끊임없이 집을 옮겨 다녀야 하거나, 안정된 직장을 구하지 못합니다. 그리고 더욱더 어려운 것은 하나님께서 나에게 원하시는 것이 무엇인지 알 수가 없다는 것입니다. 그것만 알려 주시면 힘써 달려갈 텐데 도대체 머물러야 하는지, 떠나야 하는지, 이 길로 가야 하는지, 저 길로 가야 하는지, 결혼을 해야 하는지, 말아야 하는지, 기대를 가져야 하는지, 포기해야 하는지 알 수가 없습니다. 그렇게 하시는 이유가 무엇입니까? 그렇게 하지 않으면 하나님의 손에 완전히 붙들리는 도구가 될 수 없기 때문입니다.

우리를 낮추시려고

하나님께서 우리를 낮추시면 어떤 모습이 나타납니까? '아, 내가 아무것도 아니구나. 다른 사람에 비해서 나을 것이 하나도 없구나' 하는 것을 알게 됩니다. 이것이 그리스도인의 헌신에 필수적으로 중요합니다. '나는 똑똑하기 때문에, 무언가 배운 게 있기 때문에 널 도와 준다' 하는 사람은 금방 떠납니다. 그리스도인들에게 가장 위험한 것이 무엇인가 하면 자기 도취에 빠지는 것입니다. 하나님의 일을 하면서 자기를 즐기는 것이지요. 눈물 범벅이 되어 찬양을 하면서도 자기 도취에 빠질 가능성이 많습니다. '나는 정말 아무것도 아닌데 이렇게 찬양하게 하시는구나' 하고 생각하면서 사람을 사랑하는 마음으로 함께 찬양할 때라야, 또 '이 한 사람 한 사람이 얼마나 소중한가' 하는 것을 깨닫고 봉사할 때라야 그 일이 지속적일 수 있습니다. 그런데 그것이 아니라 우월감이나 자기 도취에 빠져서 일하는 사람은 그 도취만 없어지면 금방 그 일을 그만둬 버립니다.

하나님의 뜻에 헌신하게 하시려고

그뿐 아니라 이렇게 낮아져야 목숨을 걸고 하나님의 뜻을 찾습니다. 도대체 내가 살아야 할지 죽어야 할지가 의심될 정도의 위기에 처해 보아야 목마른 사슴이 시냇물을 사모하듯이 간절히 기도도 하고, 〈하나님의 뜻을 찾는 법〉 같은 책도 읽고, 큐티도 해 보고, 이 사람 저 사람에게 물어 보기도 하면서 하나님의 뜻을 사생결단하고 찾는 것입니다. 배가 부르면 하나님의 뜻을 아무리 이야기해 줘도 듣지 않을 뿐 아니라 혹시 뜻을 알게 되어도 그대로 하지 않습니다. 생의 위기를 느껴야 비로소 목숨 걸고 하나님의 뜻을 찾고, 그것을 찾았을 때 온전히 붙들고 헌신하지요.

이처럼 낮아지는 과정이 없으면 하나님을 위해서 아무것도 할 수가 없습니다. 낮아지는 과정을 겪어야 '나라는 사람은 아무것도 아니고, 다른 사람들이야말로 정말 귀한 존재들이구나. 자아 도취나 우월감에 빠지는 것이 굉장히 웃긴 일이구나' 하는 것을 알게 됩니다. 그리고 한번 하나님의 뜻을 붙들면 목숨을 걸고 끝까지 갑니다. 중간에 다른 사람이 아무리 좋은 제안을 하고 유혹을 해도 흔들리지 않습니다.

아비멜렉이 아브라함에게 무엇이라고 말하고 있습니까?

> "그런즉 너는 나와 내 아들과 내 손자에게 거짓되이 행치 않기를 이제 여기서 하나님을 가리켜 내게 맹세하라. 내가 네게 후대한 대로 너도 나와 너의 머무는 이 땅에 행할 것이니라"(21:23).

아비멜렉은 아브라함이 그들에게 꼭 필요한 사람이라는 것을 인정하고 있습니다. 그래서 "당신은 우리 나라에 꼭 필요한 사람입니다. 그러나 혹시라도 당신 마음이 변해서 우리를 배신할까 봐 두렵습니다. 그러니 나와 내 아들과 내 손자에게 우리를 배신하지 않겠다고 약속해 주십시오. 계속 우리를 신실하게 대해 주십시오" 하고 부탁하고 있습니다.

"변하지 말아 주십시오"

이 세상 사람들이 참된 그리스도인의 모습을 보았을 때 깨닫는 것이 무엇입니까? 이 세상에서 가장 값진 진주를 발견했다는 것입니다. 이렇게 헌신된 그리스도인보다 더 아름다운 사람은 없습니다. 이 세상에서 부패하지 않거나 변질되지 않는 것은 없습니다. 그래서 아비멜렉은 아브라함을 찾아와서 "제발 변질되지 마십시오. 제발 그 순수함을 우리에게도, 우리 아들에게도, 우리 손자에게도 계속 지켜 주십시오"라고 말하고 있습니다. 이보다 더 귀한 일이 어디에 있습니까?

처음 예수 믿은 사람은 마치 노예 시장에서 갓 사 온 노예와 같습니다. 매사에 제멋대로입니다. 하고 싶으면 하고, 하기 싫으면 말고, 무슨 일을 해도 마음껏 들락날락거립니다. 그럴 때 사람들은 진주를 발견하지 못하지요. 낮아지는 과정을 통해서 자신이 하나님 앞에서 아무것도 아니라는 것을 깨달았을 때에야 비로소 누가 뭐라고 해도 흔들리지 않으며 사람들을 일관되게 섬길 수 있습니다. 그 때 사람들이 뭐라고 이야기합니까? "당신은 값진 진주와 같습니다. 이 세상에 변하지 않는 것이 어디 있습니까? 그러나 당신만큼은 계속 변하지 말고 순수하게 우리를 도와 주십시오." 이것이 바로 그랄 땅에서 맺은 평화 조약의 내용이었습니다.

긴장의 삶이 끝날 때가 있다

그러나 끝없이 연단받고, 끝없이 고생하고, 끝없이 쫓겨다니는 이 삶이 그리스도인의 삶의 전부라고 생각하는 사람은 하나님의 풍성함을 모르고 있는 것입니다. 때가 있습니다. 하나님께서 필요한 모든 것을 주실 때가 있습니다. 그 때가 되면 집도 주시고, 명예도 주시고, 재산도 주시고, 모든 것을 다 주십니다. 그러나 중요한 것은 바로 그 때입니다. 그 때 이 풍성한 삶을 나 혼자 즐기고 나 혼자 누리느냐, 아니면 주위 사람들을 다 초청해서 이 풍성한 삶을 함께 누리느냐 하는 데서 그가 하나님의 훈련을 제대로 받았는지 엉터리로 받았는지가 드러납니다. 엉터리로 훈련받은 사람은 돈이 생기고 집이 생기고 풍성한 삶이 주어졌을 때 문을 걸어 잠그고 자기 식구들끼리만 갈비를 뜯어먹습니다. 절대로 냄새가 창밖으로 나가지 않도록 아예 밀봉을 해 놓습니다. 그 안에서 무슨 일이 일어나는지 도저히 알 수가 없어요. 그러나 제대로 훈련받은 사람은 문을 활짝 열어 놓습니다. "누구나 와도 좋습니다. 다 오십시오. 우리 함께 이 풍성한 삶을 누립시다. 이것은 하나님께서 주신 선물입니다!"

2. 아브라함의 겸손과 책망

변함없이 자기들에게 신실하게 대해 달라는 아비멜렉의 부탁을 받았을 때 아브라함은 그렇게 하겠다고 맹세합니다.

아브라함이 가로되 "내가 맹세하리라" 하고(21:24)

아브라함이 그 맹세를 어떻게 했습니까?

아브라함이 양과 소를 취하여 아비멜렉에게 주고
두 사람이 서로 언약을 세우니라(21:27).

맹세의 종류

원래 맹세는 두 사람이 하는 것인데 아브라함은 양과 소를 일방적으로 아비멜렉에게 주었습니다. 도대체 어떻게 된 것입니까? 이 당시에는 맹세하는 방법이 여러 가지가 있었습니다. 그 중에서도 가장 엄숙한 맹세, 목숨을 건 맹세는 짐승을 죽여 놓고 그 사이를 통과하는 것입니다. '만약 이 맹세가 깨진다면 내 몸을 쪼개서 공중의 새와 들짐승들이 내 시체를 뜯어먹게 해도 좋소. 내가 이 맹세를 깨뜨린다면 기꺼이 저주받은 죽음을 죽겠소' 하는 뜻으로 죽인 짐승 사이로 언약하는 사람들이 통과하는 것입니다.

그러나 대체로 평화의 언약을 맺을 때에는 그런 방법을 쓰지 않고 함께 음식을 나누어 먹습니다. 히브리 사람들에게 음식을 같이 먹는다는 것은 굉장히 중요한 일입니다. 그들은 같이 음식을 먹은 사람을 욕하지 않고, 함께 떡을 뗀 사람을 공격하지 않습니다. 그것은 평화의 언약이기 때문입니다. 그래서 누구와 함께 밥을 먹느냐, 누구와 함께 떡을 떼느냐가 아주 중요합니다. 야곱은 삼촌 라반에게서 도망쳤다가 추격당했을 때, 산에서 삼촌과 함께 떡을 먹음으로써 서로 공격하지 않는다는 평화의 언약을 세웠습니다.

맹세에 담긴 겸손

그런데 이 외에도 선물을 주고받음으로써 성립되는 언약이 있었습니다. 이것은 낮은 자가 높은 자에게 맹세하는 방식으로서, 양과 소를 선물로 주고받음으로써 맹세가 성립됩니다. 아브라함은 바로 이 방식을 택하고 있습니다. 이것은 아브라함이 그랄 땅에서 아무리 상당한 세력을 가지고 있다 해도 여전히 자신은 객이요 아비멜렉은 이 나라의 왕이라는 것을 인정하는 것입니다. 아브라함은 이처럼 자기가 막강한 힘을 가졌음에도 불구하고 이 곳에서 어디까지나 아비멜렉의 시민으로서 충실한 의무를 다하겠다는 뜻으로 선물을 드리는 맹세를 했습니다.

여기에 아브라함의 지혜가 있습니다. 아브라함은 하나님으로부터 강한 나라를 이루리라는 약속을 받았습니다. 그러나 아직은 나라를 이루지 못하고 있습니다. 지금 아브라함은 이 세상 나라의 왕인 아비멜렉에게 조공에 해당하는 예물을 기꺼이 바침으로써 그가 왕이고 자기는 그의 땅에 거주하는 객인 것을 인정하고 있습니다.

이것은 예수님께서 유대인들에게 하신 말씀과 일치합니다. 가이사에게 세금을 바치는 것이 옳으냐고 묻는 유대인들에게 예수님은 "가이사의 것은 가이사에게, 하나님의 것은 하나님께 바치라"고 대답하셨습니다. 그것은 이 세상에서 훌륭한 로마 시민으로 살면서도 또한 하나님의 백성으로 살아야 한다는 것을 의미합니다.

하나님의 백성들은 이 세상 나라를 무시하지 않습니다. 오히려 이 세상에서 꼭 필요한 사람이 되려고 노력합니다. 왜냐하면 하나님께서 우리를 이 세상에 살게 하셨기 때문입니다. 언젠가는 세상 모든 것이 우리의 것이 될 때가 올 것입니다. 그러나 아직은 아닙니다. 아직은 이 세상에서 살아야 합니다. 그래서 제멋대로 일하고 싶으면 일하고 하기 싫으면 그만두는 게으르고 무책임한 자로서가 아니라, 열심히 세금도 바치고 공부도 하는 신실한 시민으로서 이 세상에 남으라고 말씀하십니다.

가이사의 나라에서 살 동안은

그리스도인들은 어디에서든지 그 곳에 꼭 필요한 사람이 되어야 합니다. 있어도 좋고 없어도 좋은 무책임한 사람이 되어서는 안 됩니다. 회사에 취직을 했으면 그 회사에 꼭 필요한 사람이 되어야 합니다. 아브라함은 하나님께서 그와 함께하신다고 해서 아비멜렉을 무시하지 않았습니다. 왕을 대하는 예로써 대했습니다. 이처럼 믿는 형제나 자매들은 믿지 않는 부모님이나 시부모님을 무시해서는 안 됩니다. 어른께 갖추어야 할 예의를 갖추어야 합니다. 회사에서 신앙이 없는 상관을 무시해서도 안 됩니다. 상관에게 갖추어야 할 예의를 갖추어야 합니다.

그러나 아브라함이 아비멜렉에게 무조건 복종한 것은 아닙니다. 그는 아비멜렉이 행한 옳지 않은 일을 분명하게 따졌습니다.

> 아비멜렉의 종들이 아브라함의 우물을 늑탈한 일에 대하여
> 아브라함이 아비멜렉을 책망하매 아비멜렉이 가로되

"누가 그리하였는지 내가 알지 못하노라.
너도 내게 고하지 아니하였고 나도 듣지 못하였더니
오늘이야 들었노라"(21:25, 26).

아브라함의 권리 회복

아브라함은 아비멜렉을 왕으로서 대접했습니다. 그러나 왕이기 때문에 무조건 복종하고 아첨하지는 않았습니다. 자신이 판 우물을 부당하게 빼앗아 간 잘못을 엄하게 따지고 그 권리를 다시 찾았습니다. 그곳에서는 우물이 가장 중요한 재산이었습니다. 우물이 없으면 양을 먹일 수도 없고 농사를 지을 수도 없었습니다. 요즘의 유정보다 더 귀한 것이 우물이었어요. 그런데 예전에 아브라함이 파 놓은 우물을 그만 아비멜렉의 부하들이 빼앗아 가 버렸습니다. 이것은 아브라함에게 큰 손실이었습니다. 그러나 아브라함은 이 우물을 빼앗기고도 아무 소리도 못했습니다. 그는 떠돌이였기 때문입니다. 그러나 아비멜렉이 찾아와서 친선 조약을 맺자고 하자, 그 문제를 들고 일어나서 마침내 자신의 권리를 되찾았습니다. 아브라함은 이 세상에서 억울한 일을 당하고도 말 한 마디 못 할 정도로 약했습니다. 그러나 바른 말을 할 때가 왔습니다. 하나님께서 아브라함의 지위를 회복시켜 주시는 때가 왔습니다. 그 때 아브라함은 여지없이 그 문제를 따졌고 잘못된 것을 바로잡았습니다.

그리스도인들은 이 세상에서 할 말도 못 하면서 기죽어 사는 사람들이 아닙니다. 물론 부정한 것을 보고서도 아무 소리 못하고, 집에서 이런 저런 소리를 들으면서도 대꾸 한 마디 못 할 때가 있습니다. 그러나 언제까지나 그런 것은 아닙니다. 하나님께서 반드시 때를 주십니다.

왜 그런 식으로 했느냐고 분명히 따져서 자신의 모든 권리를 되찾을 때가 옵니다. 우리가 아직 약할 동안에는 이 세상의 불의를 보고서도 침묵으로 때를 기다려야 하는 경우가 있습니다. 그럴 때 정의감으로 덤비다가는 모든 것을 다 잃고 맙니다. 그러나 하나님께서 나에게 지위를 주실 때, 당당하게 따질 기회가 올 때, 그 때는 모든 것을 다 따질 수 있고 모든 것을 다 밝힐 수 있습니다. 입을 다물고 있다고 해서 생각이 없거나 아무것도 모르는 것이 아닙니다. 때를 기다리고 있을 뿐입니다. 하나님이 주신 때가 오면 모든 것을 다 밝힐 것입니다. "당신은 왜 그런 식으로 해서 내 우물을 빼앗아 갔습니까? 그 우물을 도로 내놓으시오."

낮에 할 수 있는 일

그리스도인들에게는 낮과 밤이 있습니다. 밤은 하나님의 뜻을 찾기 위해서, 또 내 속에 있는 잘못된 우월감을 깨뜨리기 위해서 하나님께서 연단하시는 때입니다. 그러나 낮이 올 때가 있습니다. 낮이 올 때는 내가 훈련받은 것과 하나님께서 주시는 축복으로 도대체 사람이 하는 것이라고 믿을 수 없을 정도로 엄청난 능력으로 하나님의 뜻을 실천할 수 있습니다. 이 밤과 낮을 조절하지 못하면 굉장히 힘들어집니다.

아브라함은 그 우물이 자기의 소유라는 것을 증거하기 위해 암양 일곱 마리를 따로 주었습니다.

아브라함이 일곱 암양 새끼를 따로 놓으니
아비멜렉이 아브라함에게 이르되
"이 일곱 암양 새끼를 따로 놓음은 어찜이뇨?"
아브라함이 가로되

"너는 내 손에서 이 암양 새끼 일곱을 받아 내가 이 우물 판 증거를 삼으라" 하고, 두 사람이 거기서 맹세하였으므로 그 곳을 '브엘세바'라 이름하였더라(21:28-31).

'브엘세바'는 시작이다

이스라엘 백성들에게 더 중요했던 것은 바로 이 우물이었던 것 같습니다. 아마도 그들이 이 가나안 땅에서 처음으로 자신의 소유로 주장할 수 있는 것이었기 때문일 것입니다. 아직 나라를 이루려면 멀었습니다. 그러나 그들은 아주 작은 우물 하나를 통해 하나님 나라 전체를 바라보고 있습니다. '세바'에는 '맹세'라는 뜻도 있고, '일곱'이라는 뜻도 있습니다. 이스라엘 백성들은 이 맹세의 우물이야말로 자기들을 그 땅으로 부르시는 하나님의 중요한 표시라고 생각했습니다. 그리고 그 다음 표시는 사라의 무덤이었습니다. 아브라함은 한꺼번에 하나님의 나라를 임하게 하지는 않았지만 중요한 징검다리를 만드는 일을 하고 있었습니다.

3. 안정을 찾다

그랄 땅에 오기 전까지 아브라함의 삶은 끊임없는 긴장의 연속이었습니다. 그의 삶에서 안정이라고는 찾아볼 수가 없었습니다. 끊임없이 쫓겨다니고 이사 다니는 것이 그의 삶이었습니다. 그러나 그랄에서 하나님께서는 그에게 안정된 삶을 주셨고, 아브라함은 하나님을 모르는 사람들로부터 인정을 받았을 뿐 아니라 평화의 조약까지 맺었으며 자기가 판 우물도 되찾았습니다. 아브라함의 생애에 이처럼 평화로운 때가 없었습니다. 이 때 아브라함이 어떻게 했습니까?

> 아브라함은 브엘세바에 에셀 나무를 심고
> 거기서 영생하시는 하나님 여호와의 이름을 불렀으며
> 그가 블레셋 족속의 땅에서 여러 날을
> 지내었더라(21:33-34).

에셀 나무가 어떤 나무인지는 알 수 없지만 아주 오래 사는 나무였던 것 같습니다. 그가 거기서 나무를 심었다는 것은 참으로 모처럼 마음의 여유와 안식을 되찾았다는 뜻입니다. 그는 거기서 나무를 심고 영생하시는 하나님의 이름을 불렀습니다. 그는 아비멜렉에게 고마워하지 않았습니다. 그에게 안식을 주시고 평안을 주시고 여유 있는 삶을 주셔서 그 동안 훈련받은 것과 하나님이 주시는 축복으로 마음껏 그들을 섬길 수 있는 기회를 주신 하나님을 찬양했습니다. 여기서 '하나님의 이름을 불렀다'는 것은 공식적으로 예배를 드렸다는 뜻입니다. 그는 거기에 있는 그랄 사람들의 눈치를 보지 않고 더욱더 공개적으로 하나님께 예배를 드렸습니다.

낮이 온다

아브라함의 안정된 삶이 의미하는 것이 무엇입니까? 하나님께서 우리에게 궁극적으로 주려고 하시는 것은 바로 이런 풍성한 삶이라는 것입니다. 한평생 여기저기 이사 다니고, 직장도 안정되어 있지 않고, 하나님의 뜻도 모르는 긴장이 죽을 때까지 지속되는 것이 아닙니다. 언젠가는 그것이 끝나고 환한 아침이 옵니다. 그러므로 밤에 준비를 잘

해야 합니다. 안정되지 못했을 때 하나님의 뜻을 찾고 나 자신을 낮추어서 정말 내가 누구를 어디에서 섬길 것인지, 이 한 목숨 어디에 바칠 것인지 생각하지 않으면, 갑자기 낮이 왔을 때 '그냥 더 자자. 더 졸자. 고기나 구워 먹자' 하면서 시간을 낭비하게 될 것입니다. 그러나 낮은 그렇게 낭비하기엔 너무나도 아까운 시간입니다. 긴장과 쫓기는 삶이 계속되다가 갑자기 찾아온 평화는 자기 식구들끼리만 먹고 마시고 즐기기에는 너무나 아까운 것입니다. 모든 사람들과 함께 이 평화를 누려야 하고, 불안에 쫓기고 있는 사람들을 도와 주어야 합니다. 이것은 내 날개 그늘 아래서 그들을 도와 주고, 그들을 축복해 주며, 그들을 보호해 주기 위한 평화입니다.

아브라함이 낮에 한 일

이런 안정된 삶 가운데서 아브라함은 눈에 보이지 않는 한 가지 일을 했습니다. 그것은 이삭을 키우는 일이었습니다. 이삭은 그랄 땅에서 자랐습니다. 본문에는 이삭에 대한 언급이 전혀 없습니다. 그러나 모리아 산에서 이삭을 바쳐야 하는 엄청난 시험이 바로 이 다음 장에서 아브라함을 기다리고 있습니다. 불안한 삶이 계속 연속될 때는 신앙 교육이 잘 되지 않습니다. 먹고 사는 문제에 정신이 없어서 내 자식이 어디에 있는지 살필 여유가 없습니다. 아브라함은 안정된 삶이 왔을 때 최선을 다해 그랄 사람들을 섬겼을 뿐 아니라, 이삭을 신앙적으로 잘 길렀습니다.

아브라함에게는 아주 전문적인 기술이 하나 있었습니다. 그것은 바로 우물을 파는 것이었습니다. 건조한 땅에서 우물을 파는 기술은 최고의 기술입니다. 어린 이삭은 아버지를 따라다니면서 아버지가 우물을 파는 것을 유심히 봐 두었습니다. 나중에 이삭이 커서 이 그랄 땅에

왔을 때 물이 없었습니다. 그 때 이삭은 어렸을 때 아버지의 손을 잡고 따라다니면서 판 우물들이 있던 길을 생각해 냈습니다. 그래서 그 길을 따라 파니까 파는 곳마다 우물이 나왔습니다. 이삭은 아버지가 판 우물을 다시 발견함으로써 물 걱정을 잊어버릴 수 있었고, 우물을 세 번, 네 번씩 빼앗기면서도 그랄 사람들과 적대 관계를 가지지 않고 마음의 평화를 지킬 수 있었습니다.

오늘 말씀을 우리들에게 어떻게 적용할 수 있겠습니까? 두 가지로 나누어서 적용할 수 있습니다. 한 가지는 안정된 삶을 바라보면서 아직도 긴장과 불안의 삶을 살고 있는 젊은 분들에 대한 것입니다. 여러분, 이 훈련이 끝날 때가 있습니다. 여러분이 그렇게도 사모하던 것들을 하나님께서 남김없이 주실 때가 있습니다. 집을 주시고, 배필을 주시고, 안정된 직장을 주시고, 돈을 주시고, 차를 주시고, 테니스 라켓을 주시고, 핸드폰을 주실 때가 옵니다. 그러나 그것은 중요한 것이 아닙니다. 낮이 왔을 때 이 풍성한 삶을 누구와 함께 나눌 것이냐가 더 중요합니다. 하나님은 사랑하는 자녀에게 모든 것을 다 주십니다. 그러나 아직까지 자기 도취에 빠져 있기 때문에, 아직도 다른 사람들을 볼 때 진심으로 그들을 사랑하는 겸손한 눈으로 보지 못하고 우월감에 빠져 있기 때문에 고생을 더 해야 하는 것입니다. 늘 자기 문제에 빠져 있고 자기 생각에 빠져 있는 사람은 고생을 좀 더해야 합니다. 그렇지 않으면 아무 데도 쓸 수가 없습니다.

밤은 준비할 때

하나님의 뜻은 사력을 다해서 붙들어야 하는 것입니다. 그렇게 붙든 사람은 아무리 좋은 제안이 온다 하더라도 흔들리지 않습니다. 내가 어떻게 해서 이 약속을 붙들었는데 흔들립니까? 그럴 때 그 사람은 아브라함처럼 자신이 하는 모든 일에서 하나님의 살아 계심을 나타낼 수 있습니다.

밤이 먼저 오고 낮이 온다는 것을 기억하십시오. 우리의 하루와 히브리인들의 하루는 그 개념이 다릅니다. 우리는 아침부터 시작해서 밤이 옵니다. 그런데 히브리인들은 밤부터 시작해서 아침이 옵니다. 창세기에도 "저녁이 되며 아침이 되니 이는 첫째 날이니라"고 되어 있지 않습니까? 히브리인들은 꼭 밤에서부터 하루를 시작합니다. 왜냐하면 아침이 오기 전에 밤이 있어야 하며, 우리가 활동하기 전에 하나님의 준비 기간이 있어야 한다는 것을 알았기 때문입니다.

낮은 헌신할 때

또 한 가지 적용은 여러분 가운데 지금 안정된 삶을 누리고 있는 분들에 대한 것입니다. 그 편안한 삶은 여러분 개인을 위해 있는 것이 아닙니다. 지금은 마음껏 다른 사람들을 위해서 헌신할 때입니다. 주저하지 말고 내 모든 것을 다 주며 하나님이 나를 완전히 쓰시도록 헌신할 때입니다. 물론 취미생활 하는 것도 좋습니다. 꽃을 가꾸고, 나무를 키우고, 음악을 듣는 것도 좋습니다. 전에는 이사 다니느라고 CD 음반도 다 깨뜨려 먹고, 꽃나무 화분도 다 깨뜨려 먹었는데 이제는 이사 다닐 필요도 없으니까 음반도 모으고 그릇도 모을 수 있습니다. 그러나 이 낮은 나만을 위해서 허비하기에는 너무나도 아까운 시간입니다. 아브라함이 이 편안한 삶을 살게 되었을 때 자기 자신의 안위를 위해서 살지 않고 그랄 사람들에게 꼭 필요한 사람이 되었으며 하나님의 은혜를 조금이라도 잊지 않기 위해 나무를 심어서 교만하지 않으려고 했던 것처럼, 우리도 평안할 때 더욱더 하나님의 얼굴을 구해야 합니다. 집이 있어도 없는 것처럼, 직장이 든든해도 실업자인 것처럼 그렇게 하나님의 얼굴을 구할 때 내가 하는 모든 일에 하나님이 함께하실 것입니다.

모리아의 싸움이 기다리고 있다

그래서 그리스도인들은 모든 일을 마음껏 즐기지 않습니다. 아무리 편안해도 그 편안함의 일부를 저축해서 미래의 영적 싸움에 대비합니다. 좋은 일이 있으면 힘든 일을 준비하고, 힘든 일이 있으면 주님이 주실 위로를 기다리는 것이 그리스도인의 삶입니다. 그랄에서의 생활은 편했지만 모리아의 영적 전투가 기다리고 있었습니다. 아브라함은 그랄 땅에 오래 살았습니다. 그러나 그가 거기서 영원히 살기 위해서 나무를 심은 것이 아닙니다. 하나님의 은혜를 잊지 않기 위해서, 이 편안한 삶 때문에 마음이 무뎌지지 않게 하기 위해서, 이 편안한 삶을 자기 혼자만 즐기지 않기 위해서 나무를 심어 하나님을 기억했던 것입니다. 아브라함은 그랄 땅에 영원히 살 생각이 없었습니다. 왜냐하면 그를 기다리고 있는 영원한 하늘의 도성이 있었기 때문입니다.

여러분, 오늘 이 세상 가운데서 평안한 삶을 주신 주님께 감사드리십시오. 그리고 이렇게 평안할 때 온 힘을 다하여, 사력을 다하여 다른 사람을 돕고 봉사하십시오. 밤이 오면 그 때는 아무도 일할 수 없습니다. 그러나 저는 진리를 밝히면 밝힐수록 밤이 더디게 오리라고 생각합니다. 힘을 다해 진리를 밝힙시다.

아브라함의 겸손을 배우십시오. 이 세상에서 꼭 필요한 사람이 되십시오. 그러면서도 따질 것은 따지십시오. 언젠가 하나님께서 나에게 모든 것을 따질 기회를 주실 때 밝힐 것을 전부 다 밝히십시오. 그러나 그 때 만약 남을 무시하고 업신여긴다면 불필요한 고난을 자초할 것입니다.

사랑하는 여러분, 아브라함이 그랄 땅에서 안식을 차지했던 것을 기억하십시오. 끊임없이 쫓기는 긴장의 삶은 끝날 때가 있습니다. 그렇게 낮이 왔을 때 그 낮의 풍요로움을 혼자 즐기지 말고 모든 사람을 초청해서 함께 하나님이 주신 풍요와 부요한 삶을 누립시다.